놀이치료

교육과 치료 현장을 위한 안내서

놀이치료

교육과 치료 현장을 위한 안내서

2023년 3월 13일 초판 1쇄 인쇄
2023년 3월 20일 초판 1쇄 발행

지은이 최은실·김호정·신현정·윤진영
편집 임현규·한소영
디자인 김진운
본문 조판 토비트
마케팅 김현주

펴낸이 권현준
펴낸곳 (주)사회평론아카데미
등록번호 2013-000247(2013년 8월 23일)
전화 02-326-1545
팩스 02-326-1626
주소 03993 서울특별시 마포구 월드컵북로6길 56
이메일 academy@sapyoung.com
홈페이지 www.sapyoung.com

ISBN 979-11-6707-103-3 93180

놀이치료

교육과 치료 현장을 위한 안내서

최은실 · 김호정 · 신현정 · 윤진영 지음

사회평론아카데미

서문

놀이치료는 1900년대 초반에 아동심리치료의 한 방법으로 시작되었고, 우리나라에서는 1990년대 이후에 급속한 성장을 이루었다. 특히 최근에는 아동심리에 대한 사회적 관심이 증가하면서 놀이심리재활이라는 인증과정이 도입되어 놀이치료사의 자격을 규정하고 최소한의 실습 기준을 두어 아동심리치료사의 전문성을 확보하려는 움직임도 있다.

이러한 사회적 관심의 결과로 놀이치료 관련 서적이 증가하고 있으며, 다양한 놀이치료 기법에 대한 전문 서적도 증가하는 추세이다. 이런 현상은 놀이치료를 배우고자 하는 학부생, 대학원생 및 일반인들에게 반가운 소식이지만 한편으로는 수많은 정보 속에서 핵심 내용을 찾고 이를 습득하는 것에 어려움을 가져오기도 하였다.

이 책은 처음 놀이치료를 접하는 초보자들을 위한 안내서로, 놀이치료 현장 전문가이며 연구자인 4명의 저자가 놀이치료의 핵심적인 내용과 주요 접근법에 대해 자세히 설명하고 있다. 놀이치료 서적은 대부분 외국의 번역서인 경우가 많아 우리 문화에 맞게 이해되기 어려운 실정이다. 이러한 어려움을 해소하기 위해 서양의 놀이치료 이론과 실제에 정통하면서도 이를 우리나라 놀이치료 현장에서 문화에 맞게 적용해온 전문가들이 본서를 저술하였다. 각 장을 저자의 전문 분야에 맞춰 집필하였기에 놀이치료를 시작하는 이들에게 본서는 매우 전문적이면서도 친절한 입문서가 될 수 있을 것이다. 최은실 교수는 놀이치료의 개념과 역사, 인지행동 놀이치료, 놀이치료사의 태도, 부모자녀 놀이치료를, 김호정 교수는 아동중심 놀이치료, 놀이치료 과정, 모래놀이치료를, 윤진영

교수는 정신분석적 놀이치료, 놀이치료실과 놀잇감, 놀이치료사의 자질, 역할 및 윤리, 게임놀이치료를, 신현정 교수는 게슈탈트 놀이치료, 발달놀이치료, 치료놀이, 부모상담을 담당하였다. 총 15장으로 구성되어 있어 한 학기 강의에 적합하며, 이론적 개념부터 실제적 적용까지 다루고 있어 놀이치료 실제를 위한 체계적 접근도 가능하게 하였다.

저자들은 본서를 통해 놀이치료를 배우고 적용하며 확장하는 예비 놀이치료사의 실력이 향상되기를 바란다. 행복한 현재와 미래를 살아낼 많은 아동과 부모, 그리고 그들과 함께하는 예비 놀이치료사의 발달에 이 작은 책이 희망과 성장이라는 싹을 틔울 수 있기를 저자들은 꿈꿔본다.

2023년 2월
저자 일동

요약 차례

차례

13 치료놀이 · 267

14 부모자녀 놀이치료 · 291

01

놀이치료의 개념과 역사

놀이란 우리가 세상에 관심을 가지고, 문제를 해결하고, 타인과의 연결을 만드는 첫 번째 방법이다. 놀이는 어떠한 형태이든 아동의 인지·정서·사회성 발달을 촉진하고, 치유적이며, 강력한 힘을 지닌다. 모든 연령의 인간에게 놀이는 중요하지만, 특히 자신의 정서적 어려움을 적절한 방식으로 표현하지 못하는 아동에게 중요하다. 놀이는 아동의 언어이므로 우리가 그 언어를 배워서 아동의 놀이를 이해하고 놀이로 대화를 나눌 수 있게 된다면, 아동이 경험하는 다양한 삶의 도전들을 극복할 수 있도록 도울 수 있을 것이다.

이 장에서는 놀이치료란 무엇이며, 놀이의 치료적인 힘, 놀이치료의 역사, 놀이치료에 적합한 아동 등의 내용을 설명할 것이다.

1. 정의

놀이치료(play therapy)란 아동이 최적의 성장과 발달을 이루고 심리사회적 어려움을 예방하고 해결하도록 돕기위해 전문적 훈련을 받은 놀이치료사가 놀이의 치료적 힘을 활용하여 대인관계 과정을 확립할 수 있도록 이론적 모델을 체계적으로 사용하는 것이다(Association for Play Therapy, 1997).

또한 놀이치료는 상담자가 놀이라는 언어를 사용하는 아동과 의사소통하기 위해 장난감, 미술 재료, 게임 등을 사용하여 아동과 상담하는 접근 방법이다. 12세 이하의 아동은 성인에 비해 자신의 감정과 생각을 언어화하는 능력에 제한이 있기 때문에 대부분의 아동은 상담에 들어와서 그들의 문제를 상담자에게 언어로 이야기하기 어려워한다. 아동은 자기 성찰과 상호작용 기술이 부족하기 때문에 장난감, 미술 재료, 이야기 만들기 등을 활용하여 상담자와 의사소통하게 된다.

놀이를 활용하는 이러한 능력은 자연스러운 의사소통의 형태이며 유아의 치료적 개입에 적절하다. 놀이치료에서 놀이는 첫째, 아동과의 라포(rapport)를 형성하게 하고, 둘째, 상담자가 아동을 이해하도록 하며, 셋째, 말로 표현할 수 없는 감정을 표현하도록 돕고, 넷째, 아동의 불안, 긴장, 적대감 등의 감정을 적절히 표현하게 해주며, 다섯째, 사회적 기술을 가르치고, 여섯째, 아동이 한계를 시험하고 자신의 행동에 대한 통찰을 얻고 대안을 탐색하며 결과를 책임지는 법을 배울 수 있게 해준다.

2. 치료적 가치

1) 놀이의 치료적 힘

놀이치료의 정의에 따르면 놀이치료는 "놀이의 치료적 힘(Association for Play Therapy, 1997)"을 활용하여 아동을 상담하는 접근이다. 변화의 핵심적 기제인 놀이의 치료적 힘은 내담 아동이 자신의 심리사회적 도전을 극복하고 적응적인 발달을 도모하는 능동적인 힘이다(Schaefer, 1993).

2) 놀이치료의 치료적 요소

섀퍼(Schaefer, 1993)는 놀이의 치료적 힘에는 자기표현(self-expression), 무의식에의 접근, 직접적 또는 간접적 교육, 소산(abreaction), 스트레스 예방, 두려움의 극복과 부정적 정서에 대한 역조건 형성, 카타르시스, 긍정적 정서, 유능감과 자기통제(self-control), 승화, 애착 형성, 라포 형성과 관계 강화, 도덕적 판단과 행동 시연, 공감과 조망 수용(perspective taking), 힘/통제감, 자아감, 창의적 문제해결, 현실 검증, 환상 보상 등이 있다고 제안하였다.

자기표현 아동은 언어적 능력이 부족하고 추상적 사고 능력에 제한이 있기 때문에 언어로 자신을 표현하는 것에 어려움을 경험한다. 언어를 단독으로 사용하는 것보다 놀이 활동을 통해 아동은 자신의 의식적 사고와 감정을 더 잘 표현할 수 있게 된다. 놀이는 아동에게 일상적인 의사소통의 수단이기 때문에 치료 방식으로 놀이를 사용하는 것은 아동의 자기표현 능력을 촉진하게 된다. 아동에게 놀이 매체는 자신의 생각, 감정을 간접적으로 표현하는 수단이 될 뿐만 아니라 직접적으로 표현하기 어려운 경험을 표현할 수 있게 해준다.

무의식으로의 접근 아동은 무의식적 갈등이나 문제를 알아차리기 어렵다. 놀이치료실에서 아동은 중립적인 수단으로 장난감과 놀이 매체에 의미를 투사하여 자신의 무의식을 드러내게 된다. 놀이치료사와의 관계에서 아동은 장난감을 통해 자신의 무의식적 충동과 소망을 의식화함으로써 상징적으로 표현할 수 있게 된다.

직접적 및 간접적 교육 많은 아동은 이 세상을 살아가는 데 필요한 기술이 부족하다. 아동에게 사회적 기술, 문제해결 기술, 협상 기술, 자기주장 기술을 가르치기 위해 장난감, 예술, 놀이 매체를 활용한 재미있는 방법을 사용하여 가르쳐주는데 이는 직접적 교육 방식에 속한다. 한편 은유적·간접적 교육 방식에서는 스토리텔링이나 놀이 내러티브를 사용하여 아동에게 새로운 통찰, 관점, 대처전략을 경험하게 하며, 이러한 방법은 아동의 방어를 불러일으키지 않는다. 아동이 간접적으로 자신의 이슈를 경험함으로써 두렵거나 압도되는 감정을 경험하지 않도록 하는 것이다. 놀이치료사는 이야기, 놀이, 미술 작업을 사용하여 아동이 현재의 어려움이나 이슈를 탐색하게 하고, 자신의 인지적 및 감정적 패턴을 실험하고 새로운 기술과 태도를 배우도록 돕는다.

소산 소산은 스트레스 사건이나 외상적 경험을 상징적으로 재경험하게 하여 그 사건과 연결된 감정을 다시 느껴보게 하는 것을 말한다. 소산의 목적은 아동에게 고통스러운 경험에 대한 부정적 생각과 감정을 방출시킬 수 있는 방법을 제공하는 것이다. 놀이치료에서 아동은 "나쁜 사건/사물/사람"을 재현하게 되고, 필요하다면 이를 반복한다. 이러한 과정은 아동에게 자신이 경험한 부정적 사건이나 상호작용에 대한 숙달감을 획득할 수 있도록 돕는다. 그럼으로써 아동은 과거의 트라우마에 적응할 수 있게 된다.

스트레스 예방 아동은 자신의 삶에서 스트레스 사건을 예상할 때 불안을 경험하게 된다. 예를 들면, 새로운 학교에 가거나, 이사를 가거나, 치과에 가거나, 병원에 가야 할 때 불안을 자주 경험하게 된다. 이러한 스트레스 사건 전에 발생할 일들에 대해 예상하고 좀 더 편안해지도록 하는 방법을 놀이치료에서 배우게 된다면 아동의 불안은 줄어들 수 있게 된다.

두려움의 극복과 부정적 정서에 대한 역조건 형성 아동은 자연스러운 발달 과정에서 두려움(어두움, 혼자 남는 것 등)을 경험하게 된다. 놀이치료에서는 아동이 장난감, 미술 재료, 놀이 매체로 상호작용하면서 자신의 두려움을 표현할 수 있게 되고 숙달하게 된다. 놀이치료를 통해 두려움에 대한 대처방법과 자신을 돌보는 방법을 알아가게 된다. 불안과 이완은 함께 경험할 수 없고, 우울과 즐거움도 함께 경험할 수 없다. 따라서 놀이에서 경험하는 이완과 즐거움으로 불안과 우울을 대체하는 역조건 형성을 하게 된다.

카타르시스 카타르시스(정화)는 이전에 부인했거나 억제 혹은 차단한 정서를 완료시키고 정서적 방출을 하게 하는 강력한 감정 표현을 의미한다. 놀이치료사는 아동이 어떤 정서를 표현해도 수용해줄 수 있는 공감적인 사람이기 때문에 많은 아동이 놀이치료에서 강렬한 감정(긍정적이든 부정적이든)을 자유롭게 표현하게 된다. 이러한 방출은 강력한 감정 표현이기 때문에 다른 사람들은 받아들이기 어려워하지만 아동에게는 성장의 경험이 될 수 있다.

긍정적 정서 함께 놀이하는 즐거움은 아동에게 웃음과 행복감을 주고 놀이치료는 수용적인 환경에서 좋은 시간을 보내게 한다. 놀이치료를 받는 아동들 중에는 이전에 긍정적 정서를 경험하거나 표현해볼 기회를 갖지 못했던 아동도 있다. 놀이치료는 그들에게 뜻밖의 경험이 될 수 있다.

유능감과 자기통제 놀이치료를 받는 많은 아동들은 유능감이 부족하며, 이는 긍정적 자아존중감 발달에 부정적인 영향을 미치게 된다. 이 아동들은 자신을 유능하지 않은 사람이라고 생각한다. 따라서 놀이치료사는 이들에게 성공할 수 있는 잠재력이 있다는 것을 증명할 수 있는 기회를 제공해야 한다. 놀이를 통해 아동은 자신이 무언가를 잘할 수 있는 사람이라는 것을 알게 될 수 있다. 치료자는 아동이 실패하는 것이 두려워서 시도하지 않았던 활동을 시도해볼 수 있도록 격려해야 한다. 아동이 노력하는 점을 언급하는 것도 좋은 방법이다. 아동이 열심히 노력했을 때, 아동이 진전을 경험했을 때 그것을 알아봐주는 것은 아동이 완벽하게 성공하는 것보다 중요하며, 이를 통해 아동은 유능감을 형성해나가게 된다. 자신의 결정에 책임을 지는 것과 놀이치료실에서 무엇을 할지 결정하게 하는 것은 아동의 자기 확신과 자기 신뢰를 향상시킨다. 게임놀이에서 아동은 스스로 생각하고 행동을 조절함으로써 자기 통제를 배우게 된다.

승화 승화는 사회적으로 용인될 수 없는 충동을 사회적으로 용인 가능한 활동으로 바꾸는 것이다. 놀이치료사는 아동이 놀이치료실에서 장난감을 부수고 물리적인 폭력을 행사할 때 제한을 설정하거나 아동이 사회적으로 적절한 행동으로 표현할 수 있는 방법을 함께 고민해서 만들어낼 수 있다. 이러한 방법에는 경쟁적 게임을 하거나 장난감을 부수는 척하거나 인형을 때리는 것 등이 있다.

애착 형성 놀이치료를 받는 아동 중에는 다른 사람과 애착을 형성하지 못한 경우도 있다. 놀이치료 과정은 아동이 다른 사람과 연결감을 형성하도록 도울 수 있다. 역할 놀이와 상상 놀이에서 치료자는 아동에게 공감적인 반응을 하게 되고, 이것을 통해 아동은 다른 사람과 연결감을 경험할 수 있게 된다. 가끔 놀이치료 회기에 부모나 다른 아동이 함께 하기도 하는데, 애착에 어려움을 경험하는 아동에게 집단 놀이치료는 또래와 연결감을 극대화할 수 있고, 부모와 함께 하는 놀이치료는 부모와의 안정애착을 증진시킬 수 있다.

라포 형성과 관계 강화 많은 아동이 스스로 원해서 놀이치료를 하러 오지는 않는다. 놀이치료는 재미있으며, 놀이치료사는 놀이성이 있고 아동에게 관심이 많다. 이런 요소들은 아동과 놀이치료사가 라포를 형성하는 데 도움이 된다. 많은 아동이 타인과 관계를 형성하는 데 어려움을 경험해서 놀이치료를 의뢰하기 때문에 이들에게 놀이치료는 매우 유용하다. 놀이치료사는 일관성 있게 아동을 돌보고 지지하기 때문에 아동은 자신이 긍정적인 관심과 사랑을 받을 가치가 있다고 믿게 된다.

도덕적 판단과 행동 시연 게임놀이치료는 아동의 사회적 기술을 증진시키고 의사소통 전략을 향상시키며, 행동 시연을 통해 규칙 준수 행동을 연습할 수 있게 해준다. 그리고 게임놀이를 통해 아동은 외부적 제약에 의해 규칙을 준수하는 초기 도덕적 판단 수준을 넘어 평등한 관계 간 동의와 협력의 원칙에 입각한 도덕적 판단 수준으로 발전할 수 있게 된다.

공감과 조망 수용 공감과 조망 수용은 놀이치료를 받으러 오는 많은 아동이 어려움을 겪는 주요한 사회적 기술이다. 아동은 놀이에서 다른 사람의 역할을 해봄으로써 타인에 대한 감정적 및 인지적 조망 수용을 배울 수 있게 된다.

힘/통제감 모든 인간은 자신의 삶에서 어느 정도의 통제감을 갖기를 원한다. 하지만 어떤 아동들은 연령에 적절한 통제감을 갖지 못하고, 어떤 아동들은 지나치게 많이 통제하려고 하며, 어떤 아동들은 전혀 통제하지 않으려 한다. 또한 이 때문에 어떤 아동들은 무력감과 취약함을 느끼는 상황을 경험하고, 어떤 아동들은 이런 감정을 보상하기 위해 다른 사람을 통제하려 들거나 수동적으로 행동하기도 한다. 놀이치료에서 아동은 자신이 힘을 가질 수 있다는 것을 배우고 건강한 방식으로 다른 사람과 힘을 나누는 방법을 알아가게 된다.

자아감 어떤 이론적 접근을 취하든 모든 놀이치료사의 핵심적 믿음은 아동을 무조건적으로 수용해야 한다는 것(단, 아동과 치료자가 신체적으로나 심리적으로 안전하다는 제한설정 안에서)이다. 아동이 놀이할 때 치료자는 아동이 자신의 다른 면을 탐색하고, 다른 방식으로 관계를 형성하고, 다른 방법으로 문제해결을 하며, 다른 태도와 관점을 가지고, 세상에 다른 방식으로 존재할 수 있도록 수용해준다. 아동은 실제든 상상이든 자신을 다른 경험을 하는 사람에 투사한다. 이런 것들이 수용되면서, 그들이 누구인지와 어떤 사람이 되고 싶은지를 자유롭게 실험할 수 있게 된다.

창의적 문제해결 놀이는 그 자체로 창의적인 과정이다. 아동은 놀이에서 상상력을 동원하여 아이디어를 만들어내고 끊임없이 새로운 문제해결 방법을 생각하게 된다. 놀이치료사는 아동의 의사결정을 대신해주지 않고, 힘든 상황에서 해결책을 제공해주지 않으며, 어떻게 놀이해야 할지 말해주지 않음으로써 창의적 사고를 촉진시킨다.

현실 검증 놀이에서 아동은 자신의 삶의 사건들을 은유적인 방식으로 수도 없이 반복해서 재현하게 된다. 아동은 실제 자신과 놀이의 역할 사이를 오가며 시험해보고, 상상의 역할 놀이를 통해 실제 상황에서는 해결하지 못했던 문제의 해결책을 찾게 되기도 한다.

환상 보상 놀이치료에 온 많은 아동은 그들의 실제 삶과 미래가 더 나아질 수 있다고 생각하지 않으며, 과거부터 지금까지 경험해 온 부정적 경험이 바뀌지 않을 것이라고 여긴다. 놀이치료에서는 상상을 통해 다른 사람과의 관계나 자신의 삶이 변화될 수 있다는 가능성을 실험해 볼 수 있다. 놀이치료사가 아동 스스로 더 강하고, 적극적이고, 유능하다는 상상을 할 수 있도록 격려함으로써 아동은 자신의 미래가 달라질 수 있다는 것을 경험하게 된다. 일부 아동들은 실제 삶에서는 표현하지 못하는 충동을 환상을 통해 표현하기도 한다.

3. 놀이치료사의 자격

놀이치료사란 놀이의 치료적 힘을 활용하여 아동이 경험하는 다양한 어려움(발달, 정서, 사회성, 대인관계, 신체 등)을 아동과 양육자와 함께 해결해나가는 사람이다. 놀이치료실에는 다양한 자원이 있지만, 놀이치료사가 가장 중요하고 핵심적인 자원이며, 놀이치료사의 성격적 특성과 개인적 성향은 놀이치료 과정에서 매우 중요한 요소이다. 유능한 놀이치료사는 첫째, 아동을 사랑하며 친절하고 존중하는 태도로 대하며, 둘째, 놀이성이 있고 재미있는 것을 즐기며, 셋째, 유머 감각이 있고, 넷째, 자신감이 있고 타인의 긍정적 관심에 의존하지 않으며, 다섯째, 열린 마음을 지니고 솔직하며, 여섯째, 불확실한 상황을 잘 다루고 유연하며, 일곱째, 타인을 있는 그대로 수용하고, 여덟째, 의사소통에서 놀이와 은유를 기꺼이 사용하고, 아홉째, 아동과 함께 있는 것과 상호작용하는 것을 편안해하고, 열째, 확고하면서도 친절하게 제한설정을 하고 개인 경계를 유지하며, 열한째, 자신의 개인적 이슈를 탐색하는 것에 열려 있고 대인관계적 위험을 다룰 수 있어야 한다.

날라바니와 동료들(Nalavany et al., 2005)은 좋은 치료자의 7가지 특징을 다음과 같이 제안하였다.

- 아동의 언어적 및 비언어적 행동과 감정을 반영하고 조율하기
- 아동에게 민감하기
- 아동에게 따뜻하고 공감적이며 진실되고 수용적이기
- 개인적 자각과 성장에 열려있기
- 아동의 부모 및 가족과 유능하게 작업하기

- 아동 치료의 과정에 대한 이론적 지식을 갖추기
- 치료적 과정에 대한 구조화되고 의도적인 접근법의 지식을 갖추기

치료자의 성격과 개인력은 놀이치료실에서 아동과의 상호작용에 많은 영향을 미치게 된다. 따라서 놀이치료에 대한 지식을 갖추는 것뿐만 아니라 자신(자신의 성격, 강점 및 약점, 좋아하는 것과 싫어하는 것, 심리적 이슈 등)에 대해 알아가는 과정도 매우 중요하다. 이러한 과정은 놀이치료사의 성격 및 개인적 이슈가 아동과의 상호작용을 방해하지 않도록 하고 아동에 대한 자신의 반응을 이해하는 데 도움을 준다.

4. 놀이치료에 적합한 아동과 놀이치료의 효과

대부분의 놀이치료 대상은 2~12세의 아동이며, 최근에는 유아, 아동, 청소년, 성인으로 확장되는 추세이다. 초등학교 고학년 또는 중학생의 경우에는 앉아서 이야기를 나누는 것이 편안한지 다양한 매체로 놀이를 하는 것이 더 편안한지 물어보는 것이 적절하다. 그들과 놀이를 하기 위해서는 다양한 매체들을 추가할 필요가 있는데 그 종류로는 만들기 재료, 스티커, 보드게임, 카드, CD 플레이어, 음악 도구, 디지털 카메라, 사무용품 등이 있다.

놀이치료에 적합한 아동에 대한 기준은 다음과 같다(Anderson & Richards, 1995).

- 아동이 성인과 관계를 형성하고 견디며 활용할 수 있는가?

- 아동이 안전한 환경을 견디고 수용할 수 있는가?
- 아동이 현재의 문제를 다루기 위해 새로운 방법을 배울 수 있는가?
- 아동이 자신의 행동과 동기에 대한 통찰을 할 수 있는가?
- 아동이 타인의 행동과 동기에 대한 통찰을 할 수 있는가?
- 아동이 치료적 활동에 참여할 수 있는 주의력과 인지 능력을 갖추고 있는가?
- 놀이치료가 아동의 현재 문제에 효과적인가?

위의 질문에 "아니오"라는 답변이 있다면 놀이치료는 아동에게 최적의 개입 방법이 아닐 수 있다. 그리고 치료자가 치료 과정을 통해 아동에게 부정적 영향을 주는 환경에 변화를 주지 못한다면 다양한 방법을 고려해보아야 하며, 숙고의 과정을 거치고도 부정적 영향을 변화시킬 수 없다면 다른 개입 방법이 필요할 수 있다(Anderson & Richards, 1995).

한편, 놀이치료의 효과성에 대한 다양한 연구와 보고서를 종합해보면 다음의 3가지로 분류될 수 있다. 첫째, 놀이치료가 효과적인 경우, 둘째, 놀이치료가 다른 개입 방법과 함께 사용했을 때 효과적인 경우, 셋째, 놀이치료가 효과적이지 않은 경우이다.

첫째, 놀이치료가 효과적인 경우로는, 아동학대나 방임(Knell & Ruma, 2003; Mullen, 2002), 입양과 양육 관련 문제(Booth & Lindaman, 2000; VanFleet, 2009), 공격성 및 행동화 문제(Crenshaw & Hardy, 2007), 불안과 위축 문제(Brandt, 2001; Danger, 2003), 만성질환(Kaplan, 1999), 우울(Briesmeister, 1997; Tyndall-Lind et al., 2001), 부모의 이혼(Cangelo-si, 1997; Siegel, 2006), 가정폭력(Green, 2006; VanFleet, Lilly, & Kaduson, 1999), 애도(Bullock, 2006; Griffin, 2001), 홈리스(Baggerly, 2003, 2004),

자연재해(Green, 2006; Shelby, 1997; Shen, 2002), 완벽주의(Ashby, Kott-man, & Martin, 2004), 선택적 함구증(Cook, 1997; Knell, 1993), 성학대(Gil, 2002; Green, 2008), 사회성 문제(Blundon & Schaefer, 2009), 트라우마(Carden, 2005; Drewes, 2001; Frey, 2006) 등이 있다.

둘째, 놀이치료가 다른 개입 방법과 함께 사용했을 때 효과적인 경우로서 ADHD(Ray, 2007), 기분장애(Briesmeister, 1997; Newman, 2009)가 있으며, 이러한 진단의 경우에는 약물치료와 놀이치료를 함께 사용했을 때 효과적이다. 그리고 학습장애(Kale & Landreth, 1999), 언어장애(Danger & Landreth, 2005), 자폐스펙트럼장애 및 지적장애(Carden, 2009; Scanlon, 2007)의 연구에서는 다른 치료적 개입(언어치료, 행동치료, 감각통합치료 등)과 함께 사용하였을 때가 각 치료를 단독으로 사용하였을 때보다 효과적이다.

셋째, 놀이치료가 효과적이지 않은 경우이다. 심각한 품행장애(Anderson & Richards, 1995)와 정신증(Anderson & Richards, 1995)이 있으며, 이러한 경우에는 의료적, 행동적, 환경적 접근이 놀이치료보다 더욱 효과적이다.

아동의 현 진단이 무엇이든 치료자는 아동의 목표를 명확히 정의해서 부모와 의사소통해야 한다. 예를 들어, ADHD 아동이라고 할지라도 충동성과 주의산만에 대한 접근보다 아동의 낮은 자존감과 좌절감을 다루는 것이 더욱 필요할 수 있다. 이러한 목표 설정에 대한 의사결정을 위해 치료자는 아동의 현재 어려움에 대해 부모와 충분히 논의하여 진행해야 한다.

놀이치료를 배우고자 하는 치료자들은 인지적 장벽을 뛰어넘기를 원한다. 언어상담에서는 치료 과정에서 변화를 위해 언어적 상호작용을 주로 사용하고, 놀이상담에서는 놀이, 장난감, 은유, 미술을 사용한 치료적 변화를 통해 상호작용을 한다.

내담 아동을 놀이치료하기 위해서는 놀이를 사용하여 의사소통을 해야 하고, 인형이나 피규어를 통한 상징을 활용할 수 있어야 한다. 즉 아동이 놀이에서 의미하는 것을 알아차리기 위해 아동이 놀이치료실에서 하는 행동의 이면에 집중해야 한다.

5. 접근 방식

사회가 변화하고 발전하면서 현장에서 내담 아동의 의뢰 사유는 점차 복잡해지고 있으며, 아동의 심리장애라는 특이성 때문에 다양한 치료접근이 필요하다. 많은 아동들이 명확한 하나의 진단을 받기보다는 여러 장애가 공존하는 것으로 진단받는 경향이 있다. 예를 들어, 주의력 문제를 가진 아동은 불안이 공존하는 경향이 크고, 학대를 받은 아동은 애착 문제와 두려움의 문제가 공존하는 경향이 크다. 결과적으로 놀이치료사는 처음에는 하나의 접근이나 치료방식으로 훈련을 받고 다양한 사례에 적용하려 하지만, 많은 사례를 만나면서 다른 치료접근의 필요성을 느끼게 된다. 아동의 삶에는 다양한 사람(부, 모, 형제자매, 조모, 조부, 선생님 등)이 있고 그들의 요구와 아동의 요구를 함께 고려해야 한다. 그렇기 때문에 치료자는 상황에 따라 하나의 이론적 접근만 고수하는 것이 아니라 다양한 이론적 접근을 유연하게 취해야 한다.

놀이치료 접근을 구분하는 방법에는 여러 가지가 있는데, 지시적/비지시적 접근과 의식적/무의식적 접근으로 분류될 수 있다(Gardner &

Yasenik, 2008). 먼저 지시적 접근과 비지시적 접근 분류를 살펴보면, 이러한 분류는 놀이치료를 개념화하는 전통적인 방법으로 매우 비지시적인 접근(아동이 놀이를 이끌고, 어떤 놀이를 할지를 결정하며, 치료자는 아동이 이끄는 대로 따라간다)부터 매우 지시적인 접근(치료자가 놀이를 선택하고 어떤 놀이를 할지도 결정한다)까지 연속선상에 있다. 비지시적이고 비구조화된 놀이치료에서는 아동이 놀이치료를 이끌어갈 능력이 있다고 믿고, 치료자는 아동에게 안전한 환경을 제공해주고 무조건적이고 긍정적인 관심을 주며 아동이 표현하는 감정을 반영해주어야 한다. 지시적이고 구조화된 놀이치료에서는 놀이치료사가 회기를 어떻게 이끌어갈지 직접적으로 계획하며, 아동의 진단, 주호소 문제, 욕구를 고려해서 치료적 개입을 계획한다. 지시적/비지시적 차원은 놀이치료사의 해석의 수준과 몰입의 정도로 나누어질 수 있다. 몰입은 놀이치료사가 놀이에 개입하고 지시하는 정도와 관련되어 있다. 매우 비지시적인 수준에서는 놀이치료사가 놀이를 관찰, 반영 및 추적하고 직접적으로 아동과 놀이로 상호작용하지 않는다. 매우 지시적인 수준에서는 놀이치료사가 놀이에 참여하고 아동이 놀이를 확장하고 정교화하는 데 적극적으로 참여한다.

아동중심 놀이치료, 정신역동적 놀이치료, 융의 분석적 놀이치료는 매우 비지시적인 차원에 속하고 인지행동 놀이치료, 생태체계적 놀이치료, 치료놀이는 매우 지시적 차원에 포함된다. 게슈탈트 놀이치료는 일반적으로 지시적인 방식으로 수행되지만 아동과 치료자에 따라 다소 비지시적인 요소가 포함되기도 한다. 아들러 놀이치료는 비지시적으로 시작하고 아동과 관계가 형성된 후에는 지시적으로 변화된다. 처방적 놀이치료는 내담 아동의 사례개념화와 치료적 과정에 따라 지시적인 경우도 있고 비지시적인 경우도 있다.

의식적/무의식적 차원은 아동의 놀이활동과 언어화로 구분될 수 있는데, 어떤 아동들은 놀이가 매우 직접적이고 언어화되어 있으며 의식적 수준에서 자각하고 있다. 그러나 다른 경우는 아동이 힘든 생각이나 감정으로부터 어느 정도의 거리감과 보호가 필요할 수 있으며, 상징적인 방식과 덜 의식적인 놀잇감이나 이야기를 사용할 수 있다.

의식적 차원에서는 아동의 현재 문제와 직접적으로 관련된 생각, 감정, 행동을 표현하며 은유적인 의사소통을 필요로 하지 않는다. 무의식적 차원에서는 상징과 은유 방법으로 놀이를 하고 실제가 아니라 상상의 상황을 통해 아동의 삶에 관해 간접적으로 의사소통하고자 한다.

놀이치료사는 아동의 의식적/무의식적 수준에 맞게 접근해야하며, 무의식적 차원에서 더 의식적 차원으로 갈 수 있도록 도와야 한다. 그러나 일부 놀이치료(아동중심 놀이치료, 게슈탈트 놀이치료, 융의 분석적 놀이치료, 이야기치료, 정신역동적 놀이치료)에서는 내담 아동이 무의식의 세계에 몰두하도록 두어도 치료가 가능하다고 제안한다. 이러한 접근에서는 해석을 거의 하지 않거나 하더라도 매우 조심스러운 방식으로 하며, 내담 아동이 거부하거나 부인할 수도 있다. 하지만 다른 놀이치료(인지행동 놀이치료, 생태체계적 놀이치료, 치료놀이)에서는 무의식적이고 비지시적인 방식에서 의식적이고 지시적인 방식으로 이동시켜야 변화가 생긴다고 전제한다. 이러한 접근에서는 내담 아동이 문제를 의식적으로 자각하도록 하기 위해 해석을 하기도 한다.

2개의 차원은 4개의 조합으로 나누어질 수 있는데 다음과 같다(Gardner & Yasenik, 2008). 단, 처방적 놀이치료와 아들러 놀이치료는 하나의 조합에서 다른 조합으로 바뀔 수 있다.

- 적극적 활용(비지시적/의식적): 아동이 치료자를 이끌고, 치료자는 아동으로부터 의식적 반응을 촉발시키기 위해 해석을 한다.

- 열린 논의/탐색(지시적/의식적): 치료자는 놀이에 참여하고 구조와 지시를 제공할 뿐만 아니라 아동 문제에 대해 열린 자세로 직접적인 논의와 해석을 한다.
- 비침습적 반응(비지시적/무의식적): 아동이 치료자를 이끌고, 치료자는 비평가적 수용의 자세를 유지하며 비침습적인 목격자의 역할을 한다.
- 촉진(지시적/무의식적): 치료자와 아동은 평등한 관계 속에서 힘을 공유하고 있으며, 놀이의 촉진자이다. 치료자는 아동과 함께 놀이하며 아동의 은유에 천천히 머무르며 해석도 하고 지시도 한다.

6. 역사

놀이치료의 역사는 심리학의 역사와 맥을 같이하며 시대상을 반영한다. 놀이치료의 많은 접근들이 동시대에 발달했기 때문에 순차적으로 나열하기는 어렵지만, 가능한 한 발달되어 온 순서를 고려하여 제시하고자 한다. 그리고 20세기 후반에는 다양한 심리학 이론의 영향을 받은 접근법들이 개발되었다. 우선 놀이치료의 시작인 프로이트부터 최근 각광을 받고 있는 치료 접근법의 순서로 제시되어 있다. 또한 이후 챕터에서는 현재 우리나라 상담 현장에서 많이 활용되고 있는 정신분석적 놀이치료 (2장), 아동중심 놀이치료(3장), 인지행동 놀이치료(4장), 게슈탈트 놀이치료(5장), 발달놀이치료(12장), 치료놀이(13장), 부모자녀 놀이치료(14장)에 대해 살펴보고자 한다.

1) 정신분석적/정신역동적(Psychoanalytic/Psychodynamic) 놀이치료

대부분의 심리학적 개입의 시작과 마찬가지로 놀이치료의 시작도 지그문트 프로이트(1909/1955)로 거슬러 올라간다. 프로이트는 "리틀 한스(Little Hans)"의 치료 사례를 제시하며 심리학적 개입에서 놀이의 역할에 대해 설명하였다. 한스는 말에 물린 이후 두려움 때문에 집 밖으로 나가기를 거부하는 등 공포증이 생겼다. 프로이트는 한스를 직접 치료하지는 않았으며 한스의 아버지로부터 아동의 놀이에 대한 정보를 알려 주고 그것이 의미하는 바를 해석해주고 어떻게 개입해야 하는지 알려주었다. 프로이트는 무의식적 갈등과 걱정이 놀이에서 반복해서 나타난다고 믿었으며, 놀이를 통한 소산과 숙달의 과정을 거치면서 해결된다고 제안하였다.

후크-헬무트(Hug-Hellmuth, 1921)는 아동 심리치료에서 놀이를 직접적으로 사용한 첫 번째 정신분석 놀이치료사였다. 그녀는 아동의 가정을 방문하여 놀이를 관찰하고 자연스럽게 놀이에 참여하였다. 어떤 특별한 놀이치료적 기술이 사용되었는지에 대해 언급하지는 않았지만, 정신분석적 방식을 사용하여 아동의 놀이를 이해하였으며, 놀이가 아동과 치료자의 의사소통이 가능하도록 해주는 역할을 한다고 보았다.

안나 프로이트(Anna Freud, 1928, 1946)는 아동과 직접적으로 작업하였으며, 내담 아동과 관계를 형성하기 위한 도구로서 아동 놀이를 사용하였다. 그녀는 놀이는 아동과 의사소통을 하기 위해 적절한 도구지만, 놀이를 치료 방식으로 사용한다고 생각하지는 않았다. 왜냐하면 놀이 행동이 항상 상징적이거나 은유적인 것은 아니라고 보았기 때문이다. 놀이로 라포를 형성한 후에 개인사 탐색, 꿈 분석, 자유연상, 그림 등을 사용하여 치료하였다.

클라인(Klein, 1932)은 정신역동 치료자였으며, 놀이가 아동의 자연스러운 표현 도구이며 성인치료에서도 언어적 표현을 대체할 수 있다고 생각하였다. 그리고 자발적 놀이는 성인의 자유연상과 유사하며 잠재의식에 대한 중요한 정보를 담고 있다고 보았다. 클라인은 아동의 놀이를 통해 얻은 정보를 부모나 치료자의 이해를 돕기 위해 해석하기 보다는 아동을 위해 해석해주어야 한다고 주장하였다.

2) 구조적(Structured) 놀이치료

구조적 놀이치료는 내담 아동에 대한 정신역동 개념화를 기초로 해서 구조적이고 목표 지향적 치료를 실시하는 접근이다. 구조적 놀이치료는 놀이가 카타르시스(정화)의 역할을 한다는 입장으로 치료자는 치료의 목표를 위해 적극적인 역할을 한다. 레비(David Levy), 솔로몬(Joseph C. Solomon)과 햄브릿지(Gove Hambridge)가 대표적인 구조적 놀이치료사이다.

레비(Levy, 1938)의 이완치료(Release Therapy)는 10세 이하의 아동이 특정한 외상을 경험했을 때 사용한다. 치료자는 내담 아동이 외상적 사건에 집중할 수 있도록 특별히 선택한 장난감을 제공하는데, 그 장난감을 어떤 방식으로 가지고 놀아야 하는지 지시하거나 아동의 놀이를 해석하지는 않는다. 레비는 무의식적 갈등을 반복하려는 프로이트의 충동이론에 기초하여 내담 아동이 적절한 장난감과 상황이 주어진다면 카타르시스를 통해 문제를 재해결할 수 있다고 믿었다. 레비는 아동이 자신의 정서적 안녕감을 위협하는 고통스러운 기억, 생각, 감정들을 감소시키기 위해 다양한 시나리오로 놀이하게 된다고 제안하였다.

솔로몬(Solomon, 1938)의 적극적 놀이치료(Active Play Therapy)는 충동적이고 행동화 경향이 있는 아동을 위한 놀이치료이다. 프로이트의 소산 효과 개념을 기초로 하여 아동의 부정적 감정, 부적절한 충동, 퇴행 경향성을 놀이치료 회기 안에서 표현하도록 격려한다. 치료자는 아동에게 판단적이거나 부정적인 반응을 하지 않아야 하며, 이러한 수용적이고 무비판적 태도 안에서 아동은 자신의 좌절을 표현하고 충동을 표출함으로써 변화를 경험하게 되고 사회적으로 적절한 행동을 실험해볼 수 있게 된다.

햄브릿지(Hambridge, 1955)는 레비의 이론에 기초해 더욱 지시적인 접근방식을 사용하였다. 아동과 관계를 형성한 후에 아동의 스트레스 경험이나 부정적 관계를 놀이로 표현하도록 촉진하며 이러한 경험을 통해 카타르시스를 경험하고 자신의 트라우마를 해결하도록 돕는다. 햄브릿지는 트라우마를 재경험함으로써 그로 인한 후유증에 더욱 효과적으로 대처하는 법을 배울 수 있다고 믿었다.

3) 관계(Relationship) 놀이치료

심리학 분야에서 정신역동이론이 팽배한 가운데, 랭크(Rank, 1936)는 지금-여기에서 치료자와 내담자의 관계가 내담자의 변화에 핵심이라고 제안하였다. 타프트(Taft), 알렌(Allen)과 무스타카스(Moustakas)는 이러한 개념을 아동에게 적용시키고자 하였다.

타프트(Taft, 1933)는 아동 치료의 핵심은 지금-여기에서 치료자와 아동 간의 관계와 내담자의 기능이라고 믿었다. 그는 내담 아동과 관계를 형성하는 과정과 치료에서 시간의 사용이 중요하며, 각 치료 회기의 끝과 치료의 종결은 탄생의 과정과 유사하다고 하였다. 치료의 시작 시점에 종결 날짜를 정하여 치료자와 성공적인 분리를 하도록 하고, 이를 아동이 어머니로부터의 분리로 인한 외상을 성공적으로 해결하는 것과 연결시켰다.

알렌(Allen, 1942)은 아동-치료자 관계가 핵심이라고 하며 아동의 자기실현과 자율성을 강조하였다. 알렌은 치료에서 핵심과제는 아동이 매일의 일상과 관계를 잘 맺는 것이라고 하였다.

무스타카스(Moustakas, 1959)는 현재의 놀이치료 접근에서 많이 사용되는 이론과 기법의 기초를 마련하였다. 그는 안전한 치료적 관계를 통해 아동이 대인관계를 탐색하고 개별화로 나아갈 수 있다고 보았다. 치료자의 무조건적 수용과 신뢰를 통해 아동은 어떠한 안내와 해석 없이도 긍정적인 방향으로 나아갈 수 있는 능력이 있다고 확신했다. 아동과의 상호작용에서 중요한 것은 아동의 감정이며, 치료자는 아동이 놀이에 초대할 때 적극적으로 참여하여야 한다고 제안하였다.

4) 비지시적, 아동중심(Nondirective, Child-Centered) 놀이치료

액슬린(Axline, 1947, 1969)은 아동중심 놀이치료를 개발할 때 로저스(Rogers, 1951)의 성인의 내담자 중심 치료에서 관계에 대한 많은 아이디어를 가져왔다. 그녀는 무조건적 수용과 안전함을 경험할 수 있는 관계를 제공해줌으로써 자연스럽게 아동이 긍정적으로 성장할 수 있다고 믿었다. 엑슬린은 아동의 변화는 치료자와의 관계를 통해 가능하며 특별한 기법의 결과가 아니라고 보았다. 그리고 아동의 행동을 칭찬하거나 아동의 놀이를 해석하는 것은 적절하지 않다고 제안하였다.

랜드레스(Landreth, 2002), 거니(Guerney, 1983), 밴플리트(VanFleet, 2009) 등은 액슬린의 이론을 확장하여 아동과의 치료적 관계를 강조하고 비지시적 아동중심 접근을 개발하였다. 아동중심 놀이치료는 치료자가 아동에게 무조건적 수용과 공감을 제공함으로써 치료적 관계를 확립해야 하며, 이러한 관계를 통해 아동의 타고난 발달과 성장의 잠재력을 작동시키게 한다.

거니는 비지시적인 개념과 전략을 기초로 한 아동중심 놀이치료를 부모에게 직접 가르치려고 노력했으며 이것이 바로 부모자녀 놀이치료(Filial Therapy)이다. 부모자녀 놀이치료는 랜드레스가 더욱 발전시켜 부모자녀 관계치료(CPRT: Child Parent Relationship Therapy)라고 명명하고 구조화된 10회기 프로그램으로 개발하여 많은 연구가 진행되었다. 부모자녀 놀이치료(부모자녀 관계치료 포함)에서 부모는 비지시적 놀이치료 기법을 훈련받고, 아동과 놀이치료 회기를 진행하며, 부모-자녀 관계를 형성하고, 아동의 자아존중감을 강화시킨다. 부모자녀 놀이치료에서 주요 기법은 추적하기, 내용 반영하기, 감정 반영하기, 그리고 제한설정이다.

5) 제한설정(Limit-Setting) 치료

빅슬러(Bixler, 1949)와 기노트(Ginott, 1959)는 치료 회기에서 변화의 핵심은 제한설정에 있다고 주장하였으며, 빅슬러는 "제한이 곧 치료다"라고 강조하였다. 그는 내담 아동에게 무조건적 수용의 태도를 유지하면서 다른 관계와는 다른 특별한 관계를 확립하기 위해 제한설정을 해야 한다고 믿었다. 빅슬러는 놀이치료실에서의 제한설정은 아동이 책임감과 진실성, 그리고 현실감을 갖게 한다고 주장하였다. 그는 사람, 환경, 놀잇감의 안전을 확보하기 위한 기본적인 제한은 필수적이라고 하였다.

기노트(Ginott, 1959)도 제한은 놀이치료에서 핵심적인 요소라고 믿었으며, 특히 성인으로부터 비일관적인 반응을 경험했거나 성인과의 관계를 시험해야 한다고 느끼는 아동에게 매우 중요하다고 하였다. 치료자가 제한을 일관되고 사려 깊게 제공함으로써 아동은 성인이 자신을 보호하거나 지원해줄 수 있다는 관점을 가지게 된다. 기노트는 공격적인 행동에 대한 제한설정을 함으로써 치료에서 아동에게 긍정적인 태도를 유지할 수 있게 된다고 제안한다.

6) 애착의 문제를 가진 아동을 위한 이론들

1970년대에 애착 문제를 가진 아동에 대한 관심이 늘어났으며 그들을 도와야 한다는 분위기가 팽배해졌다. 전버그(Jernberg, 1979)는 치료놀이를, 브로디(Brody, 1978)는 발달놀이치료를, 베네딕트(Benedict, 2006)는 대상관계 놀이치료를 개발하여 애착 문제를 가진 아동을 위한 놀이치료 기법을 개발하였다.

치료놀이 손상된 부모-자녀 관계를 개선시키기 위해 부모-영아 관계에서 전형적인 상호작용을 똑같이 복제한 지시적인 치료방법이다. 제한된 횟수의 회기 동안 4개의 치료적 차원(구조, 도전, 양육, 개입)을 포함하여 치료 계획을 세운다. 치료놀이에서 아동이 한 명의 치료자와 함께 치료실 한쪽에서 치료를 진행하는 동안 부모는 처음에는 아동과 함께 무엇을 하는지 설명을 듣고 추후에는 아동과 상호작용하게 된다.

발달놀이치료 부모-자녀 관계에서 애착을 증진시키고 발달과정을 강조하는 지시적인 접근이다. 발달놀이치료사는 아동의 발달 단계를 평가하여, 부모와의 초기 애착에서 부족했던 부분을 찾아 치료적 접근을 제공한다. 브로디(Brody, 1978)는 아동이 애착대상과 애착을 형성하기 위해 접촉이 필요함을 강조하며, 발달놀이치료사는 아동을 안아주고, 쓰다듬고, 흔들어 줌으로써 영아기 발달에 핵심적으로 경험해야 했던 것을 제공해준다.

대상관계 놀이치료 애착장애 아동에 효과적인 접근방법으로 대상관계이론에 기초한 놀이치료 기법이다(Benedict, 2006). 대상관계 놀이치료사는 우선 아동과 신뢰하는 관계를 형성해야 한다. 아동은 이전에 경험했던 것과는 다른 경험을 통해 세상과 관계에 대한 내적 작동 모델(internal working model)을 수정하게 된다. 신뢰하는 치료자와의 경험을 통해 아동의 세계관이 변화하게 될 때, 치료자는 아동이 신뢰하는 사람과 그렇지 않은 사람을 구별하는 방법을 배우도록 치료한다.

7) 성인 상담 이론에서 개발된 놀이치료 접근

최근 놀이치료의 트렌드 중 하나는 성인 내담자를 상담하는 이론적 접근에서 고안된 방법으로 아동 놀이치료 접근을 개발하는 것이다. 이런 접근방법으로는 인지행동 놀이치료, 게슈탈트 놀이치료, 융의 분석적 놀이치료, 아들러 놀이치료, 이야기 놀이치료 등이 있다. 이후 장에서는 인지행동 놀이치료, 게슈탈트 놀이치료, 융의 분석적 놀이치료에 대해 자세히 살펴보고자 한다.

아들러 놀이치료 아들러 놀이치료는 개인심리학(Adler, 1956)의 이론적 원리 및 전략과 놀이치료의 치료적 방식을 혼합한 놀이치료적 접근이다. 놀이치료사는 내담자에게 비지시적 방식과 지시적 방식을 통합하여 상호작용하며, 각 내담자의 특성을 고려하여 놀이치료의 과정이 결정된다. 아들러 놀이치료사는 ① 아동과 관계를 형성하고, ② 아동의 개인 내적 역동 및 개인 간 역동을 탐색하고, ③ 아동의 통찰을 돕고, ④ 아동이 더욱 건설적인 생각/감정/행동을 하도록 배우고 연습할 수 있는 맥락을 제공하기 위해 놀이, 미술, 스토리텔링, 모래상자, 음악, 댄스, 그 외 다른 개입을 사용한다. 그리고 부모가 자녀를 바라보는 방식을 변화시키고 양육 전략을 바꾸도록 돕고 아동의 학습을 방해하는 정서행동 문제를 줄이기 위해 필요하다면 교사가 아동과 상호작용하는 새로운 방식을 안내하기도 한다.

인지행동 놀이치료 넬(Knell, 1993, 2009)은 인지적 개입과 행동적 개입을 놀이치료의 패러다임에 조합하여 인지행동 놀이치료를 개발하였다. 인지행동 놀이치료는 구조화되고, 지시적이며, 목표지향적인 접근방식이다. 인지행동 놀이치료사는 놀이 안에서 아동에게 행동주의적 기법과 인지적 전략을 가르치게 되는데, 이를 통해 자기 자신과 타인과의 관계 및 문제 상황에 대해 다른 방식으로 생각해 볼 수 있도록 한다. 아동에게 딜레마가 있는 상황을 주고 아동이 새로운 대처 기술을 배우고 적절한 대안적 행동을 연습하도록 돕는다.

게슈탈트 놀이치료 오클랜더(Oaklander, 1992)가 펄스(Perls, 1973)의 이론에 기초해서 개발하였으며, 치료자와 아동의 관계, 유기체의 자기조절 개념, 아동의 경계와 자아감, 그리고 자각, 경험, 저항의 치료적 역할에 초점을 두었다. 게슈탈트 놀이치료는 지시적인 접근과 비지시적인 접근을 혼합하는데, 때로는 아동에게 여러 경험과 실험에 참여하도록 요구하기도 하고, 때로는 놀이치료실에서 아동이 이끄는 대로 따라가기도 한다.

융의 분석적 놀이치료 융의 이론에 기초하여 놀이치료와 모래상자 놀이치료의 접근 방식을 적용해 개발되었다. 로웬펠트(Lowenfeld, 1950)는 아동에게 피규어를 주고 자신의 세계를 표현하게 하였으며, 이런 기법을 "The World(세계 기법)"라고 명명하고 아동이 만든 세계의 상징을 이해하고자 하였다. 칼프(Kalff, 1971)는 로웬펠트의 업적을 확장시켜, 치료자가 각 아동에게 적절한 피규어를 선택해주고 모래상자에 피규어를 배치해보게 한 후에 이야기를 만들고 그 장면을 설명하게 한다. 브래드웨이(Bradway, 1979)는 모래상자와 피규어를 사용하였지만 아동에게 그것을 언어화하도록 촉진하지는 않았다. 그녀는 아동이 꾸민 모래상자를 사진으로 찍고 아동의 관점에서 주제와 패턴을 찾으려 하였다. 캐리(Carey, 1990)는 모래상자치료에서 가장 중요한 놀이의 요소는 아동의 무의식의 표현을 탐색하는 것이라고 제안하였다. 앨런(Allan, 1997)과 그린(Green, 2009)은 융의 개념과 기법을 적용하여 융의 분석적 놀이치료를 개발하였다. 모래상자뿐만 아니라 놀이치료 전략을 사용하여 아동이 자신의 자아, 자기, 무의식을 탐색하도록 도왔다. 앨런은 아동과의 비지시적 관계를 확립하여 아동에게 안전함을 주어 개별화와 치유의 자연스러운 과정을 밟도록 하였다.

8) 여러 이론을 통합하여 개발된 놀이치료 접근

최근 10~20년의 놀이치료 트렌드 중 하나는 다양한 이론적 개념과 치료전략을 통합하는 접근법이다. 이런 접근의 대표적인 방식이 바로 생태체계적 놀이치료와 처방적 놀이치료이다.

생태체계적 놀이치료 오코너(O'Connor, 2009)가 개발한 접근으로 아동을 둘러싸고 있는 다양한 체계에 관심을 가지고 집중하는 개입법이다. 이러한 체계에는 가족, 학교, 또래 집단이 포함되며, 아동을 둘러싼 이러한 체계들을 고려함으로써 아동을 진정으로 깊이 이해할 수 있다고 보았다. 따라서 치료자는 다양한 평가 도구를 사용하여 아동의 발달 수준(인지적, 신체적, 사회적, 정서적 발달과 경험의 과정 등)을 평가해야 하며, 이런 평가에 기초해서 아동발달 및 개인적 맥락에서 결핍된 부분에 적절한 치료적 개입을 할 수 있다고 제안하였다. 치료 과정은 매우 구조화되고 지시적이며 치료자가 치료 환경, 치료 도구 및 활동을 모두 선택하고 조절한다.

처방적 놀이치료　커드슨, 칸겔로시와 쉐퍼(Kaduson, Cangelosi, & Schaefer, 1997), 길과 쇼(Gil & Shaw, 2009) 등이 제안한 방식이다. 이들은 하나의 특정 놀이치료 기법만 고수하는 것은 시대에 뒤쳐진 방식이라고 보았고, 각 아동의 주호소 문제, 성격적 특성, 상황 등을 고려하여 여러 이론과 기법을 선택하여 배치할 것을 제안하였다. 또한 놀이치료사가 아동과 가족에 맞는 치료를 선택하여 제공한다면 더욱 효과적일 것이라고 주장하였다. 처방적 놀이치료사는 다양한 치료적 기법, 방식, 사례개념화에 대한 경험과 훈련을 받아서 식견을 갖추어야만 내담 아동에게 적절한 개입을 실시할 수 있다.

02

정신분석적 놀이치료

1. 역사

지그문트 프로이트(Sigmund Freud)의 정신분석 이론에 기반하여 등장한 정신분석적 놀이치료는 내담자의 무의식적 심리 과정에 대한 이해와 해석을 통해 통찰에 이르게 한다는 점에서는 성인 정신분석과 동일하지만, 놀이를 통해 치료적으로 개입한다는 점에서는 차이가 있다. 정신분석적 놀이치료에서 놀이는 아동이 치료자와 관계를 맺고, 아동의 무의식적 소원과 환상, 그리고 내적 갈등을 표현하는 수단이 된다. 치료자는 놀이를 통해 아동과 상호 교류하고 놀이를 해석해줌으로써 아동이 내적 갈등을 해소하고 통찰을 얻을 수 있도록 돕는다(Esman, 1983; McCalla, 1994).

정신분석적 놀이치료의 시작은 1909년 프로이트의 "리틀 한스(Little Hans)" 사례로 거슬러 올라간다. 말을 두려워하여 집 밖으로 나가기를 거부하는 한스에 대해 프로이트는 아버지에게 놀이를 관찰하여 기록하게 하고, 서신을 통해 한스를 분석했다. 이는 아동에 대한 직접적인 치료는 아니었으나, '놀이'를 정신치료에 활용한 최초의 사례라고 평가된다. 프로이트는 "놀이는 아동이 가장 좋아하며 집중하는 작업이고, 아동은 상상력이 있는 작가와 같다."고 언급하며(Freud, 1909), 아동 심리치료에서 놀이의 중요성을 강조하였다. 또한 아동의 놀이에는 본능적인 욕구 충족과 해소, 수동적인 경험을 능동적으로 숙달하려는 경향성의 실현, 외상적 경험으로부터의 회복 기능이 있다고 설명하였다(Freud, 1920).

아동상담 기법으로 놀이치료를 최초로 시도한 임상가는 후크-헬무트(Hug-Hellmuth, 1921)였다. 그녀는 '놀이'가 아동을 분석하는 데 있어서 필수적이라고 가정하고, 아동이 놀잇감을 통해 자신을 표현하게 하고 놀이행동을 관찰하였다.

이후 정신분석적 놀이치료는 안나 프로이트(Anna Freud)와 멜라니 클라인(Melanie Klein)에 의해 발전을 거듭한다. 안나 프로이트와 멜라니 클라인은 아동치료(아동분석)에 놀이를 도입했다는 점에서는 동일하지만, 놀이를 활용하는 방식이나 놀이의 역할에 대한 가정에는 차이가 있었다. 우선 안나 프로이트는 놀이는 욕동, 초자아, 외부 세계를 중재하는 자아 역량의 변화를 촉진한다고 보았다. 놀이의 소재가 자신의 신체에서 장난감이나 이행기 대상 등으로 변하는 과정은 적응적이고 방어적인 자아기능을 수반한다고 설명했다. 또한 놀이는 아동의 내면세계에 접근하고 아동과 치료자 간의 치료동맹을 형성하는 데 유용한 수단이라고 가정하였다. 즉, 우호적인 관계 형성과 진단적 도구로서 놀이의 중요성을 강조하였다. 그러나 모든 놀이가 정서적 의미나 가치를 갖는 것은 아니며, 어떤 놀이는 아동이 최근에 겪었던 인상적인 경험이 단순히 의식적으로 반복되는 것이라고 보았다. 따라서 놀이의 내용에 상징성을 부여하는 것이나 놀이에 대해 직접적인 해석을 하는 것에 주의를 기울여야 한다고 주장하였다. 또한 무의식을 자극하는 분석은 아동의 불안을 유발할 수 있기 때문에 칭찬과 격려를 중시하는 교육적인 측면을 강조하기도 했다. 놀이의 의미를 해석하기 위해서는 장기간의 아동 관찰과 부모 면담을 통해 아동에 대한 충분한 정보를 얻는 것이 중요하다고 보았으며, 아동의 정상 발달을 위협하는 고착이나 발달적 결핍을 해결하는 것을 놀이치료의 목표로 삼았다(Freud, 1965).

멜라니 클라인은 아동의 놀이는 성인의 자유연상과 동일하며, 놀이를 통해 아동의 무의식에 직접 접근할 수 있다고 보았다. 즉, 놀이를 아동의 소망, 공포, 환상 등을 이해할 수 있는 중요한 수단으로 인식한 것이다. 아동의 내적 불안과 충동, 무의식적 역동은 환상을 통해 표출되며, 이는 특히 자유로운 놀이 상황에서 가시화될 수 있다고 가정하였다. 따라서 놀이는 아동의 중요한 상징적 의사소통이 된다고 여겼고, 치료 과정에서 보여주는 놀이의 의미에 대한 해석을 중요시하였다(Klein, 1929). 클라인에 따르면, 생의 초기 영아는 엄마가 자신의 욕구를 충족시켜주면 좋은 엄마라고 느끼지만 욕구가 충족되지 않으면 엄마를 나쁜 엄마라고 느끼며 증오한다. 그리고 이 두 엄마를 다른 대상으로 분리하여 인식한다. 또한, 영아는 욕구를 좌절시킬 때의 엄마를 자신을 공격하는 박해자로 느끼며 불안을 경험하게 된다. 그러나 생후 6개월을 넘어서면서 영아는 좋은 엄마와 나쁜 엄마가 하나라는 것을 알게 된다. 이 과정에서 자신이 박해자라고 느껴 증오했던 대상이 사실 자신이 사랑하는 좋은 대상이라는 것을 알게 되고, 자신의 공격적 충동이 엄마를 공격해서 없애 버릴지도 모른다는 두려움을 경험하며 죄책감과 우울감을 느낄 수 있다. 클라인은 아동이 갖고 있는 깊은 불안에 대한 해석이 분석 작업의 핵심이며, 연령이 어릴지라도 치료자가 처음부터 아동과 해석적 관계를 수립해야 한다고 주장했다. 클라인은 투사 과정에 대한 직접적 해석 작업을 중요하게 보고, 아동이 자신에게 있는 감정을 다른 사람에게 전이하여 원치 않은 감정이 다른 사람에게 있다고 지각하는 것은 아동기의 공통적인 무의식적 환상이라고 보았다. 자기감(sense of self)이 이런 방식으로 파편화되는 것은 유아기의 정상적인 발달 특성이지만, 유아기를 지나서도 지속될 때는 병리의 원인이 될 수 있고, 따라서 해석의 핵심 대상이라고 보았다. 클라인은 투사적 동일시(projective identification)[1]의 개념을 제안하면서, 아동이 받아들일 수 없는 감정을 치료자가 '담아주는(containing)' 역할을 하는 것이 중요하다고 보았다.

정신분석적 놀이치료의 발전과정에서 또 다른 중요한 인물은 도널드 위니콧(Donald Winnicott)이라고 할 수 있다. 클라인의 영향을 받은 위니콧(Winnicott, 1968)은 아동의 초기 경험이 병리에 중요한 영향을 미친다고 보고, 충분히 좋은 양육(good enough mothering)과 보듬어주는 환경(holding environment)의 중요성을 강조하였다. 위니콧(1971)은 주관적인 대상과 객관적인 대상이 동시에 인식되는 자기와 대상 간의 중간영역(transitional area)에 대한 개념을 제안했다. 이는 현실과 환상이 함께 존재하는 곳으로, 아동은 이 영역을 거쳐가면서 건강한 현실 세계로 나아갈 수 있다고 가정했다. 놀이는 일종의 중간영역으로, 실제 현실도 아니고 순수한 환상의 세계도 아니다. 중간영역은 두 실제가 혼합된 영역이며, 실제 현실에 직면해 가기 위한 과도기적 성격을 지닌 영역이다. 놀이는 다른 사람과의 관계 속에서 자기 발달을 촉진하고, 아동은 타인과의 관계를 통해 자율적 자기에 대한 느낌을 발달시킨다(Solnit, Cohen, Neu-

....

1   자신의 내적으로 용납될 수 없는 부분을 외적 대상에게 투사하고, 상대가 투사된 부분을 동일시하도록 유도하고 조종하는 방어기제.

bauer, 2013). 위니콧(1971)은 심리치료는 내담자와 치료자의 놀이 영역이 겹치는 곳에서 발생하며, 두 사람이 함께 노는 것과 관련 있다고 설명하였다. 그는 놀이를 중심으로 아동을 분석하였고, 스퀴글 게임 같은 비언어적인 개입 기법을 활용하기도 하였다.

이처럼 정신분석적 놀이치료에서의 놀이는 아동의 내적 세계로 들어가는 과정인 동시에 아동의 과거 및 현재의 경험, 감정 및 욕구를 통합시켜 나가는 통로가 된다. 아동은 놀이를 반복하면서 자신의 경험을 숙달해가고, 즐거움을 느끼며, 과거를 재경험하면서, 새로운 영역을 확장시키는 것과 함께 자아발달을 도모할 수 있다.

최근에는 정신분석적 놀이치료에 입각한 정신역동적 놀이치료가 많이 활용되고 있다. 정신역동적 놀이치료는 프로이트의 정신분석 이론을 정교화하고 보완한 자기심리학(Kohut, 1971), 애착 이론(Bowlby, 1976), 대상관계이론(Mahler, 1969; Winnicott, 1971) 등을 통합적으로 적용한다. 정신역동적 놀이치료에서는 성격발달에 리비도가 미치는 영향력이 과대평가되었다고 보고, 발달의 초기 단계에서 시작된 왜곡된 대상관계의 교정을 중시한다(이순행 외, 2018).

2. 이론적 배경

정신분석적 놀이치료를 이해하기 위해서는 정신분석의 기본 이론을 살펴볼 필요가 있다.

1) 인간관

정신분석에서 인간은 의식적 요인보다 무의식적인 동기 및 본능적 충동에 의해 더 많은 영향을 받는 존재이다. 무의식의 주된 내용은 성적 추동이며, 성적 욕구는 사회의 도덕적 기준에 위배되기 때문에 억압되어 무의식에 자리 잡지만 인간의 행동에 지대한 영향을 미치게 된다. 정신분석에서는 현재의 사고와 행동은 과거 경험에 의해 결정된다고 가정하고, 어린 시절의 경험을 중시한다. 특히 생후 약 6년 동안의 부모와의 상호작용 경험이 중요한 영향을 미친다고 보았다. 성인의 행동은 어린 시절의 경험을 통해 형성된 무의식적인 성격 구조가 발현된 것이며, 따라서 개인을 이해하기 위해서는 어린 시절의 경험과 기억을 면밀히 탐색하는 것이 중요하다고 설명한다.

2) 성격의 구조

프로이트는 성격에 대한 삼원구조 이론을 제안하며, 인간의 마음은 원초아(id), 자아(ego), 초자아(superego)로 이루어져 있다고 보았다. 원초아는 태어날 때부터 존재하는 마음의 구조로 심리적 에너지의 원천이자 본능과도 같은 것이다. 원초아는 쾌락원리에 의해 좌우된다. 원초아의 욕구 충족이 현실의 제약과 충돌하면서 자아가 발달하게 된다. 자아는 환경에 대한 현실적인 적응을 담당하며 원초아의 소망과 현실의 요구를 절충하는 기능을 한다. 초자아는 부모의 가치관과 사회적 규범을 내면화한 것으로 도덕원리를 따른다. 인간의 정신세계에서는 원초아, 자아, 초자아가 서로 경쟁하고 타협하는 역동적인 과정이 일어난다. 성격 구조의 세 가지 요소 중 어느 요소가 더 많은 심리적 에너지를 갖고 통제력을 확보하고 있는지에 따라 개인의 성격 특성 및 행동이 결정된다. 건강한 삶을 위해서는 원초아와 초자아를 중재하는 자아의 기능이 중요하다. 자아의 기능이 잘 발달된 사람을 건강하고 성숙한 사람으로 볼 수 있다.

3) 심리성적 발달단계

프로이트는 어린 시절 특히, 생의 초기 6년 동안의 경험이 성격 형성에 중요한 영향을 미친다는 것을 깨닫고 유아의 발달 과정에 관심을 갖게 되었으며, 특히 성적 추동이 유아의 성장 과정에서 어떻게 나타나는지를 밝히고자 했다. 쾌락을 주는 성적 에너지가 신체의 어느 부위에 집중되는가에 따라 발달의 각 단계를 명명하였다. 유아는 태어나면서 입으로 하는 활동(빨기, 삼키기)을 통해 쾌감을 경험하고(구강기), 성장하면서 항문 또는 그와 관련된 배변 기능에서 가장 큰 쾌락을 경험한다(항문기). 이어서 성기로 그 초점이 옮겨가는데(남근기), 이 시기 동안 부모에 대한 동일시 과정을 통해 부모와 사회의 규범을 내재화하고 자아와 초자아가 발달한다. 프로이트는 성격발달에 있어 남근기를 특히 강조했다. 이후 성적 욕망과 관심이 억압되면서 관심은 외부 세계와 인간 세계를 향하는데(잠복기), 자아가 성숙하고 초자아가 확립되며 현실적인 적응 능력이 발달된다. 마지막으로 사춘기에 이르면 잠복되어 있던 성적 관심이 되살아나는데(성기기), 급격한 신체적 변화와 함께 부모로부터의 심리적 독립과 자기정체성의 확립이라는 발달과업을 수행한다.

심리성적 발달 과정에서 경험하는 욕구의 만족과 좌절은 성격 형성에 결정적인 영향을 미친다. 각 발달 단계에서 추구하는 욕구가 적절하게 충족되면 다음 단계로의 이행이 자연스럽게 이루어지고 건강한 성격을 형성하게 된다. 그러나 각 단계에서의 과도한 만족이나 좌절 혹은 결핍은 성격 형성에 부정적인 영향을 미쳐 이후 심리적 장애를 유발하는 원인이 된다. 고착(fixation)은 심리성적 발달 단계를 원만하게 거치지 못해 특정 단계에 얽매이는 것이며, 퇴행(regression)은 어려움을 겪었을 때 과거의 만족스러웠던 단계로 되돌아가는 것을 의미한다.

4) 병리

무의식적 갈등이 심화되는 이유는 성적 또는 공격적 욕구가 과도하게 억압되어 원초아의 요구가 강력해지거나 초자아가 지나치게 경직된 윤리의식이나 도덕적인 가치를 요구하기 때문이다. 심리적 부담이나 스트레스로 인해 자아의 조정자로서의 기능이 약화되어 역할을 적절히 수행하지 못하게 되면 심리적 불안이 높아지고 병리적 증상을 초래할 수 있다. 불안을 느끼게 되면 자아는 방어기제를 통해 불안을 감소시키고자 한다. 이때 특정한 방어기제를 너무 자주 그리고 융통성 없이 부적절하게 사용하면 현실기능이 저하되고 정신병리가 나타날 수 있다.

한편, 프로이트는 성격 특성과 정신장애의 출발은 어린 시절의 경험에 있다고 보았다. 심리성적 발달 과정에서 과도한 욕구 만족이나 좌절을 경험하게 되면 특정한 발달단계에 고착되어 성숙한 인격 발달이 저해될 수 있으며, 혹은 성장한 후에도 심각한 좌절을 경험하면 이전의 발달단계로 퇴행할 수 있다. 즉, 정신장애는 심리성적 발달 과정에서의 고착이나 퇴행으로 이해할 수 있다.

3. 원리, 원칙, 특성

놀이는 아동분석의 중요한 도구로, 아동이 놀이에서 하는 이야기와 행위는 마음을 표현할 수 있는 최고의 수단 중 하나이다(Solnit, Cohen, Neubauer, 2013). 정신분석적 놀이치료에서는 무의식적 갈등을 표현하게 하고, 정상 발달의 경로로 되돌아가게 하기 위해 놀이를 활용한다. 아동은 놀이를 통해 발달과업에 몰두하고 숙달을 이뤄낼 수 있으며(Solnit, 1987), 좌절을 극복하고 내적인 갈등에 대한 해결책을 얻을 수 있다(Ostow, 1987).

1) 놀이의 의미

정신분석적 관점에서 놀이가 지니는 의미는 다음과 같이 정리될 수 있다. 정신분석적 놀이치료에서 놀이가 아동의 발달에 기여하는 점은 매우 다양하고 중요하다.

- 즐거움은 놀이의 기능이며, 특징이다. 놀이를 통해 본능적인 쾌감에 대한 욕구 충족이 이루어진다. 이 쾌감은 어떤 일이나 활동의 성공과는 관계없이 그 활동의 순수한 수행에서 경험되는 즐거움을 의미한다(Freud, 1909).
- 현실과 환상이 공존하는 놀이 경험을 통해 아동은 감정적 정화를 경험할 수 있다. 또한 놀이는 현실과 초자아로부터의 일탈을 허용한다(곽영숙, 2000).
- 놀이는 환경을 통달하려는 시도이며 외적 환경을 동화시키는 과정을

촉진한다. 놀이는 감당하기 어려운 경험을 지속적으로 작업하는 과정으로, 상처가 되는 경험은 놀이를 통해 반복하고 즐김으로써 극복될 수 있다. 아동이 반복적인 놀이를 하는 것은 훈습(working through)의 과정과 유사하다. 놀이는 경험을 동화시키기 위한 반복 강박의 특성을 가지며, 외부자극을 수용하고 어려움을 견딜 수 있도록 자아를 강화시킨다(Waelder, 1933).

- 아동은 놀이를 통해 불쾌한 현실을 다시 경험한다. 놀이를 통해 현실을 재경험함으로써 수동적인 희생자에서 능동적인 숙달자로의 변환이 가능해진다(곽영숙, 2000).

- 놀이는 아동의 자율성, 자기 확신, 사회화 능력을 증진시킬 수 있다 (Freud, 1965).

- 놀이는 아동으로 하여금 성인의 역할과 사회의 기대에 대비할 수 있도록 돕는다. 놀이를 통해 아동은 성인 역할을 경험할 수 있고, '사회적 현실'을 알아가게 된다(Erickson, 1972).

- 놀이의 일차적 기능은 발달단계에 따른 불안을 극복하거나 감소시키는 것이다(Peller, 1954).

- 놀이는 아동의 현실 검증력 발달을 돕는다. 같은 놀이 주제를 반복하는 것은 환상과 현실 사이의 차이를 검증하려는 시도이며, 그 차이가 확실해지고 익숙해질 때까지 놀이는 반복된다(Greenacre, 1959).

- 놀이는 외부 세계와 내적 세계 간의 상호작용 속에서 자기감(sense of self)이 안정되는 데 기여한다. 본능적인 욕구를 숙달하고, 내적 요구와 외적 기대 사이에서 적응해 가며, 갈등을 해소하고, 발달 과정에서 획득한 다양한 능력과 기술을 연습하고 확장하는 것이 바로 놀이의 필수적인 기능이다(Solnit, Cohen, & Neubauer, 2013).

요약하면, 놀이는 아동의 경험을 표현하고 재연(enactment)하는 방식이며, 타인과 소통하는 길을 열어준다. 또한, 즐거움과 만족감뿐만 아니라 진지한 경험을 제공함으로써 현실 세계의 스트레스를 줄이고 좌절과 실망, 갈등을 이겨낼 수 있는 자원이 된다(Solnit, Cohen, & Neubauer, 2013). 아동은 놀이를 통해 현실에서 충족하지 못한 욕구를 충족하고, 외부 환경에 대한 수동적인 경험을 능동적으로 처리할 수 있게 된다(Vliegen, 2009). 이처럼 놀이는 아동에게 성장과 변화를 위한 주요 수단이 되며, 따라서 놀이에 대한 분석과 해석, 활용은 정신분석적 아동상담의 핵심이 된다.

2) 놀이치료실과 놀잇감

정신분석적 놀이치료에서 놀이는 아동분석을 위한 주요 수단으로 활용된다. 따라서 놀이치료실 환경은 가능한 한 단순하고 주의를 분산시킬 수 있는 자극이 많지 않은 것이 적절하다. 놀잇감은 아동의 정서적 및 인지적 발달 수준에 적절해야 하고, 아동이 내면세계를 외적으로 드러내기에 용이한 것이어야 한다. 또한 치료자와 관계를 맺고, 상징적 은유를 가능하게 하며 의사소통의 기능을 할 수 있어야 한다. 아동이 자신의 경험과 환상을 자발적으로 표현하고, 환경을 재구성하거나 재창조하는 데 도움이 될 수 있는 놀잇감이 요구된다(Esman, 1983; McCalla, 1994).

전통적으로 정신분석적 놀이치료에서 중요하게 사용되던 놀잇감은 다음과 같다.

- 가족과 관련된 놀잇감: 가족인형, 인형 집, 인형 옷, 인형 가구 등
- 가축이나 야생동물을 포함한 다양한 동물 모형

- 다양한 크기와 종류의 자동차 모형
- 다양한 인물 캐릭터 인형: 군인, 인디언, 카우보이, 동화나 영화 속의 인물 인형 등
- 다양한 크기와 종류의 블럭
- 미술 재료: 종이, 연필, 색연필, 크레파스, 물감, 가위, 색종이, 핑거페 인트, 찰흙, 색찰흙 등
- 모래놀이 세트
- 그 외 연령 및 발달 수준에 적합한 놀잇감 및 게임도구 등

3) 정신분석적 놀이치료에 적합한 연령 및 대상

정신분석 놀이치료는 아동에게 해석을 해 줄 것인지, 혹은 놀이를 주로 감정표현과 의사소통의 매개체로 활용할 것인지에 따라 적용 대상이 달라질 수 있다.

전통적인 정신분석적 놀이치료는 성격 구조가 완전하게 발달되었으나 내적인 갈등 때문에 불안한 아동에게 적합하다고 여겨진다. 대략 오이디푸스 갈등을 해결한 5~6세 이상이면서, 인지와 언어능력이 충분히 발달하여 언어를 기반으로 한 통찰지향적인 접근을 적용할 수 있는 아동을 대상으로 한다. 아동의 모든 문제에 효과적이기보다는 아동이 가진 무의식적 환상과 내적 갈등을 탐색하고 해소하는 데 도움이 될 수 있다. 일반적으로 공포증, 강박증, 사회적 위축 등과 같은 불안 관련 장애 치료에 효과적인 것으로 알려져 있다.

한편 클라인(Klein)을 따르는 베를린·런던학파는 만 3세 무렵의 아동에게도 정신분석적 놀이치료를 적용할 수 있다고 보았는데, 놀이는 무의식적인 언어이고, 아동을 이해하기 위한 가장 기본적인 자료가 되기 때

문이라고 설명하였다(김광웅, 유미숙, 유재령, 2004). 또한, 오코너(O'Con-
nor, 1991)는 성격의 세 구조가 발달하지 않은 어린 아동이나 환경적 박
탈 등 외적 요인으로 인해 어려움을 겪는 아동에게도 정신분석적 놀이치
료가 효과적이었음을 제시하였다.

4) 주요 치료기법

(1) 해석

아동정신분석도 성인분석과 유사하게 저항과 전이의 분석을 중심으로
이루어진다. 따라서 놀이는 아동에게 단순한 즐거움을 제공하거나 소산
을 위한 수단으로써만 활용되어서는 안된다. 또한 놀이를 통해 아동을
교육하려고 하지 않는다. 놀이는 아동과 치료자 간의 관계 형성을 촉진
하기 위해, 또한 아동의 내적 세계와 심리적 기능에 관한 정보를 얻기 위
한 목적으로 활용된다. 가장 중요한 점은 놀이는 해석을 위한 매개체라
는 것이다. 놀이는 아동과 치료자 간의 의사소통 도구이며, 치료자가 놀
이를 해석해줌으로써 아동은 자신의 갈등에 대한 통찰을 얻을 수 있다
(Lewis, 1974). 따라서 치료자가 어떤 방식으로 놀이를 해석해주는가는
치료 효과에 상당한 영향을 미칠 수 있다. 무엇을 어떻게 해석하고, 어느
시점에, 어떤 방식으로 전달하느냐에 따라 아동의 자각과 통찰은 달라질
수 있다. 놀이에 대한 해석은 놀이를 통해 표현된 역할이나 사물에 적용
되어 은유를 통해 아동에게 전달된다. 이를 엑스타인과 카루스(Ekstein
& Caruth, 1966)는 '은유 속의 해석'이라고 지칭하였다.

아동의 놀이에 대한 해석은 5가지 차원으로 구분될 수 있다(Esman,
1983; Lewis, 1974; O'Connor, 2001). 주의 진술, 환언적 진술, 상황적 진
술은 공감적 해석(empathetic interpretation)에 해당하며 아동이 감정을

이해하도록 치료자가 돕기 위한 것이다. 전이 해석과 원인 진술은 방어와 전이, 욕구, 소망에 대한 설명으로서 역동적 해석(dynamic interpretation)이라고 할 수 있다. 역동적 해석은 놀이에서 드러난 의미를 해석해 줘도 될 만큼의 자아강도를 갖고 있는 아동에게 사용하는 것이 적절하다 (이순행 외, 2018).

주의 진술(attention statements) 아동이 놀이에서 보이는 말이나 행동을 아동이 인식하도록 돕는 진술이다. 예를 들어, 아동이 반복해서 공을 굴리고 있다면 치료자는 아동에게 "너는 계속 공을 굴리는구나"라고 말해 주는 것이다. 이러한 진술을 통해 아동은 자신의 행동과 놀이를 인식할 수 있다.

환언적 진술(reductive statements) 외적으로는 전혀 다른 사건들의 공통점을 찾아내 아동이 의식하지 못했던 행동 패턴을 알 수 있도록 하는 진술이다. 이는 말이나 행동이 우연에 의해 일어나는 것이 아니며, 관련성과 일관성이 있다는 것을 알려주기 위한 목적을 갖는다. 예를 들어, 아동이 "이 사람이 이 세상에서 제일 세요.", "이 목걸이는 세상에서 가장 비싼 거예요.", "이 동물이 세상에서 가장 빨라요."라고 반복해서 말한다면 치료자는 "너에게는 이 세상에서 최고인 것이 중요하구나."라고 진술하는 것이다.

상황적 진술(situational statements) 감정과 행동이 발생하는 상황을 아동이 인식하도록 하는 진술이다. 예를 들어, 누군가가 자신을 방해하거나 간섭할 때마다 그 사람에게 화를 내고 때리려고 한다면 "누군가 네가 하는 일을 방해하면, 화가 나고 너를 방해하는 사람을 때리고 싶구나."라고 진술하는 것이다. 이러한 진술을 통해 아동은 자신의 행동과 감정의 원인이 되는 상황을 깨달을 수 있다.

전이 해석(transference interpretation) 아동과 치료자와의 관계에서 아동의 갈등이 어떻게 반영되는지를 보여주는 방법이다. 전이는 어린 시절 중요한 대상과의 관계가 치료 관계에서 다시금 나타나는 것으로, 프로이트는 아동이 자신의 심리내적 상황을 이해하도록 돕는 수단으로 전이 해석을 사용하였다. 치료자는 아동의 삶에서 중요한 인물이 전이된 대상이 된다. 치료자와의 관계는 실제 삶에서 아동에게 중요한 인물과 아동과의 관계를 드러낸다. 예를 들어, 치료자와의 분리를 힘들어하여 치료가 끝나도 치료자를 나가지 못하게 하는 행동이 과거 엄마로부터 버림받았던 경험의 전이 반응이라면 "선생님이 엄마처럼 너를 두고 갈까 봐 걱정되는구나."라고 반응해줄 수 있다.

원인 진술(etiological interpretation) 현재 아동의 행동과 초기 발달 사건 간의 관련성을 인식하도록 도와주는 방법이다. 아동의 과거 경험을 알아내어 그 경험이 현재 어떤 영향을 미치고 있는지 말해준다. 예를 들어, 엄마로부터 버림받은 경험이 있는 아동이 치료자가 자신을 떠나지 못하게 한다면 "예전의 너의 엄마처럼 선생님도 너를 두고 갈까 봐 걱정이 되는구나. 그래서 선생님이 나가지 못하게 잡는 거구나."라고 말해주는 것이다.

아동의 놀이에 대한 해석은 성인 내담자에 대한 해석에 비해 더 주의를 기울여야 한다. 해석으로 인해 아동의 놀이가 제한될 수 있고, 아직 발달적으로 미숙하므로 해석을 받아들이는 것이 쉽지 않을 수 있기 때문이다. 아무리 정확한 해석이라고 하더라도 아동이 수용할 준비가 되어 있지 않다면 통찰의 효과를 기대할 수 없게 된다. 또한, 아동이 소화할 수 있는 정도의 깊이까지만 해석해야 한다. 치료자는 훈련과 경험을 통해 아동에게 적절한 해석을 할 수 있도록 노력해야 한다.

(2) 구조화된 정신분석적 기법

내적인 갈등과 고통을 표현하는 것은 쉽지 않은 과정이다. 아동이 안전감을 느끼면서 내면의 갈등을 표현하고 문제를 명료화하기 위해 개발된 다양한 구조화된 정신분석적 기법들이 있다. 대표적으로 스퀴글 게임과 상호이야기 꾸미기 기법이 있다.

우선, 위니콧(Winnicott, 1968)이 도입한 스퀴글 게임(Squiggle game)은 그림을 활용하여 은유적 의사소통을 하기 위한 기법이다. 치료자가 단순한 형태의 그림을 그리면 아동이 거기에 덧붙여 그림을 그리고 그림에 대한 이야기를 만드는 것이다. 이 게임은 자유로운 놀이와 연상의 측면을 결합하고, 아동으로 하여금 치료자와의 관계에서 자유롭게 자신을 표현하게 한다.

다음으로 상호이야기 꾸미기 기법은 아동이 먼저 이야기를 만든 후, 치료자가 자신의 이야기하는데, 이때 아동의 이야기와 같은 등장인물을 이용하지만 더 나은 결말을 이야기하는 방식으로 진행된다. 이야기는 교훈이나 이야기 상황에서 유추할 수 있는 격언으로 끝을 맺는다. 아동이 만드는 이야기에는 아동의 내적 세계가 투사되어 있으므로 아동의 이야기를 통해 치료자는 아동의 정서나 상황에 대해 새로운 정보를 얻을 수 있다. 또한, 치료자는 보다 건강한 적응 방식, 바람직한 문제해결 방식이 포함된 이야기를 만들어 들려줌으로써 아동의 통찰력 증진에 도움이 될 수 있도록 한다(Gardner, 1971).

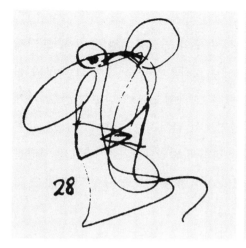

▶ 스퀴글 사례

출처: The Squiggle Foundation

4. 치료목표

아동분석도 성인분석과 마찬가지로 무의식을 의식화하고, 성격을 재구조화하는 것에 초점을 두며, 원초아, 자아, 초자아의 기능을 조화롭게 하는 것을 치료의 목표로 한다(유미숙, 1997). 치료목표를 이루기 위해서는 발달을 저해하거나 정상 발달에서 벗어나게 하는 과거의 요인들을 찾아 없애는 것이 중요하다. 또한, 근본적으로 자아기능을 강화하여 충동 조절, 내외적 자극 관리, 불안과 강한 느낌을 견디는 능력을 높이고, 이전과는 다른 새로운 생각과 행동을 내재화하는 것을 목표로 한다. 따라서 과거 경험의 구성과 재구성, 억압된 내용의 의식화, 그리고 고착된 시점으로의 퇴행이 필수적이라고 볼 수 있다. 초기 갈등이 제거되면 발달은 스스로 제자리를 찾아 나간다는 관점은 아동 분석에서 핵심적인 지침이다(Solnit, Cohen, Neubauer, 2013).

아동은 자신의 결핍된 심리내적 욕구와 필요를 놀이를 통해 드러내게 되며, 놀이라는 가상의 영역에서 치료자의 허용을 통해 그 욕구와 필요가 만족되기를 바란다. 놀이는 현실 그 자체도, 그렇다고 환상 그 자체도 아니다. 현실도 환상도 아닌 영역에서 펼쳐지는 놀이에서 아동은 이전 발달 단계에서 부재했던 관계의 경험과 발달에 필요한 관계의 영양분를 제공받게 되고, 이를 통해 아동의 심리내적 구조는 다시 발달할 수 있는 기회를 얻게 된다(장정은, 2015).

5. 치료자의 역할

정신분석적 놀이치료에서 치료자의 역할은 참여적 관찰자로 정의될 수 있다(Esman, 1983). 치료자는 놀이를 통해 아동과 치료적 동맹을 맺고 놀이를 관찰한다. 놀이의 의미를 분석하고 의사소통함으로써 아동이 자신의 갈등에 대해 이해하고 적응적 해결을 증진시킬 수 있도록 돕는다. 이 과정에서 치료자는 아동이 자신의 경험과 감정, 사고를 자유롭고 솔직하게 표현할 수도 있도록 격려하고, 놀이를 통해 아동과 상호 교류하면서 아동이 가진 내적 갈등을 해소할 수 있도록 돕는다(Esman, 1983; McCalla,1994).

에스만(Esman, 1975)은 정신분석적 놀이치료사의 역할을 다음과 같이 정의하였다.

- 지나치게 동일시 하지 않으면서 감정이입을 할 수 있어야 한다.
- 관찰능력, 해석능력, 조절능력을 갖고 있어야 한다.
- 강렬한 정서적 압력을 견딜 수 있어야 하고, 통제력을 유지할 수 있어야 한다.
- 아동기 갈등에 대한 충분한 통찰이 가능해야 한다. 따라서 정신분석적 접근에 대한 전문적인 훈련이 필요하다.
- 아동에 대한 관심과 민감성, 판단력을 갖추고 있어야 한다.
- 아동 놀이에 대한 중립적인 참여·관찰자로서의 역할을 유지할 수 있어야 한다. 이는 아동이 전이감정 즉, 과거의 중요한 인물에 대한 감정을 치료자에게 투사할 수 있도록 하기 위해서이다. 중립적인 관찰자 역할은 아동의 과거 경험과 갈등을 무의식으로부터 의식의 표면 위로 떠오를 수 있도록 돕는다.

전통적인 정신분석에서는 치료자의 중립성, 익명성, 자제가 강조되어왔다(장정은, 2021). 그러나 아동의 불안을 낮추고, 역량감과 숙달감을 증진시키며, 건강한 자기를 발달시키기 위한 지지적인 개입 역시 중요하다고 볼 수 있다. 위니콧(Winnicott, 1956)은 건강한 자기의 발달을 위해 아동에게 일정 기간 주관적인 전지전능의 경험이 필요하다고 보았다. "충분히 좋은 어머니"(good enough mother)와의 관계를 통해 이런 전능감은 상징과 놀이를 매개로 하는 중간영역으로 이어지게 되고, 어린 유아의 창조력을 고취시키며 건강한 자기 발달을 가져오게 한다. 위니콧(Winnicott, 1960)은 이런 어머니와 유아의 관계를 치료자와 환자의 관계에도 적용했다. 환경적 조건으로 인해 환자의 자기는 결핍되거나 붕괴되고, 진정한 자기가 발달하지 못한다. 환자는 외부 현실에 적응하기 위해 거짓 자기를 형성하게 되고, 주관적 실재로부터 소외되는 결과를 초래한다. 치료자는 잠재된 창조적 자기의 근원이 다시 나타나도록 환자의 삶에 부재했던 환경을 제공해야 하며, 가능한 한 환자의 주관성에 수용적인 자세를 가져야 한다(장정은, 2015). 치료적 관계 내에서 보듬어주는 환경(holding environment)을 재창조해내는 것이 중요하다. 치료자는 아동 혼자 견뎌낼 수 없었던 압도적인 불안과 고통을 심리적으로 보듬어주고, 아동이 자신의 지각과 느낌을 신뢰할 수 있도록 해야 한다. 이러한 과정을 통해서 아동은 진정한 자기를 발달시킬 수 있게 된다(이순행 외, 2018).

6. 치료 과정 및 절차

정신분석적 놀이치료는 장기간에 걸쳐 이루어지는 것이 일반적이며, 내담 아동에 따라 다양한 과정을 거치게 된다. 보통 주 1~3회 정도 실시하며, 치료자는 아동과 놀이치료를 실시한 후 부모상담을 진행하게 된다. 치료 과정은 다른 치료적 접근과 유사하게 평가단계, 치료 및 종결단계로 구분된다(O'Conner, 1991). 치료가 시작되어 치료적 관계가 형성되기까지를 초기, 전이와 저항이 나타나고 통찰과 문제해결이 진행되는 시기를 중기라고 할 수 있다. 치료의 성과가 나타나고 무의식적 갈등이 해결되면 상담을 종료하게 된다.

1) 평가

평가는 내담 아동의 현재 증상이나 어려움의 근본적 원인을 밝혀내기 위한 과정으로, 성격의 구조와 기능 수준, 구조 간의 상호작용을 파악하기 위해 실시한다. 부모 및 아동과의 면담이나 다양한 투사적 검사를 적용하여 아동의 현재 증상이나 어려움을 발생시킨 내적 갈등의 원인에 대해 가능한 많은 정보를 얻는 것이 중요하다. 투사적 검사로는 집-나무-사람 그림검사(House-Tree-Person test), 주제통각 검사(Thematic Apperception Test), 로르샤흐 검사(Rorschach test) 등을 활용할 수 있다.

안나 프로이트에 따르면, 성격의 구조와 기능, 구조 간의 상호작용을 평가하는 데 있어 면밀히 살펴봐야 할 내용은 다음과 같다(Chethick, 2000). 첫째, 추동평가(Drive assessment)에서는 심리성적 발달단계와 현재 수준, 대상관계의 특성 및 공격성을 파악하는 것이 중요하다. 둘째, 자아평가(Ego assessment)에서는 아동의 방어기능, 타인과 관계를 맺는 능력, 현실 적응 능력, 사고 과정의 특성(구체적 혹은 추상적 사고), 욕구의 조절과 통제(충동성, 좌절에 대한 인내력, 주의집중력), 지적 능력 및 언어 능력, 경험을 통합하고 조직화하는 능력 등을 평가한다. 전반적인 자아기능을 평가하는 것이 핵심이다. 마지막으로 초자아평가(Superego assessment)에서는 외적 권위에 대한 죄의식이나 두려움 등을 평가한다.

평가 결과를 기반으로 아동이 갖는 어려움의 주요 원인에 대한 가설을 설정하고 치료목표를 수립한다. 많은 경우, 주된 치료목표는 억압된 내적 추동이나 욕구를 놀이를 통해 표현하고 치료자와 의사소통하는 과정을 통해 이를 의식적으로 인식하여 통합하게 하는 것이다. 정신분석적 놀이치료에서 평가가 중요한 또 다른 이유는 평가 결과를 통해 정신분석적 치료 과정의 핵심인 저항과 전이를 예측할 수 있다는 점이다. 예를 들어, 자아기능의 평가를 통해 아동의 주된 방어기제에 대한 파악이 가능한데, 치료 과정에서 방어기제는 저항의 형태로 드러날 수 있기 때문이다. 저항은 치료 진행 과정에서 치료의 진행을 방해하는 아동의 행동이나 언어적인 표현으로, 전통적 정신분석에서는 저항을 제거되어야 할 것으로 보았다(Cabaniss et al., 2016). 그러나 코헛(Kohut, 2007)은 저항은 자신의 정신기능이 제대로 유지되지 못할 수 있다는 인식에서 발생한 불안이라고 보았다. 즉, 자신의 억압된 충동이나 감정을 자각했을 때 정신기능을 유지하고 핵심 자기를 지키려는 노력이 바로 저항이며, 따라서 방어는 적응적인 동시에 심리적으로 소중한 정신 활동의 한 부분으로 보아야 한다고 제안했다. 방어기제에 대한 이해를 통해 아동의 저항을 해석해줌으로써 아동이 자신의 반응이 지닌 특성에 대해 인식할 수 있도록 도울 수 있다. 마찬가지로 평가를 통해 아동의 과거 및 현재의 삶에서 중요한 사건과 대상 관계를 충분히 파악하면 치료 상황에서 재현되는 상황의 의미를 이해하고 해석하는 데 도움이 될 수 있다.

2) 치료단계

초기 단계에서 무엇보다 중요한 것은 아동이 치료자와 관계를 형성하고, 놀이치료실에서 편안하고 자연스럽게 놀이할 수 있도록 하는 것이다. 아동이 놀이를 하면서 재미와 즐거움을 경험할 때 놀이가 계속될 수 있고, 그 과정에서 아동의 증상이나 갈등과 관련된 내적 세계가 드러날 수 있기 때문이다. 치료자는 아동의 놀이에 참여하고 함께 즐기는 놀이 파트너가 되어야 한다. 치료자가 무리하게 해석을 시도하거나 놀이의 흐름을 방해하지 않도록 주의해야 한다.

초기 단계를 거치면 보통 놀이치료 장면에서 저항과 전이를 통한 부정적 반응들이 표출되기 시작한다. 즉, 아동은 놀이를 통해 분노나 공격성, 좌절감을 표현한다. 치료자는 아동의 놀이나 언어, 다른 행동들을 통해 이를 이해하고, 직접적이기보다 은유적인 방식으로 해석해줌으로써 아동이 자신의 비합리적인 점이나 부적절한 감정을 이해할 수 있도록 돕는다. 정신분석적 치료 과정은 "전이 속의 작업"이라고 지칭될 만큼 (Strachey, 1999) 전이의 중요성을 강조한다. 치료자는 전이의 관계 속에서 아동이 인식하지 못하거나 혹은 받아들이기 어려워하는 것을 해석해 준다. 해석을 정교화하고 확장하는 것을 반복하면서 아동의 왜곡된 정신적 표상은 확인되고, 명료화되며, 이해받을 수 있고, 궁극적으로는 보다 성숙하고 건강한 특성으로 통합될 수 있게 된다(Altman et al., 2002).

종결은 아동의 자아기능이 회복되어 자신의 발달 수준에 도달하고, 이러한 변화가 일정 기간 지속될 때 결정한다. 보통 증상의 개선, 가족 및 또래 관계 개선, 새로운 환경과 스트레스를 다룰 수 있는 능력의 향상, 정상적 발달 경로로의 복귀 등이 나타날 때 종결을 계획한다(Kernberg, 1995).

7. 치료 효과 및 가능성

지난 40년 동안 상담 및 심리치료 분야에서 정신분석적 접근의 활용은 비교적 저조한 상태로 유지되었으며, 이는 아동뿐 아니라 성인에 대해서도 마찬가지였다. 그 이유는 치료 효과가 빠르게 나타나는 접근법을 선호하면서 약물치료와 같은 신체·생물학적인 접근이 상당히 강조되었기 때문이다. 또한 많은 치료자나 상담자들이 상대적으로 훈련과정이 용이한 인지이론이나 학습이론에 기반한 훈련을 받고 적용하기 때문이다(이순행 외, 2018). 정신분석이론의 대부분은 임상 사례에 대한 분석을 통해 발전해 왔으나, 최근에는 치료의 효과성을 과학적이고 실증적인 연구에 의해 검증하는 것이 전반적인 추세이며, 정신분석적 치료에 대해서도 전반적인 효과를 증명해야 한다는 요구가 계속되고 있다(Fonagy, Gergely, Jurist, & Target, 2002; Sandell, 2001; Wallerstein, 2002; Leuzinger-Bohleber, Stuhr, Rüger, & Beutel, 2003). 그럼에도 불구하고 정신분석적 접근은 무의식적 갈등을 다룸으로써 인간 행동의 복잡성에 대한 통찰을 가능하게 하며, 내담자에 대한 심층적인 이해에 근거한 치료적 접근을 활용한다는 장점을 갖는다. 셰들러(Shedler, 2010)에 의하면 정신분석적 놀이치료는 신체에 대한 염려, 자기애성 성격 특성, 공격성이나 파괴적 충동, 부모나 형제 등 가족과의 관계 개선 등에 유의미한 영향을 미치는 것으로 나타났다.

03

아동중심 놀이치료

1. 역사

아동중심 놀이치료(Child-Centered Play Therapy: CCPT)는 칼 로저스(Carl Rogers)가 창시한 내담자 중심치료의 이론적 구성개념을 따르는 가장 오래 지속된 정신건강 개입법 중 하나이다. 1940년대에 칼 로저스는 당시 개인치료에서 사용되고 있던 지시적이고 정신분석적인 접근에 도전하여 비지시적 상담법을 발전시켰다. 그는 인간이란 자신과 자신의 문제를 이해할 수 있는 잠재적 능력을 가지고 있으며, 스스로 성장할 수 있는 가능성을 갖고 있는 존재라고 보았다. 그는 자아이론을 개인 상담에 적용하여 '내담자중심치료(Rogers, 1951)'를 발전시켰으며 이는 오늘날 '인간중심치료'로 명칭이 변경되었다. 그의 제자였던 버지니아 엑슬린(Axline, 1969)은 이러한 비지시적인 치료를 아동에게 적용하여 아동중심 놀이치료의 구조를 조직화하였으며 이는 나중에 랜드레스(Landreth, 2002), 스위니(Sweeney & Landreth, 2011), 거니(Guerney, 2001), 밴플리트(Van-fleet et al., 2013)를 비롯한 미국의 치료자들에 의해 '아동중심 놀이치료'라고 명명되어 사용되고 있다.

2. 이론적 배경

아동중심 놀이치료는 인간중심이론을 근간으로 하기 때문에 이름 그대로 '아동'을 중심으로 이루어지는 치료라고 할 수 있다. 즉, 아동의 입장에 초점을 두고 아동을 이해하고자 하는 것을 목표로 한다. 아동중심 놀이치료에서는 치료자가 아동을 성인의 관점에서 진단을 내리거나 행동, 증상을 판단하지 않는다. 아동은 성장을 촉진할 수 있는 환경이 주어진다면 스스로 치유할 수 있는 힘을 가지고 있는 존재라고 보기 때문이다. 따라서 다른 접근들과는 달리 아동을 진단하거나 치료 기법을 강조하지 않는다.

아동중심 놀이치료는 인간중심치료와 마찬가지로 아동과 함께 존재하는 과정에 기반을 둔다. 인간중심치료의 성격이론에서 강조하고 있는 몇 가지 개념에 대해 살펴보자.

1) 성격이론

아동중심 놀이치료에서는 인간의 성격 구조가 사람(Person), 현상학적 장(Phenomenal Field), 자기(Self)로 이루어져 있다고 설명한다(Rogers, 1951; Sweeney & Landreth, 2011).

성격 구조를 이루는 첫째는 '사람'으로, 개인은 사고, 감정, 행동, 물리적 존재로 이루어지는데 이것은 항상 변화하고 발전해 나간다. 사람은 균형을 추구하기 때문에 하나의 측면이 변화하게 되면 다른 측면들도 같이 변화하게 되어 자기를 실현하는 방향으로 나아가게 된다(Sweeney & Landreth, 2011). 즉, 인간은 항상 발달의 과정에 있다. 이러한 과정에서 아동이 보이는 행동이란 현실로 지각되는 독특한 현상학적 장에서 개인적인 욕구를 만족시키려는 목표 지향적인 것이다.

둘째는 '현상학적 장'으로, 아동이 경험하는 모든 것을 말한다. 로저스(Rogers, 1951)에 의하면 인간은 경험하고 지각하는 대로 그 장(field)에 반응하게 되며 이러한 지각의 장은 곧 '현실'이 된다고 하였다. 놀이치료사 랜드레스와 스위니(Landreth & Sweeney, 2011)는 "현상학적 장은 내적 참조로서 삶을 바라보는 기초이다. 즉 아동이 일어난다고 지각하는 것이 무엇이든 아동에게는 현실이다"라고 표현하였다. 아동의 행동을 이해하려면 현실에 대한 아동의 지각을 이해할 필요가 있다. 쉽게 표현하자면 아동의 눈을 통해 세상을 보아야 한다는 것이다. 그렇기 때문에 사건의 실제적인 현실과 상관없이 아동이 현상학적 장에서 지각한 것이 무엇이든 이것을 더 중요하게 생각해야 한다. 치료자가 아동과 연결되기 위해서는 반드시 아동의 현상학적 세계와 접촉하여야 한다.

셋째는 '자기' 개념이다. 자기는 다른 사람들과의 상호작용에서 발달한 현상학적 장의 분화된 측면이다. 타인이 어떻게 아동의 정서적, 행동적 활동을 지각하고 그에 맞춰 반응하는지에 따라 아동은 '나'라는 개념을 형성하게 된다. 이것은 자연스럽고 연속적인 과정이며 아동은 자기를 향상시키는 것으로 지각되는 경험에 긍정적인 가치를 두고, 자기를 유지시키지 않거나 향상시키지 않는 경험 또는 자기를 위협하는 경험에 대해서는 부정적 가치를 두게 된다(Sweeney & Landreth, 2011). 즉, 아동은 성장하면서 부모와 타인에 대한 반응과 평가를 경험하게 되며, 이러한 평가에 따라 스스로를 좋은 아이 또는 나쁜 아이로 상징화하게 된다. 로저스(Rogers, 1951)는 현상학적 장과의 연속적인 상호작용을 통해서 자기가 성장하고 변화한다고 가정하였다. 또한 자기 개념은 개인의 특질과 능력에 대한 지각과 같은 요소들로 구성되어 있다고 설명하면서 아동의 행동은 일반적으로 자기 개념과 모순되지 않는다고 하였다.

아동중심 놀이치료 경험은 허용과 수용의 분위기 속에서 아동이 긍정적이고 성장하는 자기를 내보일 기회를 제공한다. 놀이치료 경험은 아동이 자기를 발견할 수 있는 현상학적 장이 되며 아동의 행동은 자기 개념과 일치할 뿐 아니라 자기 개념의 긍정적 변화를 촉진하게 된다.

2) 아동중심 놀이치료

아동중심 놀이치료는 훈련된 치료자가 아동의 자연스러운 의사소통매체인 놀이를 통해 자기를 표현하고 탐색할 수 있는 안전한 관계를 맺도록 촉진하는 역동적인 과정이다(Landreth, 2002). 즉 아동중심 놀이치료는 관계를 가장 중요하게 여긴다. 치료의 성공 여부는 치료적 관계의 발달과 유지에 달려 있다. 아동중심 놀이치료에서는 과거보다는 현재를, 사고나 행동보다는 아동의 감정을, 설명보다는 이해를, 행동을 교정하기보다는 수용을, 치료자가 지시를 하기보다는 아동이 주도하도록 하면서 치료자의 지식보다는 아동의 지혜를 우선시한다고 볼 수 있다.

3. 원리, 원칙, 특성

아동중심 놀이치료에서 아동에 대한 기본 관점은 로저스가 제시한 개념적 틀에 기초한다.

> 아동의 행동은 자기에 대한 개념과 일치하며, 아동은 자기 개념과 일치하지 않는 행동은 하지 않는다. 적응이란 아동의 모든 경험이 자기 개념과 일치할 때 이루어지며 그렇지 않을 경우 긴장이나 두려움이 생겨나고 부적응을 초래하게 된다. 자기 개념을 잘 통합한다면 타인을 더 잘 이해하고 되고, 타인들과 더 좋은 관계를 맺을 수 있게 된다(Rogers, 1951, pp. 483-524).

1) 정신병리

적응과 부적응을 구분한다는 것은 인간 혹은 아동에 초점을 두기보다 문제에 초점을 둔 접근법이다. 따라서 아동중심 놀이치료에서는 부적응의 원인 혹은 정도가 치료에 있어서 중요한 부분이 아니다. 오히려 치료자가 아동을 이해하는 것을 방해하거나 선입견을 갖게 만든다고 주장하기도 한다. 아동중심 놀이치료적 관점에서 모든 부적응은 아동이 실제 경험한 것과 아동의 자기 개념 간의 불일치에서 야기된다고 설명한다. 액슬린(Axline, 1947)에 의하면 아동은 선천적으로 자아실현(self-realization)에 대한 추동이 있는데, 그 과정에서 장애물을 만나게 되면 자아실현을 성취하려는 시도에서 만들어온 자기의 내적 개념과 불일치한 행동을 하게 된다. 이러한 행동은 내적 개념과 멀어질수록 부적응의 정도가 커진다. 예를 들어, 부모로부터 방임이나 학대의 경험을 한 아동은 사랑받고, 수용받고, 가족 구성원으로 인정받기를 원하는 자기의 내적 욕구를 충족시킬 수 없게 된다. 이러한 불일치는 공격적이거나 위축된 행동과 같은 부적응적인 방식으로 표현될 수 있다. 아동중심 놀이치료에서 이러한 부적응은 아동의 욕구가 충족되지 못하고 자아실현이 방해를 받았을 때 발생하기 때문에 아동의 환경을 조정하여 적응으로 이끌 수 있다고 본다.

2) 치료기법 - 촉진적 태도

아동중심 놀이치료는 내담 아동의 가치를 인정하고 자아실현을 위해 성장할 수 있도록 이끌어주는 데 초점을 두기 때문에 특별한 치료기법을 제시하지 않는다. 다만, 아동과 치료관계를 형성할 수 있도록 '촉진적 태도'를 강조한다. 랜드레스(Landreth, 2002)는 이러한 치료자의 태도를 "함께 있어 주기(Being with)"라고 표현하였다.

촉진적 태도의 특성에는 진실성, 따뜻한 보살핌과 수용, 민감한 이해 등이 있다.

진실성 랜드레스(Landreth, 2002)는 치료자가 아동의 세계에 들어가는 것의 중요성을 강조했다. 이때 치료자가 아동을 이해하는 척하거나 거짓으로 대하게 되면 아동을 이해하는 게 불가능해진다. 치료자가 자신의 감정이나 반응들에 대해 적절하게 통찰하고 진실되게 반응할 때 아동은 수용되고 있음을 느낄 수 있을 것이다. 아동은 매우 예리하게 치료자의 거짓된 태도나 감정을 알아차리기 때문에 '치료자'의 역할이 아닌 '사람'으로 존재해야 한다. 이러한 진실성은 치료자가 높은 수준의 자기 이해와 자기 수용을 지니고 있음을 의미한다. 예를 들어, 아동이 치료자를 조정하려고 하거나 공격적인 행동을 보일 때 자기 이해가 부족한 치료자의 경우 아동이 자신을 싫어한다고 느끼게 되면서 아동에게 부적절한 방식으로 거부를 투사할 수 있다.

따뜻한 보살핌과 수용 아동중심 놀이치료에서는 아동이 치료자와의 관계를 통해서 따뜻한 보살핌과 수용을 경험해야 한다. 아동을 가치 있는 사람으로 존중해주고 아동이 자신을 드러내는 데 있어서 비판이나 편견을 갖지 않고 무조건적인 수용을 제공해야 한다. 아동이 따뜻한 보살핌을 경험하는 것은 무조건적인 것이다. 또한 이러한 반응이 일관적으로 치료 내내 나타나야만 아동은 안정감과 안전감을 통해 자신의 부정적 감정이나 사고를 드러낼 수 있게 된다. 이러한 관계 내에서 아동은 자기 자신을 허용하고 자유롭게 해줄 수 있다. 무조건적인 수용이란 말 그대로 아동에게 어떤 조건을 요구하지 않는다는 것을 의미한다. 즉, "네가 ~한다면 너를 받아들이겠다."와 같이 아동이 치료자가 원하는 방식대로 달라지기를 바라지 않는다. 그렇다고 무조건적인 수용이 모든 행동을 허용한다는 것은 아니다. 치료적 제한에 관한 부분은 뒤에서 다시 설명하고자 한다. 상담 장면에 오는 아동은 상처받고 예민할 수밖에 없다. 또한 아동은 성인을 기쁘게 하고자 하는 강한 욕구를 갖고 있기 때문에 치료자의 거부 반응에 매우 예민하다. 만약 아동이 놀이치료실에서 여러 색의 찰흙들을 다 꺼내어 뒤섞어 버릴 때 치료자가 내적 긴장감을 경험하게 된다면 아동은 그것을 알아차리게 될 것이고, 어떤 방식이로든 자신의 표현을 제한하게 될 것이다. 따뜻한 보살핌과 수용은 아동이 치료자를 신뢰할 수 있는 자각을 촉진시키기 때문에 치료자는 아동이 치료자를 신뢰할 수 있을 때까지 오랜 시간이 걸리더라도 기다려 주는 것이 중요하겠다.

민감한 이해 대부분 성인은 아동의 행동을 이해하는 데 있어 자신의 준거 틀을 사용하여 평가하고자 한다. 자신의 기준에 맞추어 어떤 행동이 올바르지 않은지, 수정되어야 할지를 결정하게 된다. 그러나 아동중심 놀이치료에서는 치료자가 자신의 경험과 기대를 내려놓고 아동의 활동, 경험, 감정, 사고의 개별성을 인정하기를 요구한다. 치료자가 아동의 세계로 들어가게 되면 왜 이러한 문제 행동이나 정서를 경험하게 되는지 이해하게 된다. 이러한 감정이입은 아동의 내적 준거 틀을 추정함으로써 아동의 세계를 볼 수 있게 한다. 이에 대해 "'마치 ~인 것처럼'과 같이 가정이라는 것을 잊지 않으면서 마치 당신의 세계인 양 내담자의 사적인 세계를 느끼는 것"이라고 로저스는 표현하였다(Rogers, 1961). 민감한 이해는 치료자와 아동의 정서적 상호작용을 가능하게 하기 때문에 치료자는 아동의 놀이에서 나타나는 감정을 단순히 반영하기보다는 아동과 일체감을 가지고 반영하는 것이 필요하다. 이러한 상황이야말로 아동이 치료자가 자신과 같이 놀이를 한다고 느끼게 해준다. 그러기 위해서 치료자는 아동의 경험보다 앞서 생각하거나 아동의 놀이를 섣불리 분석하지 말아야 한다. 아동이 따뜻한 보살핌과 수용을 경험하게 되면 자신의 문제나 부정적인 감정들을 치료 시간에 서서히 드러내게 된다. 이때 치료자도 고통스러운 경험을 같이 느끼게 되는데, 치료자가 불필요하게 확신을 시키거나 안심시키는 반응을 하는 것은 피해야 한다. "모든 것이 잘될 거야."라거나 "그건 별로 중요한 게 아니야."라고 안심을 시킨다면 아동은 그 순간 느끼는 감정이 잘못된 것이라고 느끼게 된다. 따라서 치료자는 아동이 어떤 감정을 보이든지 그것을 정당한 감정으로 느끼도록 노력해야 한다. 치료자가 중요하지 않다고 느낄지라도 아동에게는 중요한 일일 수 있다는 민감한 이해가 필요하다. 물론 아동을 민감하게 이해하려는 시도는 쉽지 않으며, 치료자가 아동을 완벽히 이해하는 것은 불가능할 수 있다. 그러나 아동은 자신이 이해받고 있다는 것을 느끼게 되면 서서히 변화하기 시작한다. 자신이 이해받는 환경 속에서 아동은 위험을 무릅쓰고 변화하도록 동기화되며, 좀 더 안전하다고 느끼고, 그로 인해 자기 자신이나 세상에 대한 지각을 조금씩 변화시킨다. 이로써 자기 성장을 위해 발전할 수 있게 된다.

3) 치료기법 – 비언어적 기술

아동중심 놀이치료에서 비언어적 기술은 언어적 기술보다 더 중요할 수 있다. 치료자의 얼굴 표정이나 목소리는 언어를 사용하는 것보다 더 전달력이 높을 수 있다. 놀이치료에서는 놀이가 아동의 언어이기 때문에 치료자는 아동의 표현과 일치하는 비언어적 반응을 보여야 한다. 비언어적 반응을 통해 치료자는 진실성을 드러낼 수 있다.

4) 치료기법 – 언어적 기술

비언어적 반응뿐만 아니라 언어적 기술도 아동의 표현과 일치해야 한다.

비언어적 행동 반영하기 아동중심 놀이치료에서 치료자는 언어로 반응하는 참여자이다. 아동의 비언어적 행동을 반영하는 것은 치료자가 아동에게 관심이 있고 아동의 세계를 이해하고 수용한다는 것을 알게 해주며, 치료자가 아동과 함께하고 있음을 느끼게 해준다. 또한 아동이 하는 놀이의 내용을 언어로 전환하여 아동이 자신의 놀이를 지각하고 명료화하도록 돕는다. 아동의 감정도 언어화하여 아동이 자신의 정서를 의식하고 이를 수용하도록 돕는다. "네가 지금 그걸 꼭대기로 올렸구나.", "지금 그것들이 서로 부딪혔어."와 같은 반응은 아동이 통제와 힘을 느끼게 하는 데 도움을 줄 수 있다. 간혹 아동이 놀이에 몰두하여 말을 하지 않거나 불안을 느껴 말을 하지 않는 경우 치료자도 같이 침묵을 지키게 되는 경우가 생기는데, 이럴 경우 아동은 치료자가 자신을 감시한다고 느끼거나 자신에게 관심이 없다고 느낄 수 있다. 따뜻한 보살핌과 수용은 아동의 비언어적 행동에 대한 반영과 따뜻한 표정, 목소리로써 전달될 수 있다. 그렇지만 아동의 모든 행동을 묘사하는 것은 아동의 놀이를 방해할 수 있다. 이러한 반응은 일상적인 반응으로 들리지 않으며 진실성을 전달하기 어려울 수 있다. 그러므로 반영하기는 진실하고 따뜻하고 일상적인 방법으로 진술되어야 한다.

내용 반영하기 놀이치료에서 아동이 말로 표현하는 내용을 반영하는 것을 말한다. 치료자는 놀이회기 동안 아동의 언어적 표현을 요약하거나 이해를 위해 다른 말로 표현하기도 한다. 아동은 치료자의 반응을 듣고 자신의 경험에 대해 분명하게 지각하고, 명확히 이해하게 된다.

감정 반영하기 아동은 놀이회기 동안 자신이 표현하는 감정이 비판 없이 수용되는 경험을 할 때 자유와 이해받고 있음을 느끼게 된다. 치료자는 아동의 감정을 언어적으로 표현해줌으로써 수용을 전달할 수 있다. 이러한 경험은 아동이 자신의 감정을 신뢰하게 만든다. 감정을 반영하기 위해서는 공감적인 반응이 필요하다. 아동이 고통스러운 감정을 표현한다고 할지라도 이를 부인하거나 안심시키려고 하지 말아야 한다. 이러한 고통도 아동의 정당한 감정이므로 치료자는 이에 대한 공감만을 반영하면 되는 것이다.

감정 수준 맞추기 공감한다는 것을 전달하기 위해서 치료자는 아동이 표현하는 감정과 그 강도의 수준을 맞춰야 한다. 아동보다 과도하게 흥분하거나 아동의 감정 수준에 비해 약하게 반응 하게 되면 아동은 치료자가 자신의 감정을 수용하고 이해하고 있다는 믿음을 갖기 어렵다. 또한 아동은 치료자가 단조롭고 밋밋한 목소리 톤으로 반영을 이어간다면 치료자의 반응이 자연스럽지 못하다고 느끼게 되거나 자신과의 놀이를 지루해한다고 생각하게 된다.

질문 피하기 아동중심 놀이치료에서는 아동에게 질문하지 않는데, 질문은 상대방의 표현을 이해하지 못했다는 가정을 기반으로 하기 때문이다. 놀이치료에서 놀이란 아동의 언어를 의미하기 때문에 치료자는 놀이를 통해 아동의 표현을 이해할 수 있다. 아동이 아무 말도 하지 않고 놀이를 하더라도 치료자는 충분히 상호작용을 할 수 있다. 그런데 치료자가 "그건 왜 그렇게 하는 거야?"와 같이 아동에게 행동의 이유를 묻는다면 충분히 상호작용이 되지 않는다는 것을 전달하게 된다. 또한 치료자가 질문을 하게 된다면 치료자가 놀이의 주도권을 갖게 되므로 치료에 도움이 되지 않는다.

의사 결정 촉진시키기와 책임감 돌려주기 아동이 스스로 무언가를 결정하도록 허용해주는 것은 자기 개념을 강하게 하고 아동이 변화된 지각으로 통합될 수 있는 경험을 하게 한다. 궁극적으로는 아동이 이전보다 효과적인 방식을 사용하여 미래의 문제 상황에 적응적으로 대처할 수 있도록 해준다. 따라서 치료자가 보기에 그다지 중요한 결정이 아니라고 할지라도 아동이 결정할 수 있도록 촉진시켜야 한다. "뭐 그릴까요?"라고 아동이 묻는다면 "네가 원하는 뭐든 그릴 수 있어."라고 대답할 수 있다. 이러한 결정은 그에 따른 책임도 수용하게 만든다. 이 과정에서 아동이 스스로 조절할 수 있다는 느낌을 갖게 하며 자신의 잠재 능력을 경험하도록 촉진한다. 놀이치료 회기에서 치료자는 아동에게 따뜻한 보살핌을 제공하게 되는데 이를 아동의 요구를 들어주는 것으로 해석하는 경우가 발생하기도 한다. 아동이 스스로 조작할 수 있는 놀잇감도 치료자에게 해달라고 요구하거나, 쉽게 열 수 있는 찰흙 통의 뚜껑을 열어달라고 할 때 치료자는 자연스럽게 아동의 요구를 들어주기 쉽다. 그러나 이러한 행동은 아동의 의존적인 행동을 유지시키고 아동이 이런 일을 하기에는 무능하다는 것을 치료자가 인정한다는 것을 알려주는 것이다. 따라서 아동이 충분히 해결할 수 있는 문제는 스스로 해결해보도록 촉진시켜 주어야 한다.

평가나 칭찬하지 않기 아동중심 놀이치료에서는 아동에 대한 어떠한 평가도 내리지 않는다. 아동은 평가당한다고 생각하면 안전하다고 느끼지 못한다. 평가를 하면서 무조건적 수용을 한다는 것은 불가능하다. 평가는 양날의 칼로 표현할 수 있다(Lendreth, 2015). 아동의 그림에 대해 치료자가 정말 잘 그렸다고 표현을 한다면, 반대로 그림이 엉망이라는 평가를 할 수도 있을 것이라고 추측하게 된다. 그래서 아동은 표현에 있어서 창의적이거나 자유롭지 못할 수 있다. 또한 아동은 타인에게 인정받고자 하는 욕구가 강하여 치료자가 평가를 한다고 느끼는 순간 치료자의 요구와 기대에 맞추어 행동하고자 할 수 있다. 따라서 치료자는 단순한 평가도 내려서는 안 된다.

격려하기 아동중심 놀이치료에서는 평가나 칭찬을 지양하지만 격려는 할 수 있다. 아동이 스스로 결정하고 수행할 수 있도록 도와주는 것이다. 아동이 찰흙 뚜껑을 열려고 여러 방식으로 노력할 때 치료자는 "너는 여러 방법으로 열어보려고 하는구나. 넌 할 수 있어."와 같이 격려할 수 있다.

관계 촉진하기 아동이 치료자와 친해지려고 시도하는 것을 반영해주는 것은 치료자의 따뜻한 보살핌을 표현할 수 있도록 해주며, 아동이 효과적인 의사소통을 배우도록 할 수 있다. 아동이 치료자의 머리에 모자를 씌우고 "선생님, 나랑 똑같아요."라고 했을 때, "넌 우리가 똑같아 보였으면 하는구나."라고 반응해 주는 것이 이에 해당한다.

5) 치료기법 - 치료적 제한

아동중심 놀이치료에서는 아동을 무조건적으로 수용하지만 모든 행동이 수용되는 것은 아니다. 놀이치료에서 최소한의 제한이 주어지는데, 제한은 아동뿐 아니라 치료자에게 신체적, 심리적 안전을 제공할 수 있기 때문이다. 또한 제한은 아동의 의사결정, 자기 통제, 책임감을 촉진하고 아동이 현실 세계에 기반을 두게 한다. 또한 일관된 규칙은 놀이치료실과 치료자의 반응을 일관되게 만들어 신뢰할 수 있는 환경을 제공한다. 제한이 주어지는 경우는 최소한으로 해야 하지만 다음과 같은 경우에는 제한을 줄 수 있다.

- 아동이나 치료자에게 해가 되거나 위험한 행동을 할 경우
- 놀이치료를 방해하는 행동(치료 중간에 마음대로 치료실을 나가는 경우, 치료시간이 끝났음에도 계속 머무르려고 하는 경우)
- 놀잇감이나 물건을 파괴할 경우

- 사회적으로 수용될 수 없는 행동

아동중심 놀이치료에서 제한을 주는 방법에 대해 랜드레스(Landreth, 2002)는 ACT 모델을 제안하였다.

- A(Acknowledge): 아동의 감정, 소망, 욕망을 인정하기("너 정말 화가 많이 났구나.")
- C(Communicate): 제한을 전달하기("그렇지만 나를 쏠 수는 없어.")
- T(Target): 수용 가능한 대안을 목표로 제시하기("대신 벽에 걸린 과녁에는 쏠 수 있어.")

자존감이 낮은 아동은 제한을 어기면서 안전의 경계를 알고 싶어 한다. 자신이 어느 수준까지 행동할 수 있는지 확인하고자 하며, 제한을 어겼을 때 치료자가 자신을 처벌하는지를 확인하고자 한다. 따라서 치료자는 이러한 아동의 심리적 기제를 이해하고 반응해야 치료적 관계가 깨지지 않는다. 치료자는 아동에게 제한을 확고하게 설명하고 아동의 감정과 욕구를 반영해야 한다. 제한을 어긴다고 처벌을 하거나 비난해서는 안 된다. 대신 다음 단계의 조치가 주어질 것이라고 알려준다. 다음 단계는 나머지 시간 동안 특정 장난감을 치운다거나 궁극적으로 놀이치료실을 떠나야 한다고 알려주는 것이다. 이 단계는 자주 사용되어서는 안 될 것이다. 또한 이미 놀이치료실을 나가고 싶어 하는 아동에게 이러한 단계를 적용하는 것은 효과가 없을 것이다. 그리고 이러한 단계의 적용은 아동이 '선택'한 것임을 분명히 할 필요가 있다.

4. 치료목표

아동은 수정되어야 하는 인간이나 목표가 아니라 이해되어야 할 인간이므로 목표를 설정하는 것 자체가 다소 모순적이라고 볼 수 있다. 그러나 아동중심이론에 근거하여 자기실현을 위한 치료의 목표를 설정한다면 다음과 같다(Landreth, 1991).

1) 좀 더 긍정적인 자기 개념 발달시키기
2) 더 많은 자기 책임성 가지기
3) 좀 더 자발적으로 되기
4) 좀 더 자기수용적으로 되기
5) 좀 더 자기의존적으로 되기
6) 스스로 의사결정하도록 하기
7) 통제감 경험하기
8) 대처 과정에 민감해지기
9) 평가의 내적 기준을 발달시키기
10) 자기 자신을 더 신뢰하기

이러한 목표는 치료적 관계가 맺어질 때 달성할 수 있다. 놀이치료사가 언어적 혹은 비언어적으로 표현되는 아동의 감정을 수용하고 반영함으로써 정서적 부분에 민감하게 반응할 때 아동은 자신의 내적인 가치를 깨닫기 시작한다.

5. 치료자의 역할

아동중심 놀이치료사의 역할은 단순해 보일 수 있다. 치료자는 촉진자, 격려자가 될 수 있으나 감독자나 교사, 설교자, 놀이친구는 아니다. 즉, 치료자가 문제를 해결해주거나 해석해주는 역할을 하게 되면 아동이 스스로 자기를 탐색하고 평가하고 발전할 수 있는 기회를 갖지 못하게 된다. 액슬린(Axline, 1947)은 치료자의 역할에 대해 다음과 같이 설명하였다.

1) 치료자는 아동에게 관심을 가지고 따뜻하게 돌보는 관계를 발달시켜야 한다.

2) 치료자는 아동을 무조건적으로 수용하고 아동이 어떤 면에서 다르기를 바라지 않는다.

3) 치료자는 아동이 관계 안에서 안전과 허용의 느낌을 갖도록 하며 아동이 자기를 탐색하고 표현하는 데 자유롭도록 해야 한다.

4) 치료자는 항상 아동의 감정에 민감하고 아동이 자기 이해를 할 수 있도록 감정들을 반영해줘야 한다.

5) 치료자는 아동의 책임감과 자신의 문제를 해결할 수 있는 아동의 능력을 믿고 존중해야 한다.

6) 치료자는 아동의 내적 주도성을 존중하고 아동이 관계의 모든 영역을 이끌도록 허용하며 아동의 놀이나 대화를 지시하지 않아야 한다.

7) 치료자는 점진적인 치료 과정의 특성을 인식하고 서두르려고 하지 않아야 한다.

8) 치료자는 현실에 기반을 두고 아동이 책임감을 수용할 수 있도록 치료적 제한을 설정할 수 있다.

6. 치료 과정 및 절차

아동중심 놀이치료에서는 치료적 과정들을 특별히 명명하지는 않으나
일반적으로 다음의 과정을 거치게 된다.

사정평가 아동이 지닌 문제를 파악하고 치료를 위한 정보를 수집하는 단
계이다. 주양육자가 아동의 생육사, 발달, 가정환경 등의 정보를 제공하
여 치료목표와 치료 계획을 수립하게 된다. 그러나 아동중심 놀이치료에
서는 이러한 정보가 오히려 치료자의 태도에 영향을 주어 치료적 관계를
해칠 수 있다고 설명한다. 아동의 문제와 상관없이 아동을 있는 그대로
수용하고 아동의 세계를 통해 문제행동이 왜 나타나게 되었는지를 파악
하는 것을 더 중요하게 여긴다.

1회기: 관계의 구조화 1회기에는 상담에 대한 구조화가 필요하다. 즉, 놀
이치료에 대한 소개, 놀이치료실과 치료자 소개, 치료 시간이나 장소 등
에 대해 소개한다. 아동의 연령 수준을 고려하여 가능한 짧고 간단하게
소개하는 것이 좋다.

변화와 진전 아동과 치료자가 치료적 관계를 맺게 되면 점차 놀이의 주제
가 어떤 양상으로 발전되어 간다. 똑같은 놀잇감을 사용하거나 같은 주
제나 사건을 반복적으로 재현하는 경우 그 의미를 찾아야 한다. 치료자
의 수용적이고 비판적이지 않은 태도를 통해 아동은 점차 성격을 재조직
화하고 자아에 대한 수용이 일어나게 된다.

종결 종결 시기를 결정하는 것은 어려운 일이다. 특히 아동중심 놀이치료는 목표 행동을 설정하는 것이 아니라 아동의 자아 성장과 자아실현을 목표로 하기 때문에 아동의 진전을 직접적으로 판단하기가 어렵다. 하지만 아동이 성취할만한 특별한 목표가 없어지면 종결을 준비하게 된다(Landreth, 2002). 종결과정은 마지막 2~3회기로 이루어지는데, 종결이 다가올수록 아동은 치료자와 이별하는 것에 대한 상실감이나 불안을 경험하게 되므로 이에 대해 다루는 것이 좋다. 종결과정에서 일시적 퇴행이나 거부 등이 일어날 수 있다.

7. 치료 효과 및 가능성

아동중심 놀이치료는 가장 긴 역사를 가진 접근법이긴 하지만, 초기 놀이치료 연구에서는 연구 설계의 결함으로 인해 효과성과 관련하여 유의미한 결과를 얻지 못하였다. 그러나 최근의 연구들을 통해 긍정적인 경험적 지지를 얻어내었다. 레이(Ray, 2016)는 1940년부터 2010년까지 시행된 아동중심 놀이치료 연구들을 분석한 결과 62개의 연구에서 긍정적 결과를 보였다고 보고하였다. 최근에 실시된 연구들을 살펴보면, 소외된 계층의 아동을 대상으로 한 문제 행동 개선에 대한 효과성 연구(Post, Phipps, Camp, & Grybush, 2019), 아프리카계 미국 아동의 사회정서적 능력에 대한 효과성 연구(Taylor & Ray, 2021), 학업적 성취에 대한 아동중심 놀이치료의 효과성 연구(Massengale & Peryyman, 2021) 등 다양한 문제를 가진 아동을 대상으로 아동중심 놀이치료가 시행되고 있고 그 효과성 역시 입증되고 있음을 알 수 있다.

04

인지행동 놀이치료

1. 역사

인지행동 놀이치료(Cognitive-Behavioral Play Therapy, CBPT)는 수잔 넬 (Susan Knell, 1993, 1994, 2000)이 창안한 접근법으로 놀이치료 체계 안에서 인지적 전략과 행동적 전략을 결합한 방식이다. 인지행동 놀이치료의 모태가 되었던 인지행동치료는 성인을 대상으로 개발되었다. 인지행동 놀이치료는 정서발달과 정신병리에 대한 인지행동이론을 기초로 하고, 인지행동 놀이치료사는 인지치료와 행동치료의 2가지 이론에서 도출된 개입 방법을 사용하며 언어 및 비언어적 의사소통 방식을 결합한 놀이 활동을 진행한다.

감각운동기와 전조작기에 해당하는 아동에게 인지행동치료 접근을 사용할 때는 아동의 인지적 기능 수준 때문에 한계가 있다. 그래서 넬은 인지행동치료와 놀이를 통합하여 학령전 아동과 초기 학령기 아동을 위한 인지행동 놀이치료를 제안하였다. 전통적으로 인지치료에서 언어가 행동을 매개한다고 보았으며, 언어는 바로 행동을 발생시키게 하는 사고 (인지)를 의미한다(Beck, 1976). 이러한 사고(인지)는 언어적일 수도 있고 비언어적이거나 놀이를 통한 것일 수 있다. 놀이는 아동의 자연스러운 의사소통의 수단이기 때문에 놀이를 아동의 언어로 볼 수 있다. 아동은 놀이를 통해 사고나 상상을 표현할 수 있으며, 놀이로 아동과 작업함으로써(성인과 언어로 작업하듯이) 아동의 사고를 변화시키고 이를 통해 행동도 변화시킬 수 있다. 그뿐만 아니라 놀이 중이나 놀이 후에 언어적 작업을 통해 아동의 놀이를 통합하고 경험에 참조할 수 있도록 도울 수 있다.

2. 이론적 배경

인지행동 놀이치료는 행동치료, 인지치료, 인지행동치료의 개념을 통합한다. 넬은 인지행동 놀이치료의 이론적 기초를 개념화하기 위해 이러한 이론들의 구성 개념을 차용한다.

행동치료는 모든 행동은 학습된다고 가정하며, 고전적 조건형성과 조작적 조건형성, 사회학습이론을 토대로 한다. 행동치료의 핵심 요소는 부적절한 행동을 유지시키고 강화시키는 요소를 찾는 것이다. 이 요소를 찾아 변화시킴으로써 아동이 행동을 바꿀 수 있다고 본다. 인지행동 놀이치료에서는 내담 아동에게 직접적으로 행동 기술을 사용할 수도 있고 부모와 교사에게 행동 개입 전략을 가르쳐주기도 한다.

인지치료는 인간의 정서와 행동은 그들이 세상을 해석하는 방식에 의해 결정된다고 보며(Beck, 1976), 인간이 세상을 어떻게 해석하는가는 상황 그 자체가 아니라 그 사건에 대해 어떻게 지각하느냐에 달려 있다고 보았다. 인지는 언어, 이미지, 초기 경험에 의한 태도나 도식이 될 수 있다. 따라서 한 개인의 인지를 이해하면 그 사람의 정서 반응을 예측할 수 있다. 인지치료의 3가지 핵심 요소는 첫째, 사고는 정서와 행동에 영향을 미치고, 둘째, 믿음과 가정은 사건의 해석과 지각에 영향을 미치며, 셋째, 심리적 문제를 가진 대부분의 사람들은 비합리적 사고나 인지적 왜곡을 가지고 있다는 것이다(Knell, 2009).

인지치료에서는 비합리적인 사고를 합리적 사고로 대체시켜서 심리적 문제를 감소시킨다. 사람들이 비합리적인 사고와 합리적 사고를 구분할 수 있는 능력을 가지고 있다고 가정하며, 성인의 경우에는 비합리적인 사고에 대한 안내가 필요하지만 일단 이해하면 자신의 모순점을 확인하고 변화를 시도할 수 있다고 본다. 하지만 어린 아동의 경우에는 비합리적인 사고나 인지적 왜곡을 이해하지 못할 수 있으므로 이들을 위해 인지행동 놀이치료에서는 도움이 되지 않는 사고나 행동, 그리고 도움이 되는 사고나 행동을 파악하기 위한 심리교육을 실시한다. 나이든 아동이나 청소년의 경우에는 비합리적 사고나 인지적 왜곡을 가지고 있는 경우도 있고, 도움이 되는 사고에 대한 지식이 부족(결핍)한 경우도 있다. 각 내담자의 특성에 따라 발달적으로 필요한 접근을 제공한다.

인지행동치료는 정서와 행동에 변화를 주기 위해 인지치료와 행동치료의 개념과 방법을 통합하여 활용한다. 이러한 통합적 접근은 성인, 청소년을 대상으로 많은 연구가 진행되었으며, 최근에는 아동과 유아를 대상으로 한 인지행동 놀이치료 방법도 증가하고 있다.

3. 특징

넬은 인지행동 놀이치료의 6가지 특징을 제안하였다.

1. 인지행동 놀이치료에서는 아동이 놀이를 통해 치료에 참여할 수 있다. 아동은 치료 과정에 적극적으로 참여하게 된다. 아동은 즐겁고 흥미로운 놀이를 통해 상담에 대한 거부감을 줄일 수 있다. 또한 놀이를 통해 자신을 적극적으로 표현할 수 있다.

2. 인지행동 놀이치료에서는 치료자가 아동의 생각, 감정, 환상, 환경을 다루게 되며, 아동중심 놀이치료보다 문제해결에 초점을 둔다.

3. 인지행동 놀이치료에서는 적응적인 생각과 행동을 계발하는 것과 문제를 다루는 효과적인 대처 전략에 초점을 둔다.

4. 인지행동 놀이치료 과정은 구조화되고, 직접적이며, 목표지향적이다. 인지행동 놀이치료는 아동의 특정 문제에 초점을 두며, 아동의 기능 개선에 목표를 둔다. 문제 초점 또는 목표 지향이라는 특징으로 인해 치료적 관계를 소홀히 하는 경우가 있으나, 인지행동 놀이치료에서도 일차적 목표는 치료적 관계이며 좋은 관계의 형성은 인지적, 정서적, 행동적 변화의 기초가 되기 때문에 매우 중요하다.

5. 인지행동 놀이치료에서 치료자는 효과성이 경험적으로 입증된 행동적 및 인지적 전략을 사용한다.

6. 인지행동 놀이치료에서 치료자는 특정 문제에 효과적인 치료 방법을 경험적으로 시험할 수 있는 기회를 가진다.

대부분의 인지행동 놀이치료 개입은 모델링(손인형, 동물인형, 피규어

등을 활용), 역할 놀이(회기 내에서 특정 행동을 연습하기 위해 아동과 치료자가 상호작용하기), 행동 유관법(새로운 기술을 획득하기 위해 아동에게 보상을 제공하기)을 사용한다. 아동이 자신의 정서를 다양하게 표현할 수 있도록 손인형 또는 동물인형을 사용하기도 하고, 미술용품을 사용하여 정서를 표현하기도 한다. 아동의 삶을 표현할 수 있도록 다양한 인물 피규어가 필요할 수 있으며, 나이, 성별, 직업 등을 다양하게 나타낼 수 있으면 도움이 된다. 인형 집도 많이 활용되며 다양한 장소를 표현할 수 있는 여러 개의 장소도 필요할 수 있다. 인지행동 치료자들은 놀이치료 과정에서 이용 가능한 행동적 전략뿐만 아니라 인지적 전략을 폭넓게 활용한다. 아동의 발달 수준에 따라 언어적 상호작용을 더 많이 사용하기도 하고 인형이나 놀이 매체를 더 많이 사용하기도 한다.

인지행동 놀이치료와 다른 치료와의 차이점을 살펴보면 다음과 같다(Knell, 1993).

- 아동중심 놀이치료는 비지시적이고 아동 주도인 반면, 인지행동 놀이치료는 지시적이고 치료자 주도이다.
- 아동중심 놀이치료는 아동이 선택하는 장난감을 활용하는 반면, 인지행동 놀이치료는 치료자가 아동에게 필요한 장난감을 선택한다.
- 아동중심 놀이치료는 칭찬이 아동에게 도움이 되지 않는다고 보는 반면, 인지행동 놀이치료에서는 칭찬이나 긍정적 강화를 활용한다.
- 아동중심 놀이치료는 놀이에 대한 해석을 하지 않는 반면, 정신분석 놀이치료는 놀이에 대한 해석을 하고, 인지행동 놀이치료에서는 아동의 놀이에서 아동의 문제와 연관된 사고 패턴이 있는지 함께 탐색하고 알려준다.
- 아동중심 놀이치료에서는 표준화된 도구보다는 놀이 관찰을 통해 아

동의 정서, 인지, 행동, 언어 영역을 평가하는 경향이 높은 반면, 인지행동 놀이치료에서는 표준화된 평가도구를 사용한다.

• 마지막으로 인지행동 놀이치료에서는 아동의 말과 행동을 연결하도록 돕는 데 많은 시간을 할애하며, 아동이 갈등과 문제를 언어로 표현하도록 이끈다.

4. 치료목표

인지행동 놀이치료에서는 치료목표 설정이 매우 중요하며, 일반적인 목표뿐만 아니라 해당 아동과 가족을 위한 특별한 목표도 있다.

일반적 목표에는 ① 아동의 문제 상황이나 스트레스 상황에서의 대처능력을 향상시키기, ② 어려운 과제를 수행하도록 돕기, ③ 비합리적인 사고 패턴을 감소시키기, ④ 아동이 발달 이정표를 잘 달성할 수 있도록 돕기가 있다.

특별한 목표는 각 아동에 따라 적절한 행동적 및 인지적 목표를 수립하는 것이다. 이러한 목표에는 ① 정서 표현 능력을 향상시키기, ② 부적응적 사고나 인식을 감소시키기, ③ 관계에 대한 적응적이고 현실적인 평가하기, ④ 긍정적인 자기 진술을 증가시키기, ⑤ 적절한 문제해결 기술을 증가시키기 등이 있다.

아동의 부모는 자신들만의 특별한 목표를 가지고 있는데, 이러한 목표는 일반적으로 양육의 문제와 관련되어 있거나 부모의 개인적 이슈와 관련되어 있다.

5. 치료자의 역할

인지행동 놀이치료자는 매우 적극적이고 지시적이며, 다음과 같은 역할을 해야 한다.

첫째, 치료자는 아동과 부모의 현재 상태를 평가하기 위한 도구를 사용한다. 이것을 통해 기초선을 확인한 후에 치료자는 부모와 적극적으로 아동의 인지 능력과 발달 수준에 맞게 치료 계획을 고안해내고 행동, 감정, 태도와 신념에서의 변화를 위해 측정 가능한 목표를 계획할 수 있게 된다. 치료 계획에서는 다양한 인지적 및 행동적 개입 전략을 고려하고 아동과 아동의 어려움에 가장 효과적이라고 증명된 전략을 결정한다.

둘째, 치료자는 치료 계획에 따라 치료를 진행한다. 아동의 변화를 위해 일반적으로 모델링, 역할 놀이, 행동 유관법 등의 방법을 사용한다. 이러한 개입들은 지시적인 접근 방법으로, 부모나 교사가 아동에게 사용할 수 있도록 가르쳐주기도 한다.

셋째, 치료자는 아동의 치료 초기 시점의 기능과 현재의 기능을 비교하면서 변화를 모니터링하고 치료 초기에 세운 목표가 달성되는지의 여부를 확인한다. 목표의 달성은 종결을 결정하는 매우 주요한 요소이다.

모든 상담 접근방법과 마찬가지로 치료적 효과에 가장 큰 요인은 치료적 관계이다. 공감적이고 지지적인 치료자는 아동에게 안전감을 제공하고 아동의 인지와 행동의 변화를 이끌 수 있다. 인지행동 놀이치료사의 지시적이고 적극적인 태도도 이를 강화한다. 따라서 인지행동 놀이치료사는 아동의 감정과 경험에 공감한 후에 아동에게 놀이나 언어로 대안을 제공해야 아동에게 수용될 수 있다. 아동은 자신의 감정과 경험을 치료자가 이해했다고 느낄 때 더욱 효과적으로 변화할 수 있다.

6. 치료 과정 및 절차

인지행동 놀이치료의 과정은 평가, 놀이치료에 대한 안내 및 초기, 중기, 종결로 이루어져 있다.

1) 평가

치료자는 아동의 현재 기능 수준, 발달 상태, 주호소 문제, 문제에 대한 아동의 이해 또는 인식, 부모가 아동의 문제를 어떻게 바라보는지에 대한 정보를 얻기 위해 다양한 평가도구를 사용한다. 치료자는 아동의 생각, 감정, 태도, 인식, 행동 등에 대한 정보를 얻기 위해 부모보고 척도, 임상적 면접, 놀이 관찰, 인지 및 발달 평가, 투사적 검사, 그림검사 등을 사용한다. 주로 사용되는 표준화된 평가도구는 아동청소년 행동평가 척도(Child Behavior Checklist: CBCL)로 내재화 문제와 외현화 문제와 같은 행동평가를 실시할 수 있으며 초기 면접뿐만 아니라 중간 평가와 종결 평가에서도 치료적 변화를 확인할 수 있다. 아동의 인지 및 발달 평가로는 웩슬러 지능검사나 베일리 발달 평가 등을 사용할 수 있으며, 투사적 검사로는 문장완성검사, 손인형 문장완성검사, 아동용 주제통각검사(Children's Apperception Test: CAT), 그림검사(HTP, KFD, KSD) 등을 사용할 수 있다. 아동의 타고난 기질을 확인하기 위해 6요인 기질검사(Six factor Temperament Scale: STS)를 사용할 수 있는데, 활동성, 조심성, 긍정정서, 부정정서, 사회적 민감성, 의도적 조절이라는 요인의 수준에 따라 아동의 특성을 이해하고 적절한 양육 코칭을 제공하고 있어 아동의 치료적 개입과 양육 상담에 효과적이다.

넬(Knell)의 손인형 문장완성검사(일부)

1. 내가 좋아하는 음식은 _____.
2. 내가 사랑하는 것은 _____.
3. 내가 바깥에서 갖고 노는 것은 _____.
4. 나의 엄마는 _____.
5. 나의 아빠는 _____.
6. 내가 좋아하는 TV 프로그램은 _____.
7. (해당하는 경우만) 나의 형/오빠의 이름은 _____.
8. (해당하는 경우만) 나의 언니/여동생의 이름은 _____.
9. 내가 좋아하는 가상놀이는 _____.
10. 내가 크면 _____.
11. 밤에 잠을 잘 때 나는 _____.
12. 내가 두려워하는 것은 _____.
13. 내가 미워하는 것은 _____.
14. 나의 일급비밀은 _____.
15. 나의 가장 나쁜 비밀은 _____.
16. 엄마가 좋을 때는 _____.
17. 아빠가 좋을 때는 _____.

---

2) 놀이치료에 대한 안내 및 초기

치료자는 부모와 만나서 아동에 대한 초기 평가 결과에 대한 피드백을 주고 치료 방식, 계획과 목표를 안내해야 한다. 그리고 이러한 과정에서 부모의 역할이 무엇인지 안내해야 한다. 또한 치료자와 부모는 아동에게 명확하고 비판단적으로 아동의 주호소 문제에 대해 설명해주는 것이 필요하며 놀이치료 과정에 대해서도 설명해주어야 한다.

첫 회기에 치료자는 아동에게 왜 놀이치료에 왔는지 질문해보아야 한다. 아동이 놀이치료를 어떻게 이해하는지에 대해 살펴보아야 하는데, 부모가 설명을 해주었더라도 아동 스스로는 왜 상담을 받으러 왔는지 모르는 경우가 있다. 치료 초반에 아동이 왜 놀이치료사를 만나러 왔는지에 대해 이야기하지 않는 것은 위험할 수 있는데, 아동의 어려움이 너무 부끄럽거나 심각하다는 믿음을 강화시키는 암묵적인 침묵일 수 있기 때문이다. 물론 대부분의 아동은 상담을 받으러 오게 된 이유(정서, 생각, 행동)를 알고 있고, 부모나 교사에 의한 의뢰 사유와 더불어 아동의 관점도 매우 중요하다. 간혹 일부 부모는 아동에게 거짓말(예: "학원에 가는 거야.", "키즈카페야." 등)을 하거나 위협(예: "병원이야.")하는 경우도 있는데, 이런 방식은 상담의 효과를 떨어뜨리기 때문에 주의해야 한다. 치료자는 아동에게 직접적인 정보를 얻는 것이 필요하며 이러한 과정을 통해 치료동맹을 형성하고 함께 치료적 목표를 설정해 나갈 수 있다.

치료목표를 설정해나가는 방법에 놀이적 요소를 활용할 수 있다. 예를 들어 '성공으로 가는 계단(Cavett, 2010)'은 미술용품을 활용하여 도화지에 계단 형태를 만들고 맨 끝에는 최종 목표를, 올라가는 계단에는 하위 치료목표를 작은 단위로 나눠서 그리거나 쓴다. 그리고 치료목표를 달성하기 위한 방법도 치료자와 아동이 함께 아이디어를 생각해 적는다. 이러한 작업을 통해 달성해야 할 목표도 함께 다루고 매 회기마다 옆에 붙여놓고 치료의 과정과 진전 상황을 논의할 수 있다.

모래상자에 자신이 되고 싶은 나 꾸미기를 해보세요. / 도화지에 자신이 되고 싶은 나를 그려보세요.

▶ 성공으로 가는 계단　　　　　▶ 내가 되고 싶은 나 예시

　　다른 방법으로는 '내가 되고 싶은 나'라는 주제로 도화지에 그림을 그리거나 모래상자를 꾸밈으로써 자신이 원하는 바를 그림이나 놀이로 표현해볼 수 있다. 그림과 모래상자를 꾸민 후에 어떤 내가 되고 싶은지에 대해 언어적으로 작업하면서 목표를 설정할 수 있고 매 회기 놀이실 벽에 붙여놓고 보면서 동기를 부여할 수 있다.

　　치료 초기 회기에서는 아동의 놀이를 관찰함으로써 아동의 사고, 믿음, 자신의 상과 타인의 상을 확인한다. 이 과정에서 치료자는 아동이 편안하게 자신의 인지를 놀이로 표현할 수 있도록 비지시적인 방식으로 접근한다. 아동의 언어와 행동을 공감적으로 경청하고 행동을 추적하며 내용 및 정서를 반영함으로써 아동에 대한 이해를 넓힌다. 초기 회기 이후에도 아동의 경험을 이해하기 위해 비지시적 접근을 하며, 이렇게 얻은 아동의 사고에 대한 정보를 인지행동 방식을 통해 작업한다.

3] 중기

치료자는 인지적 및 행동적 개입 전략을 사용하여 아동이 상황, 문제, 스트레스에 적응적으로 대처하는 반응을 가르치는 것에 초점을 둔다. 행동적 개입 전략은 고전적 조건형성, 조작적 조건형성, 사회학습이론에 기초한 다양한 기법을 놀이에 통합할 수 있다. 행동적 개입 전략에는 모델링, 이완법, 체계적 둔감화, 긍정 강화와 조형, 자극 용암(stimulus fading), 소거/차별적 강화, 타임아웃, 자기 점검, 행동 계획 등이 있다. 인지적 개입 전략은 생각의 변화를 가져올 수 있도록 돕는다. 인지적 개입 전략에는 정서 인식·이해·표현하기, 역기능적 사고 확인하기, 비합리적 신념 수정하기, 적응적인 자기 진술 개발하기, 독서치료 활용하기 등이 있다. 치료자는 아동이 놀이치료실에서 치료자와 함께 배운 이러한 기법들을 일상생활에서 활용할 수 있도록 돕는다. 이 단계에서는 치료가 종결된 후에도 재발되지 않도록 아동에게 대처 전략을 가르치도록 계획한다.

대표적인 개입 방법을 행동적 개입과 인지적 개입으로 나누어 살펴보면 다음과 같다.

(1) 행동적 개입

① **모델링** 치료자는 아동에게 적응적인 대처 기술, 사회적 기술, 적응적 사고 기술 및 문제 해결 방법 등을 손인형이나 피규어를 활용해 연기하여 배울 수 있도록 한다. 손인형이나 피규어의 말과 행동은 현재 아동이 경험하고 있는 어려움과 관련되어 있으며, 아동은 이 내용을 살펴보고 모델링함으로써 현재 자신의 어려움을 극복하거나 적응적으로 대처할 수 있게 된다. 모델링은 학령전 아동에게 효과적으로 사용할 수 있으며,

치료자는 발달적으로 적절한 모델이 될 수 있도록 구체적 예시를 사용하여야 한다.

② **이완법** 감정적으로 고조되어 있거나 긴장이 높아졌을 때 사용할 수 있는 방법으로 이완법이 있다. 대표적으로 호흡하기 기법은 다양한 방법으로 응용할 수 있는데, 나비 호흡(나비처럼 훨훨 날아다니는 것을 상상하며 호흡하기), 촛불 호흡(생일 파티에서 케이크의 촛불을 끄는 것을 상상하며 호흡하기), 비눗방울 호흡(비눗방울을 부는 것을 상상하며 호흡하기, 실제로 비눗방울을 천천히 부는 연습을 하며 해볼 수 있다), 숫자 호흡(3을 세면서 숨을 들이마시고 3을 세면서 숨을 내쉬기, 4를 세면서 숨을 들이마시고 4를 세면서 숨을 내쉬기 등으로 변형 가능) 등의 방법이 있다. 깊은 호흡은 정서 조절과 이완에 효과적이며 최근에는 호흡이 뇌의 신경생물학적 변화를 가져온다는 연구 결과도 있다. 호흡하는 동안 자신이 몰두되어 있는 문제에서 거리를 두게 되어 자동적인 반응을 멈추고 적응적인 대처를 할 가능성을 높인다.

▶ **나비 호흡**

▶ 촛불 호흡

▶ 비눗방울 호흡

③ **체계적 둔감화** 체계적 둔감화는 불안, 공포, 외상 등의 문제를 다루는
데 효과적인 방법으로 점진적인 노출을 통해 불안 반응을 감소시키는
행동수정 기법이다. 인간은 불안을 유발하는 자극을 회피하려 들기 때
문에 불안이나 두려움과 같은 문제의 해결이 쉽지 않다. 불안과 이완은
공존할 수 없으므로, 불안을 이완으로 대체한다면 불안은 사라질 수 있
다. 이완법을 함께 활용하는 것이 효과적일 수 있으며, 불안이 올라올
때 이완법(호흡, 근육 이완 기술 등)이나 긍정적 이미지(행복한 장면, 편안
한 장소 등)를 떠올리게 해서 불안이 감소하도록 한다. 학령전 아동이나
학령기 아동에게는 특히 이완하는 활동을 하는 것(호흡이나 근육 이완 활
동)이 효과적이다. 불안, 공포, 외상은 강도에 따라 위계를 나누어 낮은
단계의 자극부터 노출시키는 것(실제적 노출 또는 상상 노출 모두 가능)이
치료에 효과적인데, 아동이 이것을 이해하는 것은 쉽지 않다. 아주 낮은
단계의 자극에 반복적으로 노출되는 것이 두려움 감소에 도움이 되며,
최종적인 불안, 공포, 외상을 극복하는 첫걸음이 된다는 것을 알려주어
야 한다.

▶ **편안한 장소를 떠올리고 상상해보기**

④ **긍정 강화와 조형** 아동이 달성해야 할 세부 목표를 정하고 목표를 달성했을 때 강화물을 제공(긍정 강화)하는 방법으로, 강화물로는 스티커, 칭찬, 간식 등이 있다. 조형은 최종 목표에 도달하기 위해 하위 목표를 위계적으로 세우고 최종 목표에 가까이 갈 수 있도록 돕는 방법이다. 아동에게는 강화토큰(5/10/20개의 스티커를 붙일 수 있는 판)을 사용하면 효과적인데, 이런 방식은 아동의 동기를 강화하고 보상을 체계적으로 제공해줄 수 있기 때문이다. 예를 들어, 화장실 변기 사용을 두려워하는 아이에게 최종 목표는 화장실 변기를 사용하는 것이고, 이 목표를 위한 작은 단계들(변기 그림 보여주기, 변기 장난감 보여주고 다뤄보기, 유아 변기 사용하기, 화장실 변기 조작해보기, 화장실 변기에 앉아보기, 화장실 변기 사용하기)을 나누고 작은 단계에 긍정 강화를 주어 최종 목표로 조형될 수 있도록 한다.

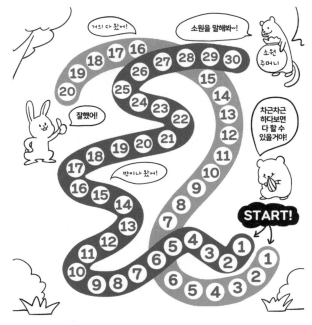

▶ 강화토큰 판 예시

(2) 인지적 개입

① **정서 인식·이해·표현하기** 다양한 스트레스 상황에서 아동이 자신의 정서를 조절하기 위해서는 우선 아동이 자신의 정서를 정확하게 인식하고 이해하는 것이 필요하다. 치료자는 아동이 표현하는 모든 정서를 수용하고 반영해야 하며, 아동이 표현하는 정서를 이해하는 작업을 해나가야 한다. 아동의 경우, 자신이 느끼는 감정이 무엇인지 이해하지 못하거나 분화되지 않은 채 몇 가지 부정적인 정서 단어(짜증난다, 화난다 등)로만 표현하기도 한다. 간단한 정서 단어를 모아놓은 정서 단어 카드나 정서 단어 판을 활용하여 아동의 정서 인식과 이해를 도울 수 있다(「인사이드 아웃」 같은 감정 관련 영화 활용 가능, 8장 '놀이치료사의 태도'의 '한국 초등학생이 자주 사용하는 정서 단어 목록' 활용 가능). 자신이 느낀 정서 단어를 선택하고 어떤 상황에서 이런 정서를 경험하게 되었는지 이야기를 나눔

으로써 정서 이해를 촉진시킨다. 그리고 상황과 연결하여 정서를 이해하게 함으로써 정서 능력을 향상시킬 수 있다. 상황에 따라서 느껴지는 감정 단어를 연결시켜서 왜 그런 감정이 들었는지, 상대방은 어떤 감정일지 등에 대해 이야기를 나누며 정서에 대한 이해를 높인다.

다음으로는 정서를 표현하고 계량하는 과정으로 내가 느낀 정서의 양을 탐색해 본다. 감정온도계는 양에 대한 개념을 이해할 수 있는 학령전 아동이나 학령기 아동에게 유용한데, 기분이 가장 안 좋은 상태를 0점, 가장 좋은 상태를 10점으로 정해서 매일 자신의 기분을 표시하는 것이다. 감정온도계는 다양한 방법으로 응용할 수 있다. 아동이 주로 느끼는 감정(예를 들면, 화남, 슬픔, 외로움 등)을 하나 선택해서 감정온도계에 표시해보게 할 수도 있고, 숫자를 이해하기 힘든 학령전 아동에게는 온도계 숫자를 제시하지 않고 온도계 모양을 제시하여 느껴지는 정도를 표시하게 할 수도 있다. 그 외에도 다양한 형태의 도형(예를 들어, 도너츠 모양의 공간에 현재 느끼는 감정의 양을 표현하는 '감정 도너츠')을 활용하여 아동의 정서를 양적으로 표현하게 할 수도 있다.

▶ **감정온도계**

인생채색기법(O'Connor, 2000)도 아동의 정서 어휘의 인식, 이해 및 표현을 증가시키고 정서를 수량화할 수 있다는 장점이 있다. 아동에게 특정 정서와 색깔을 짝짓도록 가르쳐주거나(빨강-화남, 파랑-슬픔, 검정-큰 슬픔, 초록-질투, 갈색-지루함, 회색-외로움, 노랑-행복, 주황-신남, 흰색-긴장 등) 아동 스스로 자신이 느끼는 감정과 색깔을 연결지어서 자신만의 쌍을 만들게 한 후, 도화지와 크레파스(또는 마커, 물감 등)를 주고 다음과 같이 안내한다. "이 종이를 네가 태어나서 지금까지 살아온 인생이라고 생각해보렴. 네가 인생에서 느꼈던 모든 감정을 이 종이에 색칠하는 거야." 이러한 안내도 다양하게 응용해서 사용할 수 있는데, 인생이라는 말을 이해하기 힘든 학령전 아동에게는 "지금 네 기분"이라고 안내하거나 어떤 사건을 경험한 아동에게는 "그 사건을 경험했을 때 네 기분" 또는 종이를 반으로 나누고 "그 사건을 경험하기 전의 네 기분과 그 사건을 경험한 후의 네 기분"으로 나눠서 표현하게 할 수도 있다. 이러한 정서 인식·이해·표현 작업은 아동의 정서조절에 매우 중요한 작업으로 자신의 정서에 대해 알고 이것을 언어적으로 표현해보는 것만으로도 행동지향적인 표현에서 언어적인 표현으로 전환시켜 줄 수 있으며, 자신의 정서를 이해하면 이후에 조절 방법을 다룰 수 있다.

② **역기능적 사고 확인하기/비합리적 신념 수정하기** 자신의 사고를 확인하고 점검할 수 있도록 돕기 위해 아동에게 만화 그림이나 활동지를 활용하여 자신의 생각을 글로 작성해보게 하고(또는 그림으로 그려보고) 치료자와 확인해본다. 이런 과정을 통해 아동의 역기능적 사고를 기능적 사고로 수정하도록 도울 수 있다. 예를 들면, 분리 불안이 있는 5세 여아는 엄마가 외출한 상황에서 엄마에게 사고가 났다고 생각할 수 있다. 엄마가 늦게 올 때 아이는 어떤 생각을 하는지 그림으로 표현해보게 한다. 엄마에

게 사고가 나는 그림을 그린다면 치료자는 "정말 엄마에게 사고가 난 적이 있었니?"라고 질문한다. 아마 대부분의 경우, 엄마는 사고가 나지 않았을 것이다. 엄마가 왜 늦었었는지 이야기 나누면서 엄마는 자신을 위해 맛있는 것을 사러갔다 오느라 늦었을 수도 있고 차가 막혀서 늦었을 수도 있다고 설명해준다. '만약 엄마가 나를 위해 맛있는 것을 사러 갔다가 늦는다면 어떨까'라고 하면서 그림을 그려보게 한다. 그러면 아이는 엄마가 늦어도 걱정하지 않고 기분 좋게 기다릴 수 있다는 것을 이해할 수 있게 된다. 하지만 이러한 방법은 가설검증이라는 방식을 사용하기 때문에 학령전 아동에게는 인지발달적으로 어려울 수 있다. 따라서 이 접근을 사용할 때는 연령에 맞는 적절한 설명과 방법을 활용해서 이해를 돕도록 해야 한다.

③ **적응적인 자기 진술 개발하기** 부정적인 자기 진술('역기능적 사고 확인하기/비합리적 신념 수정하기'에서 확인한 것도 가능)을 가지고 있거나 중립적인 자기 진술을 가지고 있는 아동에게 적응적이고 긍정적인 자기 진술을 제공하고 익히게 한다. 예를 들면, '나는 약해', '나는 못났어', '아무도 나를 사랑하지 않아'와 같은 부정적인 자기 진술을 '나는 강해', '나는 멋져', '나는 사랑받고 있어'와 같은 긍정적인 자기 진술로 수정해주는 것이다.

④ **독서치료** 아동의 어려움을 대처하는 데 도움이 되는 책을 활용하여 아동이 모델링할 수 있도록 돕는 방법이다. 아동에게 자신과 유사한 어려움을 겪고 있는 주인공의 이야기책을 보여주고, 아동이 경험한 상황을 다른 사람도 경험하고 있음을 이해하게 하고, 주인공이 대처하는 것을 보며 자신도 대처할 수 있다는 생각을 가질 수 있게 한다. 예를 들어,

이혼 가정 아동을 위한 동화로 『엄마 아빠 때문에 힘들어!』[1], 『내 생각은 누가 해줘?』[2], 『따로 따로 행복하게』[3], 『난 이제 누구랑 살지?』[4] 등이 있으며 이러한 동화들은 이혼 가정 아동의 충성심 갈등, 부모 갈등 목격, 함께 하지 못하는 부모에 대한 그리움 등의 복잡한 심리적 어려움에 대해 다루고 있다. 특히 이혼 가정 아동의 경우 공개적으로 이야기하는 것을 힘들어하기 때문에 독서치료 기법을 활용하는 것이 효과적이다. 그 외에도 형제자매 갈등 문제, 편식 문제, 또래와의 갈등 문제 등을 주제로 한 동화도 활용할 수 있다.

4) 종결

치료의 종결은 아동과 치료자 모두에게 매우 중요하면서도 어려운 단계이다. 치료적 목표를 달성하여 종결을 하게 되는 경우가 대부분이지만, 계획하지 않은 종결(조기 종결)에도 치료자는 치료 효과를 통합시키면서 아동과 치료를 마무리할 수 있도록 해야 한다. 치료자는 아동의 발달 단계를 고려해서 종결을 준비해야 한다.

치료자는 이 시기 동안 아동이 종결을 준비할 수 있도록 점차적으로 치료를 줄여나간다. 주 1회의 회기를 하는 경우에는 한 달에 2번(2주일에 한 번)으로 줄였다가 한 달에 한 번으로 줄여서 종결할 수도 있다. 아동과 함께 달력을 만들거나 달력을 활용해서 마지막 치료 회기까지 남은 날짜를 아동에게 상기시켜줄 수 있다.

....

1 샤를로트 갱그라 지음, 이정주 옮김, 어린이작가정신.
2 임사라 지음, 비룡소.
3 배빗 콜 지음, 고정아 옮김, 보림.
4 에밀리 메넨데스-아폰테 지음, 노은정 옮김, 비룡소.

이 단계에서 치료자와 아동은 치료 시작부터 종결 시점에 오기까지 경험했던 것에 대해 정리하는 시간을 가진다. 치료자는 아동이 치료를 시작할 때의 모습과 종결 시점의 모습을 그림으로 표현하게 하여 비교해볼 수 있고, 모래상자를 반으로 나누어 치료 시작 시점의 자신과 현재의 자신을 표현하게 할 수 있다. 이를 통해, 아동은 자신의 긍정적 변화를 확인하고, 어떻게 긍정적 변화가 오게 되었는지에 대해 생각해보고, 치료 종결 후에는 상황을 어떻게 다루어야 할지에 대해 치료자와 이야기 나눈다. 치료자는 아동의 생각, 감정, 행동에서의 변화를 강화하고 놀이치료에서 배운 것을 다른 곳에서도 일반화할 수 있도록 격려한다. 이 외에도 함께 사진을 찍거나, 치료활동에서 의미가 있었던 활동 자료를 정리해서 주거나 사진을 찍어서 주는 것도 유용한데, 의미있는 활동을 계속 기억함으로써 일상생활에서 어려움을 경험할 때 활용할 수 있기 때문이다.

7. 치료 효과 및 가능성

인지치료는 성인을 대상으로 잘 확립되어 있고 경험적으로 지지된 치료 방법이며, 많은 연구를 통해서 확인되었다. 학령전 아동과 학령기 아동을 대상으로 하는 인지행동적 개입 방식은 인지행동치료와 인지행동 놀이치료 두 가지 개입 방식이 혼용되어 사용되기 때문에(인지행동치료에 놀이적 개입을 포함시키는 방식으로) 두 개입 방식을 구분하기는 어렵다. 하지만, 아동을 대상으로 한 인지행동치료에 놀이적 개입을 포함하는 방식까지 확장시킨다면 인지행동 놀이치료의 효과검증은 많은 연구들을 통해 이루어져왔다.

아동을 대상으로 하는 인지행동 놀이치료 개입이 가장 효과적인 주호소 문제로는 대소변 문제, 트라우마, 이혼에 대한 반응, 불안, 두려움 및 공포, 우울, 비순응적 행동, 선택적 함구증 등이 있다(Knell, 2003; Knell & Dasari, 2006; Knell & Moore, 1988; Knell & Moore, 1990). 넬과 무어(Knell & Moore, 1990)는 3세와 5세 남아의 유분증을 치료하기 위해 인지행동 놀이치료를 사용하였으며, 유분증 치료는 성공적이었고 45개월 이후까지 치료효과가 유지되었음을 확인하였다. 이보다 이른 시기에 넬과 무어(Knell & Moore, 1988)는 발모광(모발 뽑기 장애) 아동에게 지시적인 놀이치료 개입의 효과를 검증하기도 하였다. 넬과 다사리(Knell & Dasari, 2006)는 불안과 공포 문제를 가진 5~6세 아동 30명을 대상으로 인지행동 놀이치료를 실시하였는데, 치료적 개입 방법은 인지행동치료의 심리교육, 신체조절(이완), 인지적 재구성, 노출, 재발방지 단계를 기초로 각 단계에 인지행동 놀이개입 방법을 응용하였다. 마이릭과 그린(Myrick & Green, 2012)은 강박장애 아동들에게 인지행동치료에 놀이치료를 통합해 실시하여 효과성을 검증하였다. 이 외에도 인지행동치료(인지행동치료에 놀이적 개입을 포함한 연구들)의 효과검증까지 포함한다면 상당히 많은 연구들을 통해 다양한 아동의 정서행동 문제에 인지행동 놀이치료의 효과성이 지지되어 왔다.

05

게슈탈트 놀이치료

1. 게슈탈트 놀이치료란?

게슈탈트(Gestalt)는 전체, 형태, 모양, 구성 등을 지칭하는 독일어이다. 사회문화적 배경이 다를 경우, 한 나라의 언어가 갖고 있는 의미를 다른 나라 사람들이 정확히 이해하기는 어렵다. 독일어인 게슈탈트의 정확한 의미 역시 다른 언어로는 설명될 수 없다. 따라서 게슈탈트라는 용어는 독일어 그대로 쓰기로 한다. 독일어를 모른 채 게슈탈트를 이해해야 하는 부담에도 불구하고 우리는 게슈탈트 치료를 활용하며 반영하고 전유한다. 그 까닭은 무엇인가? 인간이 불확실성과 모호함을 견딜 수 있기 때문이다. 불확실함과 모호함을 견딜 수 있는 것은 우리 인간이 사는 세계 자체가 불확실하고 모호하기 때문이다. 게슈탈트 치료는 그러한 점에 착안한다.

게슈탈트 놀이치료를 알기 위해서는 그 근거가 되는 게슈탈트의 뜻을 조금 더 알 필요가 있다. 게슈탈트는 전체는 부분의 합보다 크다는 뜻으로, 게슈탈트를 형성한다는 것은 배열과 구성이 어떤 의미에 따라 이루어진다는 것을 뜻한다(Yontef & Jacobs, 2000). 다시 말하면, 주체가 하나의 의미있는 전체로 현상 혹은 대상을 조직화하여 지각하는 형태를 게슈탈트라고 지칭한다. 따라서 게슈탈트는 주체의 지속적인 구성을 강조하는 동적인 개념이다.

다음의 두 그림은 인터넷 검색 사이트에서 게슈탈트라는 키워드를 쳤을 때 많이 볼 수 있는 것들이다. 이 그림에서 무엇이 보이는가? 왼쪽 그림은 노파 혹은 아가씨, 오른쪽 그림은 잔 혹은 마주보는 두 사람이라고 어렵지 않게 답할 수 있을 것이다. 우리는 이 그림에서 이것들을 어떻게 파악하는가? 우리가 노파나 아가씨, 잔이나 마주보고 있는 두 사람이라고 말할 수 있는 이유는 다름 아닌 우리의 게슈탈트 때문이다. 우리의 지각[1]은 사회문화적 배경을 토대로 여인과 할머니를, 잔과 사람에 대한 알아차림(awareness)을 가능하게 한다. 만약 할머니를 본 적이 없다거

▶ **게슈탈트에 따라 지각이 달라지는 그림**

....

1 여기서의 지각(perception)은 인지적인 측면의 인식보다 더 넓은 개념으로, 감각과 감정의 영역까지 포함한다. 전경과 배경이라는 개념 역시 살펴볼 수 있는데, 가령 그림에서 여인이 전경으로 드러나면 할머니는 배경으로 사라지고 할머니가 전경으로 드러나면 여인은 배경으로 사라진다. 전경과 배경은 동시에 드러날 수 없다. 존재하지만 주체가 어떻게 지각하느냐에 따라 순환되고 교차된다.

나 잔이 어떻게 생겼는지를 몰랐다면 이 게슈탈트를 지각하는 것은 불가능했을 것이다.

이렇듯 게슈탈트는 그 대상을 지각하는 장(field)과 맥락이 중시된다. 즉, 어떤 대상이나 현상을 수용하는 존재에게 객관적인 실체나 사실보다는 맥락과 장 속에서 상호작용해온 존재가 그 대상을 어떻게 받아들이고 해석하는 것인지가 더 중요하다. 그런 까닭에 게슈탈트는 그것과 관련된 주체의 관점과 해석에 따라 지속적으로 재구성될 수 있다.

이런 점에 착안해, 프리츠 펄스(Fritz Perls)는 게슈탈트 치료를 창안하였다(Perls et al, 1951). 독일계 유대인 정신과 의사였던 펄스는 한때 정신분석학회에 관여해 활동하였으나 프로이트와의 이견으로 정신분석학회를 떠나 게슈탈트 치료를 창설하게 된다. 게슈탈트 치료는 유기체이론, 장이론, 실존철학, 동양철학, 예술철학, 게슈탈트 심리학, 신체이론 등의 이론은 물론 하이데거의 존재, 부버의 나-너 관계(I-Thou relationship)[2] 등 다양한 사상의 광범위한 영향 속에서 탄생하였다. 펄스는 인간의 정신과 신체를 분리하는 기존 심리치료의 이분법적인 태도를 배격하고 정신과 신체가 통합되어 있어야 함을 강조했다(Yontef & Jacobs, 2000). 전체론적 관점에 의해 행동, 인지, 감정의 총합보다 큰 인간은 독립된 인격체로서 그리고 주체로서 살아가는 것을 중요시하므로 좌뇌에 치우친 논리적 분석을 지양한다.

게슈탈트 치료에서 두드러진 강조점은 '지금-여기'의 현상학인데, 훗설(Husserl, 1997)에 따르면 현상학이란 '의식-대상' 간 상관작용인 지향성을 중시하는 것으로 주체의 의식이 대상과 어떻게 상관작용을 하느냐

....

2   하이데거나 부버 등의 현상학자들은 인간이 세계-내-존재(being-in-the world)로 세계에 피투된 존재임을, 나-너(I-Thou)의 관계를 통한 도구적 연관이 아닌 존재적 진정한 만남을 추구해야 함을 강조한다.

에 따라 부여하는 의미가 달라지고 달라진 의미에 따라 행동하게 된다는 것을 말한다. 구체적으로 말하면, 어릴 적 부모로부터 신체적 학대, 특히 부모의 손찌검을 당하며 살아온 내담자가 있다고 상상해보자. 그 내담자는 누군가가 그 앞에서 손을 높이 드는 행위만으로도 공포를 느낄 수 있다. 왜냐하면 그에게 높이 드는 부모의 손은 구타로 이어졌고 그의 의식과 대상 간의 상관작용에서 그는 그 상황을 '폭력'으로 의미화했기 때문이다. 폭력을 피할 길은 도망 혹은 회피하거나 혹은 감각으로부터 몸을 분리하거나 투쟁하여 싸우는 것이었을 것이다. 그런 폭력과 상관없이 높이 손을 든 타인의 모습이 그 내담자에게는 달리 해석되기 쉽지 않을 수 있다. 그러므로 내담자가 '지금-여기'에서 실존적으로 그 상황을 재구성하는 일이 게슈탈트에서는 중요하다. 게슈탈트 치료를 통해 내담자는 말로 설명되는 것이 아니라 체험을 통해 이해되어야 한다.

바이올렛 오클랜더(Violet Oaklander)[3]는 게슈탈트 치료를 놀이치료로 승화시킨 학자이자 임상가이다. 오클랜더는 관계, 유기체의 자기조절, 접촉경계장애, 공격적 에너지 등과 같은 게슈탈트 치료의 핵심내용을 놀이치료에 접목시켜 많은 아동, 청소년에게 도움을 주었다(Oaklander, 1992). 2021년, 94세의 나이로 작고한 오클랜더는 임상심리학 박사로서 가족 및 아동상담, 특수교육 등을 전공하고 현장에서 아동, 청소년 및 가족의 변화에 힘썼다. 오클랜더는 게슈탈트 치료이론, 철학, 다양한 투사적 기법을 실제에 활용하여 아동과 청소년을 위한 게슈탈트 치료를 창설하여 국제적 명성을 얻었으며 정신건강분야에 끼친 공헌을 인정

....

3 캘리포니아에서 게슈탈트 놀이치료를 교육하고 치료사를 양성해 온 오클랜더의 정신은 현재 캐롤 (Carroll)에 의해 전승되고 있다(www.westcoastinstitute.us).

받아 미국놀이치료협회(Association for Play Therapy; APT)로부터 평생
공로상(lifetime achievement award)을 수여하기도 했다(www.a4pt.org).
 게슈탈트 놀이치료는 게슈탈트의 원칙과 기법을 활용한 심리치료적
접근으로서 치료적 관계를 기반으로 나-너 관계의 존중 속에서 현상학
적 관점을 통해 아동의 자기감을 통합하고 성장하는 것을 목표로 한다
(www.westcoastinstitute.us).

2. 이론적 배경

게슈탈트 놀이치료는 게슈탈트 치료의 이론을 배경으로 한다. 전체는 부
분의 합보다 크다는 게슈탈트의 정신은 수많은 이론과 관점의 시너지효
과가 게슈탈트 놀이치료로 통합되면서 더 두드러지게 나타난다. 게슈탈
트 치료 및 게슈탈트 놀이치료의 이론들을 간략하게 살펴보기로 하자
(Blom, 2006; Wheeler & Axelsson, 2015).

1) 유기체의 자기조절과 게슈탈트 형성

인간은 유기체(organism)다. 유기체란 형태적, 기능적으로 분화된 부분
을 갖고 있으면서도 부분과 전체 사이 밀접한 관련 속에서 하나의 정비
된 통일체를 이룬 생물을 뜻한다(이희승, 1990). 게슈탈트 놀이치료에서
는 유기체가 항상성을 위해 하는 자기조절이 자기내부 및 외부환경에서
비롯된 유기체의 욕구를 충족하는 방식이라고 본다.

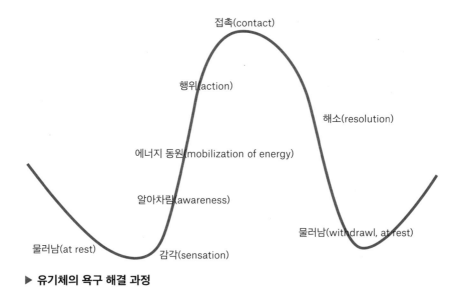

접촉(contact)

행위(action)

해소(resolution)

에너지 동원(mobilization of energy)

알아차림(awareness)

물러남(withdrawl, at rest)

물러남(at rest)

감각(sensation)

▶ **유기체의 욕구 해결 과정**

위 그림은 인간이라는 유기체가 내적, 외적 환경에서 야기된 욕구를 해결하는 과정을 나타낸 것이다. 예를 들어 생각해보자.

> 내 배에서 갑자기 꼬르륵 소리가 난다. 나는 그 소리를 듣고 내가 배가 고프다는 것, 뭔가가 먹고 싶다는 것을 알아차린다. 나는 자리에서 일어나 뭔가 먹을 것이 있는지를 찾기 시작한다. 장에서 라면이 보이고 나는 라면을 먹기로 결심하고 물을 끓이고 파를 썰고 계란을 깨뜨려 라면이라는 음식을 만든다. 라면이 완성되자 나는 라면을 맛있게 먹는다. 내가 끓였지만 라면이 참 맛있다. 라면을 먹고 나니 배가 든든하고 편안해진다.

위 예시의 나는 '꼬르륵'이라는 소리(sensation)를 통해, 즉 감각을 통해 내가 배가 고프다는 것을 알아차린다(awareness). 뭔가를 먹기 위해 찾아 나선(mobilization of energy) 나는 라면을 끓이기로 결심하고 라면을 끓이기 위한 갖가지 행동을 하게 된다(action). 라면을 맛있게 먹기 시작한 나는 점점 배고픔의 욕구를 채워나간다(contact). 배고픔이 해소되자 비로소 편안해진다(resolution, withdrawl). 이러한 유기체의 자기조절과정은 게슈탈트 형성과 해체과정으로도 볼 수 있다.

욕구가 충족되지 못하면 그 욕구는 '미해결된 과제'로 남게 된다. 만약 '꼬르륵'이라는 소리를 듣고 배가 고프다고 알아차리지 못하고 배가 아프다고 생각했다면 그다음의 행동은 달라졌을 것이다. 음식을 먹는 대신 약을 먹었을 수도 있고 약을 먹기보다 굶었을 수도 있다. 유기체가 필요로 한 욕구의 충족은 미해결과제가 되어 해결해야 할 숙제로 남게 된다. 그런데 인간은 미해결된 과제를 완결하기 위해 욕구충족에 매달린다. 당연히 다른 과제나 상호작용에 어려움을 야기할 수밖에 없다. 그런 어려움은 정서, 행동, 인지, 대인관계의 장애요소가 된다. 오클랜더에 따르면(Oaklander, 1992), 만약 아동이 화를 적절히 표현하지 못하도록 통제받았다면 아동은 화를 억압 혹은 억제해 왔을 것이다. 그런 욕구가 해소되지 못하자 아이에게 화의 표출은 미해결과제가 되어 왔을 것이기 때문에 유기체인 아동은 그 미해결된 과제를 해결하고자 다른 방식으로 표출을 할 것이다. 그렇기 때문에 아동은 두통, 복통과 같은 신체적 증상들을 일으킬 수 있다. 따라서 게슈탈트 놀이치료에서는 유기체인 아동이 파편화되지 않고 살아가도록 자신의 욕구를 온전히 알아차리도록 도와야 한다(Oaklander, 1992).

2) 접촉과 접촉경계장애

접촉(contact)은 "지금-여기에서, 순간순간 드러나는 것과 만나는 것"이다(Yontef & Jacobs, 2000). 건강한 접촉은 자신에 대한 감각, 알아차림을 통해 신체를 적절히 사용하고 감정을 건강한 방식으로 표현하고 지적능력을 활용함으로써 환경과 만나는 능력이다(Oaklander, 1999). 따라서 아동이 건강하게 살기 위해서는 접촉이 반드시 필요하다. 하지만 접촉하지 못하도록, 아동이 환경과 만나지 못하도록 장애를 일으키는 요소들이 있다. 그것을 게슈탈트 놀이치료에서는 접촉경계장애(contact boundary disturbances)라고 하는데 생존을 위해 감각, 신체, 감정, 지적 능력을 방해하고 차단하고 억제하며 제한하는 것들이 접촉경계장애가 되어 유기체의 자연스러운 자기조절과정, 즉 자연스러운 게슈탈트 생성과 해체를 중단시킨다고 우려하였다(Oaklander, 1994). 아동에게 나타나는 접촉경계장애의 종류는 다음과 같다.

내사(introjection) 내사는 아동이라는 주체가 외부로부터 주어진 것을 소화하거나 처리하지 못한 채 무조건적으로 수용하는 경우에 발생한다. 내사는 타인의 생각, 태도, 신념, 행동 등을 제 것인 양 삼켜버리는 것으로 차근차근 씹어 소화시키지 못 했으므로 온전히 제 것이 되지 못한 상태로 남아있다. 타인의 것을 제 것인 것처럼 받아들이므로 내사된 아동은 자신이 어떤 상태인지, 무슨 감각을 느끼는지도 알아차리지도 못할 수 있다. 경계를 두고 타인의 것을 소화하면서 제 것으로 받아들여야 아동은 건강할 수 있다. 내사는 부모의 신념, 행동, 가치, 생각 등을 아동이 무조건적으로 따르도록 하는 것에서 비롯된다. 가령 우는 것이 나쁜 일이라고 부모로부터 배워 온 아동은 슬플 때에도 자신의 감정을 표현하지 않고 참아버린다. 그런 아동은 자신의 슬픔을 적절히 표현할 수 없게 자라고 만다. 게슈탈트 놀이치료에서는 아동의 최적의 기능을 방해하는 내사를 확인하여 무조건적으로 동일시하지 않도록 돕는다(Blom, 2006).

투사(projection) 투사는 주체가 자기의 일부를 외부로 던져버리는 것을 뜻한다. 주체가 자신의 부족함을 받아들이거나 책임지기 어려워 무의식적으로 자신의 일부를 던져 외부의 것으로 책임을 떠넘긴다. 약한 자아를 가진 아동은 자신의 어려움을 외부 탓으로 돌리는 것을 흔히 볼 수 있다. 가령 길에서 넘어진 어린 아동이 길바닥을 때리면서 "떼찌떼찌"하고 운다면, 그 아동은 자신이 걸음을 잘 걷지 못했기 때문에 넘어졌다는 자기 행위의 책임을 지지 못 하고 길이 이상하고 잘못해서 자신을 넘어지게 했다고 투사를 하고 있는 것으로 해석할 수 있다. 미성숙한 자아가 온전히 자신의 행동에 책임을 지지 못 하고 외부 탓으로 그 책임을 돌리는 투사의 전형적 모습이다. 재미있게도 게슈탈트 놀이치료에서는 투사를 중요한 치료적 기법으로 삼는다(Oaklander, 1978). 즉 '외부로 던진 것(projecting)'을 다시 가져와 '자기 것으로 삼으면서(owning)' 아동이 건강한 주체로 거듭나도록 돕는다. 외부로 던진 자신의 미성숙함을 자기 것으로 온전히 가져와 스스로에게 이해시켜 주면서 미해결된 과제를 성숙하게 완결하는 것은 게슈탈트에서 중요하게 여기는 치료적 과정이다.

둔감화(desensitization) 둔감화는 주체가 자신의 신체적 감각을 제대로 느끼지 못하는 것이다. 이를테면, 배가 고플 때 나는 꼬르륵 소리를 듣지 못하거나 혹한 속에 옷을 얇게 입고 있어도 추위를 느끼지 못하는 경우를 예로 들 수 있다. 학대받고 자란 아이들이 자신을 보호하기 위해 감각을 분리하는 해리 현상을 일종의 둔감화로 볼 수 있다. 그런데 감각을 제대로 알아차리지 못하면 접촉(contact)은 절대 일어날 수 없다. 따라서 게슈탈트 놀이치료에서는 아동이 무엇을 느끼는지, 즉 시각, 청각, 촉각, 후각, 미각 등의 감각을 일깨워 그것을 알아차리도록 하는 것을 중요시한다.

융합(confusion) 융합은 경계가 없이 서로 뒤섞인 상태다. 주체와 타자의 경계가 없기 때문에 내가 남인지, 남이 나인지 잘 알아채지 못한다. 당연히 자기감(sense of self)이 빈약하다. 아동은 스스로 결정하고 책임질 수 있는 힘을 상실한다. 부모는 아동의 자율성과 개별화를 인정하지 않고 자신이 시키는 대로만 아동이 행동하도록 종용한다. 그렇게 자란 아이는 꼭두각시처럼 부모의 기대대로 하면서 자신이 누구인지, 무엇을 좋아하며 싫어하는지도 잘 알아차리지 못하게 된다. 부모의 집착과 강요에 물들어 자란 아동이 그 대표적인 예다. 외부와 자신 사이에 경계를 확인하지 못한 채 자란 아동은 융합된 외부로부터 자신의 경계를 구분지어 나감으로써 주체로서의 자신의 힘을 확인할 수 있다. 게슈탈트 놀이치료에서는 아동이 '공격적 에너지를 표출'하면서 자신의 경계를 구분 지을 수 있도록 타인과의 경계를 건강한 방식으로 만들도록 돕고 있다.

반전(retroflection) 반전은 타인이 자신에게 해주기를 바라는 것을 스스로에게 하는 것을 말한다. 당연히 외부로 향해야 할 것들이 방향을 바꿔 자신에게 향하니 건강한 접촉이 일어날 기회를 차단한다. 미해결과제로 남은 욕구는 해소를 위해 지속적으로 그 욕구를 불러일으키지만 반전으로 인해 해소되기 어려워진다. 그런 까닭에 반전은 '신체화 증상'을 많이 야기하기도 한다. 남에게 화가 난 아동이 자신을 때리는 행동을 하는 경우가 있는데 그것이 반전의 한 예이다. 게슈탈트 놀이치료에서는 아동이 감정을 적절히 표현하고 다룰 수 있도록 놀이의 다양한 방식을 활용한다.

편향(deflection) 편향은 접촉을 하러 가다가 방향을 틀어 접촉을 방해하는 것을 지칭한다. 직면하지 못하고 이야기의 주제를 바꾸거나 눈맞춤을 하지 못하는 것 등이 그 예가 된다. 지지받지 못하는 상황이라고 느낄 때 그 상황을 모면하기 위해서 주체가 사용하는 일종의 전략이다. 게슈탈트 놀이치료에서는 아동이 그 상황이나 감각, 감정을 회피하려고 할 때, 지지적인 분위기 속에서 그 감정과 감각에 '머물러(stay) 보도록' 요청함으로 아동의 편향을 줄이려고 한다.

3. 특징

게슈탈트 놀이치료는 다른 치료법과 구분되는 독특한 특성을 지닌다. 그 중에서도 특히 4가지의 특성을 살펴봄으로써 게슈탈트 놀이치료가 아동의 변화에 긍정적일 수밖에 없는 이유를 유추해볼 수 있다.

1) '나-너의 관계'에 기반한 치료적 관계

부버(Buber, 2018)는 인간 간의 관계를 '나-너(I-Thou)'와 '나-그것(I-It)' 간의 관계로 규정하고 나라는 인간이 그것과 맺는 도구적, 기능적 관계에서 벗어나서 '나-너의 관계(I-Thou relationship)'로 나아가야 한다고 강조한다. 그리고 '나-너의 관계'를 타인을 존중하고 경외하는 치료적 관계(therapeutic relationship)라고 규정한다. 아동이 겪은 실존적 체험을 치료자가 모르는 것은 당연하다. 치료자가 아동기를 지나 성장한 성인이라고 해서 아동의 생활세계의 체험을 전부 알 수는 없는 일이다. 이를테면, 치료자가 학대를 받은 적이 없다면 학대를 받고 자란 아동의 실존적 체험을 이해하는 것은 더더욱 어렵다. 머리로, 이론으로, 관념적으로는 알 수 있고 설명할 수 있을지 몰라도 그 아동이 느낀 아픔, 외로움, 무서움 등을 일일이 공감하고 이해하는 것은 불가능하다. 따라서 아동을 함부로 평가하지 않고 그 아동의 체험을 '있는 그대로' 수용하는 것이 게슈탈트 놀이치료에서 굉장히 중요하다. 이러한 치료자의 노력은 아동에게 신뢰를 불러일으키고 치료적 관계를 맺는 데 기여하여 아동의 긍정적 변화를 가져오는 데 큰 기반이 된다.

2) '지금-여기'의 현상학적 관점

게슈탈트 놀이치료는 '지금-여기(now-here)'를 중시한다. 엄밀히 말하면, '지금-여기'의 현상학적 관점(phenomenological perspective)을 기초로 아동과 상담한다. 현상학에 따르면, 인간은 '의식(noesis)-대상(noema)' 간 상관작용인 '지향성(intention)'에 따라 상황을 의미화하고 그 의미에 따라 행위한다(Husserl, 1997). 따라서 주체가 어떻게 대상을 바라보고 지각하며 의미화하는지에 따라 각 주체가 하는 행위는 다 다를 수 있다. 가령, 소리에 지나치게 민감한 아동은 조금만 큰 소리가 나도 불안이 높아져 자신을 보호하기 위한 방어적 수단을 쓸 수 있다. 앞에서도 언급했듯이 학대라는 트라우마를 경험한 아동 역시 누군가 손을 높이 올리는 행동을 보면 갑자기 자신이 맞았던 기억이 되살아나 과도한 불안에 휩싸여 싸우려 하거나 그 자리에서 도망가려는 반응(fight or flight)을 할 수도 있다. 이렇게 한 개인의 행동은 그 주체가 체험해 온 실존적 상황과 주관적 해석에서 벗어나지 않는다. 그러므로 '누가 봐도 똑같은' 객관적 상황은 상담, 놀이치료에서 존재할 수 없다. 각기 생김새가 다른 것처럼 아동이 겪은 체험(lived experience)[4] 역시 모두 다르다. 각 개인의 상황, 즉 아동의 상황을 이해하고 그것에 기초해 아동에 맞는 접근을 하는 것이 놀이치료에서 중요하다.

특히 게슈탈트 놀이치료에서는 지속적으로 떠오르는 미해결된 과제의 해소를 위해 문제를 '지금-여기'로 가져와 현재화하는 것이 필요하다. 인과관계를 따져 어려움의 근원을 분석하여 그 이유를 파악하는 데 그치지 않고 다양한 기법을 활용하여 드러난 현상을 현재화해서 충족되지 않은 미해결된 욕구를 '지금-여기'에서 접촉한다. 아동의 신체적 감각, 감정, 언어 등으로 드러나는 알아차림을 통해 아동은 자신이 누구인지를 점차 확인해 갈 수 있다. 그러한 교정적 체험의 과정을 거쳐 아동은 자신의 미해결된 과제의 욕구를 충족시킬 수 있다.

3) 양극성

인간의 성격은 상당 부분 양극적인 면으로 구성되어 있다. 아들러(Adler)의 주장처럼 열등감이 있는 사람은 우월감을 추구하며 생활한다(Crenshaw & Stewart, 2018). 일상에서 나타나는 많은 갈등과 어려움은 한 개인이 양극성(polarity)을 모두 가지고 있음을 인정하지 않을 때 발생한다. 인간이라는 존재는 이분법적 양극에 치우친 좋은 면과 나쁜 면을 갖고 있기 때문에 클라인(Klein, 1932)의 조언처럼, 좋은 면과 나쁜 면이 모두 '나'를 구성하는 것임을 수용할 때 인간은 비로소 성숙해질 수 있

---

4   체험(lived experience)은 경험(experience)과 다르다(Van Manen, 1990). 체험은 실존적인 측면이 강하기 때문에 시간, 공간, 관계, 몸이라는 실존체가 어떻게 지각하느냐와 관련되는 반면, 경험은 객관적으로 수치화해서 설명할 수 있다. 안(under)에 선(stand) 이해(understand)와 밖(ex)에 선(plain/어원은 stand) 설명(explain)은 판이하게 다르다(조용환, 2021). 이해는 수치화, 객관화해서 이야기될 수 없고 설명은 수치화, 객관화로 이야기될 수 있다. 만약 누군가 "설악산에 가 본 적이 있느냐?"라는 질문을 한다면, 그 질문에 대한 한 주체의 체험은 그 주체가 그 시공간, 관계, 몸을 어떻게 지각하였는지를 드러내는 데 있다. 반면 "설악산에 가 본 적이 있느냐?"라는 질문을 경험적으로 받아들인다면, 그 질문은 "있다/없다"로 대답할 수 있다. 즉 수치화되므로 측정과 설명이 가능하다.

다. 양극성의 측면을 모두 한 주체가 가지고 있다는 것이 인정되면, 그 주체는 좀 더 세상과 자신을 편안하게 받아들일 수 있다.

게슈탈트 놀이치료에서는 아동이 가진 양극성의 측면은 모두 타당하며 조화롭게 통합하는 일이 필요하다고 본다. 이 때문에 치료에서는 우선적으로 아동 자신이 가진 양극성의 측면을 아동이 알아차리고 받아들여 통합하도록 치료자가 도와야 한다.

4) 공격적 에너지

공격적 에너지(aggressive energy)는 크게 두 가지로 살펴볼 수 있다. 하나는 아동이 타인과 경계를 지을 때 드러나는 모습이고, 다른 하나는 아동이 저항할 때 표출되는 양상이다.

접촉경계혼란은 타인(타자)과 자신이 다르다는 것을 알아차리거나 받아들이지 못 할 때 발생한다. 특히 융합되고 반전된 아동의 경우, 그 아동에게 타인과 자신 간의 경계는 필요하다. 타인이 자신이 아님을 구분 짓기 위해서는 적절한 공격적 에너지의 발산과 표출이 요구된다. 게슈탈트 놀이치료에서는 주체인 아동이 유기체로서의 건강한 접촉을 할 수 있도록 돕기 위해 아동으로 하여금 적절한 공격적 에너지를 사용할 수 있도록 돕는다. 적절한 경계 내에서 아동은 자신의 자기다움을 확인할 수 있게 되고 융합된 타인과의 관계에서 자신이 타인과 다름을 알아차리게 된다. 안전하고 확고한 경계 내에서 아동은 비로소 자신의 감정, 생각, 행동에 대해 주체로서 스스로 책임을 지는 것을 배워 나가게 된다.

때로 아동은 공격적 에너지를 저항하는 데에 쓰기도 한다. 저항은 아동이 안전감을 느낄 때까지 자신을 보호하기 위해 사용하는 방어 방식이기 때문에(Booth & Jernberg, 2011), 게슈탈트 놀이치료에서는 아동이 안전감을 느끼도록 치료자가 돕는 것이 중요하다. 공격적 에너지를 통해 아동은 자신이 얼마나 힘이 있는지, 타인이 얼마나 자신을 '있는 그대로' 수용하는지, 자신이 고분고분 말을 듣지 않아도 자신의 옆에서 견뎌주는지 등을 확인하고 신뢰를 쌓아가는 중요한 기회를 만들어 가야 한다.

4. 치료목표

게슈탈트 놀이치료는 크게 세 가지 목표를 가진다. 자기지지, 알아차림, 통합이다.

1) 자기지지(self-support)

주체는 유기체로서 외부와 내부의 자극을 잘 다룸으로써 접촉을 완수해 욕구를 충족하고 게슈탈트를 자연스럽게 형성하면서 살아가야 한다. 게슈탈트 놀이치료에서는 아동이 한 주체로서 이러한 일련의 과정을 잘 이룰 수 있도록 돕는 것을 중요하게 생각한다. 안타깝게도 놀이치료를 하러 오는 많은 아동은 접촉경계혼란을 보이면서 게슈탈트의 생성과 소멸을 자연스럽게 이루지 못 한 채 살아가는 경우가 많다. 따라서 치료자는 아동이 최적의 접촉을 이루고 주체로서의 책임을 지는 건강한 사람으로 성장할 수 있도록 도와야 한다. 그런 맥락에서 아동은 스스로를 지지할 수 있어야 한다.

접촉경계혼란과 관련하여 아동에게 드러나는 주요 감정은 수치심(shame)이다(Carroll, 2016). 수치심은 아동에게 절망적 공포를 일으키고 자신을 쓸모없는 존재라고 느끼게 만든다. 즉 아동이 자신의 가치를 폄훼함은 물론 세상을 살아갈 힘을 상실하도록 한다. 따라서 수치심이 가득한 아동은 유기체로서 게슈탈트를 잘 형성할 수도, 최적의 접촉을 이룰 수도 없다. 자신이 누구인지, 왜 사는지 알거나 느끼지 못한 채 타인의 평가에 매여 무의미한 삶을, 타자의 시선을 추종하는 삶을 산다. 이런 아동에게 자기지지(self-support)는 무척 중요하다.

자기지지는 자기에 대해 아는 것을 기초로 자신을 수용하는 것을 포함한다(Yontef, 1993). 따라서 게슈탈트 놀이치료에서는 자신이 무엇을 좋아하는지, 자신이 어떠할 때 살아있다고 느끼는지(being alive) 등 자신에 대해 알아가도록 시도한다. 그리고 그런 자신을 '있는 그대로' 수용하는 것을 중요시한다. 게슈탈트 놀이치료에서는 아동 스스로 자기지지를 할 수 있는 주체로 성장하는 것을 목표로 삼는다.

2) 알아차림(awareness)

알아차림은 유기체가 접촉을 위해 감각을 지각하고 해석하는 존재론적인 과정이다. 알아차림이란 자기라는 존재와 접촉할 수 있는 능력이며 자기의 내부와 외부에서 무슨 일이 일어나는지를 아는 능력이고 또한 그것들을 연결하는 능력임은 물론 자신이 무엇을 감각하고 느끼며 생각하고 반응해야 하는지를 아는 능력이다(Perls et al., 1951). 알아차림이 없으면 유기체는 접촉할 수 없다. 충족되지 못한 욕구는 미해결된 과제로 남아 충족을 위해 끊임없이 전경으로 나오므로 아동이 생활하는 일상에서 어려움을 야기한다.

게슈탈트 놀이치료에서 아동의 알아차림을 증진시킨다는 뜻은 아동이 자기 자신과의 감각적, 감정적, 인지적 접촉을 확장하는 것뿐만 아니라 타인, 환경과의 접촉을 통해 자신을 수용하고 자신의 선택에 대한 책임을 지는 주체적 존재로서 성장하는 것을 의미한다(Blom, 2006). 즉 자기의 존재를 긍정적 지향으로 열어 밝히는 것이라고 할 수 있다.

3) 통합(integration)

유기체인 아동은 미해결된 과제를 해결하고자 노력하는 과정에서 통합을 추구한다. 아동은 게슈탈트 놀이치료를 통해 몸, 뇌, 감각, 인지, 감정과 정서, 사고 등의 통합을 지향할 수 있다. 알아차림을 통해 아동은 자신을 이해하게 되고 알아차림을 바탕으로 전체적인 자기로 통합하려는 힘을 얻게 된다. 전체적인 자기, 주체를 점차 알아차려 가면서 아동은 자신을 좀 더 건강한 존재로 통합하며 세계를 살아갈 힘을 얻게 된다.

5. 방법

게슈탈트 놀이치료는 게슈탈트 치료의 정신과 일맥상통한다. 게슈탈트 치료에서 강조하듯 전체는 부분의 합보다 크기 때문에 게슈탈트 놀이치료에서도 정형화된 조합의 합보다 그 이상의 시너지를 갖는다. 그 의미는 주체-주체가 갖는 '존재적 힘에 대한 믿음'에서 비롯된다고 봐도 좋을 것이다. 시너지는 아동과의 치료적 동맹관계를 형성하는 것에서부터 야기된다.

1) 치료적 동맹관계

아동과 치료적 동맹을 맺는 것은 부버의 나-너 관계(I-Thou relationship)
가 기초가 되어야 한다. 치료사는 아동이 어리다고 얕잡아보거나 아동이
많이 배우지 않았다고 무시해서는 안 된다. 치료사는 아동이 살아온 세
계를 모를 뿐만 아니라 아동은 자신의 세월을 오롯이 몸으로 살아낸, 존
중받아야 할 존재이기 때문이다. 수단이나 기능으로 전락하지 않고 존재
로 아동을 수용해야 하는 까닭이다. 이런 태도를 지닌 치료사는 아동을
존중하게 되고 아동의 세계에 더 귀를 기울이고 열린 마음으로 아동을
바라보게 된다. 즉 아동이 가진 문제에 초점을 두기보다 아동이 보이는
소위 문제행동의 맥락을 아동의 관점에서 이해하려 노력하게 된다.

2) 게슈탈트 놀이치료의 방법

게슈탈트 치료에 놀이적 요소를 더하여 아동과 청소년을 위한 게슈탈트
놀이치료를 창설한 오클랜더에 따르면, 게슈탈트 놀이치료의 목표는 알
아차림, 통합, 자기지지를 이루는 것이기 때문에 치료사는 아동, 청소년
이 자신에 대해 알아차리고 통합하며 자기를 지지할 수 있는 힘을 갖는
데 초점을 두고 접근해야 한다. 이러한 목표를 위해 게슈탈트 놀이치료
에서 많이 활용하는 대표적인 방법들을 소개하고자 한다.

(1) 공격적 에너지 표출 놀이
욕구를 충족하기 위해 행동으로 옮기는 과정에는 많은 에너지가 필요하
다(Oaklander, 1994). 에너지는 아동이 감정을 표현하고 행동화하는 데
자기지지가 되기도 한다(Blom, 2006). 에너지가 적절히 사용되지 않으

면 접촉경계장애를 일으킬 수 있기 때문에 게슈탈트 놀이치료에서는 아동의 공격적 에너지를 적절하게 표출하도록 돕는 것이 중요하다. 공격적 에너지를 표출하는 대표적인 놀이로 풍선치기 혹은 찰흙(점토) 부수기 등을 들 수 있다. 이런 놀이를 할 때 치료사는 특별히 안전한 환경을 조성해야 한다. 아동의 신체, 심리가 모두 치료사의 구조 속에서 다치거나 상하는 일이 없도록 치료사는 신경을 써야 한다. 이를 위해 적절한 제한설정도 필요하다. 캐롤(Carroll, 2016)이 자주 활용하는 게슈탈트 놀이치료의 방법을 알아보기로 하자.

풍선치기

- 치료사와 아동이 적당한 크기(작은 쿠션 크기)로 분 풍선을 마주보고 나란히 선다.
- 얼굴을 치거나 상대를 해하는 행동을 하지 않도록 아동에게 알려준다.
- 둘은 치료사의 구령에 맞춰 펜싱이나 유도 등의 경기를 하듯 서로를 보고 인사를 한다.
- 풍선을 한 손에 잡고 서로에게 다가가 상대방의 풍선을 치며 상대방의 풍선을 떨어뜨리거나 풍선끼리 부딪히도록 열심히 풍선치기를 한다.
- 치료사가 시간을 조절해 멈춘다.

(2) 투사기법 놀이

게슈탈트 놀이치료는 감각, 감정, 행동의 통합을 통한 뇌의 통합(머리와 몸의 통합)을 지향한다. 더불어 의식과 무의식의 통합 역시 추구한다. 투사는 무의식적 방어기제의 하나로 투사가 심할 때는 접촉경계장애를 불러일으키기도 한다. 따라서 투사를 활용하면 상당한 치료적 효과를 가져올 수 있다(Clarkson, 1989). 여기서 소개할 찰흙 만들기 놀이는 앞서 소개한 공격적 에너지의 표출과 연관지어 치료적으로 활용 가능하다. 분노 같은 감정을 적절한 방식으로 표출하는 데도 사용하지만 무의식적으로 올라오는 자신의 감정을 감각을 통해 접촉하고 투사하고 외부로 투사(projecting)한 것을 다시 자기 것으로 소유(owning)함으로 자기 자신에 대한 알아차림을 향상시킬 수 있다.

찰흙 만들기 놀이

• 치료사는 아동과 함께 찰흙을 만지면서 신체적 감각을 알아차려 본다. 눈을 감고 만져볼 수도 있다. 찰흙을 꼬집고 떼어내며 주먹으로 치고(도구를 활용할 수도 있음) 때리는 등 공격적 에너지를 표출할 수도 있다.
• 에너지가 모인 찰흙을 가지고 아동은 원하는 모양(상징, 동물 등)을 만들 수 있다.
• 치료사는 아동이 만든 모양에 "너에 대해서 말해 볼까? 너는 누구니?"하며 말을 건다. 혹은 아동이 모양이 되어 "나는⋯"이라고 말을 할 수 있게 한다.
• 치료사는 그 모양이 느끼는 외로움, 상황 등을 질문하고 아동이 현실 속에서 구체적으로 느끼고 행동하는 것들과 접촉하도록 돕는다. 아동이 이 상황을 통해 자신을 알아차리도록 치료사는 지지한다.
• 아동이 만든 모양에 스스로 이름을 붙이고 투사한 것들을 소유할 수 있도록 치료사는 아동과 함께 있다.

6. 치료의 가능성

게슈탈트 놀이치료는 창의적, 투사적, 행위적인 기법을 통해 아동의 의식, 무의식을 통합하고 몸과 마음을 통합하며 건강한 자기를 구체적으로 재구성해가는 존재론적 심리치료이다. 치료사의 열린 마음과 전체론적, 현상학적 정신을 지향하려는 태도, 아동의 힘을 믿고 존중하는 태도로부터 그 치료적 효과는 출현한다.

　게슈탈트 놀이치료는 어린 아동부터 청소년에 이르기까지 다양한 방법을 통해 활용할 수 있기 때문에 많은 아동, 청소년에게 도움이 될 수 있다. 재료 역시 다양하게 활용할 수 있어 미술의 여러 도구들(그림, 찰흙, 콜라주, 다양한 감각적 물질), 음악적 자료는 물론 내러티브 등의 말로 하는 이야기를 통해서도 게슈탈트 놀이치료가 가능하다. 게슈탈트 놀이치료에서 전체는 부분의 합보다 크기 때문에 놀이치료 각 요소들의 합 이상으로 치료사가 '나-너'의 대화적 관계를 기본으로 아동을 존중하면서 아동의 알아차림과 통합, 자기지지를 증진시키도록 도울 수 있다. 게슈탈트 놀이치료는 이론이나 방식에서 모두 열려 있기에 다른 치료기법과 통합적으로 활용되기도 한다. 이를테면, 애착에 어려움을 갖는 아동을 위해서 부모-자녀 간 건강한 관계증진과 내적작동모델의 교정적 체험을 위한 우뇌중심의 치료놀이 접근을 먼저 한 후에, 게슈탈트 놀이치료의 내러티브 작업이나 모래놀이를 통한 투사기법을 적용해서 아동의 건강한 발달을 도모할 수도 있다. 음악이나 미술을 활용한 창의적이고 통합적 접근 역시 아동의 건강한 발달과 행복의 요소가 되는 자기지지, 알아차림, 통합을 지향하는 게슈탈트 놀이치료의 가능성이 될 수 있다.

06

놀이치료실과 놀잇감

놀이치료실은 아동에게 특별한 의미를 갖는 공간으로, 치료 과정 및 효과에 많은 영향을 미칠 수 있다. 아동은 무엇이든 가지고 어디에서나 놀이를 할 수 있지만, 놀이치료실의 설비와 실내 구성, 디자인, 공간배치 등의 물리적 환경과 세심하게 선택된 놀잇감을 통해 아동에게 놀이치료실이 특별한 장소라는 느낌을 전달할 수 있어야 한다. 놀이치료실과 놀잇감은 놀이치료사의 이론적 배경과 치료 기법, 내담 아동의 연령과 문제 특성에 따라 달라질 수 있다. 그러나 기본적으로 놀이치료실은 아동과 치료자 모두에게 안전하고 보호된 공간이어야 하며, 아동에게 허용적이고 따뜻한 느낌을 줄 수 있어야 한다. 또한 "아동만을 위한 특별한 공간, 장소"이며, "여기에 있는 것은 무엇이든지 자유롭게 사용할 수 있어."라는 메시지를 분명히 전달할 수 있어야 한다. 놀이치료실은 아동에게 치유와 성장의 공간이 될 수 있도록 다양한 요인을 고려하여 주의 깊게 구성되어야 한다.

1. 놀이치료실

1) 위치

아동이 놀이에 집중하고 다른 내담자나 직원을 방해하지 않도록 놀이치료실은 독립된 공간에 마련되는 것이 적절하다. 또한 아동의 사생활을 보호하기 위해 방음장치를 설치하는 것이 필요하다. 아동이 소리를 지르거나 놀잇감을 던질 때 발생하는 소음을 줄일 수 있기 때문이다. 다른 한편으로 놀이치료실에서 일어나는 일을 부모나 다른 사람들이 듣는다면 아동은 자신의 프라이버시가 침해되거나 비밀을 들켰다고 생각할 수 있다. 혹은 아동의 놀이에 대해 부모가 질문이나 추궁을 할지도 모른다고 생각하여 불편함을 느낄 수도 있다. 그리고 다른 사람의 소리가 들리면 주의가 분산되어 자신의 놀이에 집중하지 못할 수도 있다. 놀이치료실에서 아동의 사생활이 잘 보호되고, 치료자와 나눈 이야기에 대한 비밀이 유지된다는 확신이 들 때 아동은 자기 자신을 솔직하게 드러낼 수 있다. 놀이치료실은 심리적으로 안전하면서도 비밀이 보장되는 공간이어야 한다.

2) 크기

놀이치료실은 아동이 안전하고 자유롭게 놀이할 수 있을 정도의 크기여야 한다. 아동이 놀이치료실 안에서 자신의 감정과 생각을 편안하고 자유롭게 표현할 수 있는 것이 중요하며, 이러한 분위기를 만들기 위해서 놀이치료실이 너무 좁거나 너무 넓어서는 안 된다. 랜드레스(Landreth,

2015)는 대략 3.5m × 4.5m(15~16㎡)가 놀이치료에 가장 적합한 넓이라고 제안한 바 있다. 이는 2~3명의 아동이 집단놀이치료를 하기에도 적당한 공간이며, 다른 사람의 놀이를 방해하지 않으면서 스스로 활동할 수 있을 정도의 넓이이다. 놀이치료실이 너무 좁으면 답답한 느낌을 줄 수 있고, 너무 넓으면 아동에 대한 통제가 어려울 수 있다. 4~5명의 아동이 집단놀이치료를 하는 경우에는 5.5m × 5.5m(대략 30㎡) 정도의 넓이가 적당하다.

3) 설비

놀이치료실의 설비를 갖출 때 고려해야 할 점들은 다양하지만, 기본적으로 아동을 위해 많은 배려를 한 공간이라는 느낌을 줄 수 있어야 한다.

창문 놀이치료실은 비밀보장이 되어야 한다. 따라서 문이나 벽에 창을 내지 않는 것이 일반적이며, 창이 있는 경우 블라인드나 커튼을 치는 것이 적절하다. 블라인드나 커튼은 아동의 주의가 분산되는 것을 예방하는 효과를 가질 수도 있다.

바닥 바닥은 청소나 교체가 용이하고, 비용이 저렴한 장판이나 매트를 까는 것이 좋다. 이젤이나 모래상자 밑에는 비닐이나 천을 깔아 아동이 더럽히는 것에 대한 불편함이나 불안감을 감소시키고, 깨끗하게 놀아야 한다는 부담감을 덜어준다.

벽 벽은 바닥과 마찬가지로 쉽게 닦이는 벽지로 도배하거나 적당한 칠을 하는 것이 좋다. 가급적이면 밝고 따뜻한 느낌을 주는 색으로 하고,

지나치게 자극적이거나 어두운 색은 피하는 게 좋다.

싱크대 놀이치료실에는 물을 사용할 수 있는 싱크대가 있는 것이 좋다. 주의할 점은 안전을 위해 뜨거운 물은 나오지 않게 하고 차가운 물만 나오도록 해야 한다는 것이다. 또한, 차가운 물도 미리 밸브를 반쯤 잠가 두어 많은 양의 물이 갑자기 밖으로 튀지 않도록 하는 것이 좋다. 이러한 배려를 통해 치료자는 아동에게 더욱 허용적일 수 있다.

선반 놀이치료실에는 놀잇감을 넣어둘 수 있는 선반이나 수납장이 구비되어 있어야 한다. 선반의 위치는 아동의 신체 발달을 고려하여 낮게 만드는 것이 바람직한데, 선반이 높으면 놀잇감을 꺼내기 위해 오르다가 위험한 상황이 발생할 수 있기 때문이다. 치료자의 도움 없이도 놀잇감을 꺼낼 수 있게 하기 위해서는 대략 최고 1m 정도까지가 적당하다. 선반은 튼튼하게 제작하여야 하고 넘어지지 않도록 주의해서 설치해야 한다. 보통 선반에는 문을 달지 않고 개방형으로 배치하여 아동이 놀잇감을 자유롭게 탐색하고 선택하게 한다. 놀잇감은 일관성 있고 조직적으로 정리하여 어디에 무엇이 있는지 아동이 잘 알 수 있도록 배치하여야 한다.

기본 가구류 놀이치료실에는 아동용 책상과 의자, 성인용 의자가 준비되어 있어야 한다. 또한 나이 든 아동이 주로 사용하는 보드게임이나 치료자의 개인적인 물건을 보관하기 위해 문이 달린 수납장을 놓을 수 있는데, 어린 아동의 손이 닿지 않도록 선반 위쪽에 배치하는 것이 좋다. 놀이치료실의 가구는 튼튼한 목재나 단단한 재질로 만들어진 것이 바람직하다.

일방경 경제적인 여건이 되는 경우 일방경(one-way mirror)을 설치하면 좋다. 녹화시설을 갖추고 있으면 슈퍼비전과 놀이치료사 훈련, 부모교육이나 가족치료적 접근을 할 때 유용하다. 다만, 치료 회기를 녹화하는 경우에는 반드시 부모와 아동에게 사전동의를 구해야 한다.

▶ 놀이치료실 예시

2. 놀잇감

놀이치료에서 놀잇감은 아동의 단어와 같고, 놀이는 아동의 언어이자 자기표현의 수단이다(Landreth, 2015). 따라서 아동에게 어휘에 해당하는 다양한 놀잇감을 준비하여 제공하는 것은 중요한 의미를 갖는다. 놀잇감은 아동의 창의적이고 정서적인 표현을 이끌어내기 위해 주의 깊게 선택해야 한다. 치료자가 지향하는 이론적 배경에 따라 유용한 놀잇감은 다양할 수 있다. 치료자는 치료에 사용할 놀잇감을 주의 깊게 선택하여 놀이치료에 활용하고 아동이 주도적으로 활용하도록 도와야 한다.

랜드레스(Landreth, 2015)는 놀잇감은 "치료 목표에 도달하는 데 도움이 될 수 있어야 하며, 놀이치료사가 갖는 근본적인 철학을 기반으로 신중하게 선택되어야 한다."고 설명한 바 있다. 놀이치료실에 놀잇감이 풍부한 것이 반드시 좋은 것만은 아니다. 도화지에 공간이 있어야 그림을 그릴 수 있고 그릇이 비어야 음식을 담을 수 있는 것처럼 시야가 어느 정도 비어있어야 마음을 펼칠 수 있는 여유를 가질 수 있다. 따라서 많은 놀잇감을 구비하는 것에 집중하기보다 아동의 관심과 흥미에 적합하고 성장과 치유에 도움에 될 만한 놀잇감을 마련하는 것이 바람직하다(정혜자, 2008).

1) 놀잇감 선택의 일반적 지침

기노트(Ginott, 1961)는 놀이치료실 놀잇감에 대한 정해진 지침은 없지만 치료적 관계를 촉진시킬 수 있는 놀잇감, 카타르시스를 고려한 놀잇감, 통찰력 발달을 위한 놀잇감, 방어를 위한 놀잇감, 승화를 위한 놀잇감이 필요하다고 하였다. 랜드레스(Landreth, 2015)는 아래의 질문에 적합한 놀잇감을 선택하도록 제안하였다.

- 다양한 창조적 표현을 촉진할 수 있는가?
- 다양한 정서적 표현을 촉진할 수 있는가?
- 아동의 관심사에 적합한 것인가?
- 표현이 가능하고 탐색적인 놀이활동을 촉진하는가?
- 언어화하지 않아도 탐색과 표현을 할 수 있는 놀잇감인가?
- 정해진 틀대로 사용하지 않아도 되는 놀잇감인가?
- 확실하지 않은 애매한 놀이도 가능한가?
- 활동적인 놀이에도 사용할 만큼 견고한가?

이 외에 놀잇감을 선택할 때 고려해야 할 기준은 다음과 같다(Landreth, 2015).

- 놀잇감은 튼튼하고, 내구성이 있어야 한다. 장시간 사용해도 무리가 없어야 하는데, 놀잇감이 쉽게 망가지는 경우 아동에게 좌절감을 일으킬 수 있기 때문이다.
- 놀잇감은 연령에 적합해야 한다. 아동의 발달연령이나 인지 수준에 맞는 놀잇감이어야 한다.
- 사용 방법이 단순하고 간단해야 한다. 치료자의 도움 없이도 아동이 스스로 조작할 수 있는 놀잇감이 적절하다. 조작이 너무 어려우면 좌절감을 가져올 수 있고, 혹은 아동이 치료자에게 의존해야 하는 상황이 발생할 수 있기 때문이다.
- 폭넓은 표현이 가능하며, 다양한 상황과 역할을 묘사할 수 있는 놀잇

감이어야 한다.

- 놀잇감은 상징성과 은유를 갖고 있어야 한다. 너무 직접적이고 실제적으로 묘사하는 놀잇감은 아동에게 위협적이고 거부감을 가져올 수 있다.
- 너무 고가의 놀잇감은 적절하지 않다. 고가의 놀잇감은 망가뜨릴지도 모른다는 걱정을 불러일으키고, 이러한 우려는 아동과 치료자를 모두 불편하게 할 수 있다.

2) 놀잇감 준비 시 고려해야 할 필수조건

놀이치료실에서 아동은 단순히 즐기기 위해서 놀이를 하는 것만은 아니며, 놀잇감은 아동이 혼란스럽고 감당하기 어려운 감정과 사고, 경험을 치료 과정을 통해 표현할 수 있도록 촉진해야 한다. 따라서 놀잇감의 개수보다는 치료적 효과를 낼 수 있는 놀잇감을 선택하여 구비하는 것이 중요하다. 놀잇감은 아동의 관계표현, 폭넓은 감정표현, 실생활 경험의 탐색, 한계의 검증, 긍정적 자아상의 발달, 자기이해 및 자기조절 증진에 효과적으로 활용될 수 있어야 한다(Landreth, 2015; VanFleet et al., 2013).

아동의 관계 표현 선택된 놀잇감은 아동이 주변 사람들과 맺고 있는 관계에 대한 정보를 준다. 이러한 정보는 아동에 대한 이해를 높이고, 아동은 놀이를 통해 실제 생활의 주제, 공격성, 창조적 표현 등을 나타냄으로써 의사소통을 할 수 있다.

다양한 감정 표현 놀잇감은 폭넓은 감정 표현을 돕는다. 감정 표현에 도움이 되는 다양한 놀잇감을 준비하여 아동의 욕구를 자유롭게 표현할 수 있도록 해야 한다. 예를 들어, 손인형(hand puppet)은 과도한 위협감을 경험하지 않으면서도 감정을 표현하는 데 유용한 놀잇감이다.

실생활 경험 탐색 현실 생활에서의 다양한 경험에 대한 표현은 아동 치료에서 필수적인 요소라고 볼 수 있다. 예를 들어, 병원놀이와 같은 놀잇감은 실생활에서 자기통제감을 발달시키고 내적 균형감을 회복시키는 기능을 할 수 있다. 아동은 병원놀이를 하면서 실제로 자신이 두려움이나 무력감을 경험했던 상황을 표현한다. 이러한 놀이를 통해 아동은 감정을 완화시키고 경험을 숙달할 수 있게 된다. 치료자가 아동의 경험을 이해하고 공감해줄 때, 아동은 실제 경험을 다룰 수 있는 내적 힘을 가질 수 있게 된다.

제한에 대한 검증 놀잇감을 통해 아동은 제한과 한계에 대해 배울 수 있다. 펀치백, 다트와 같은 놀잇감은 아동의 공격성을 표출하게 하면서, 허용되는 행동과 그렇지 않은 행동의 제한을 검증할 기회를 줄 수 있다. 놀잇감을 가지고 놀이를 하면서 아동은 제한에 대해 배워나갈 수 있다.

긍정적인 자아상 발달 놀이치료를 받는 아동들은 빈약하거나 혹은 부정적인 자기상을 갖는 경우가 많다. 적절한 놀잇감을 통해 이를 극복할 수 있다. 예를 들어, 성취감을 경험할 수 있는 놀잇감을 통해 아동은 자신에 대한 긍정적인 감정 혹은 유능감을 발달시킬 수 있다.

자신에 대한 이해 증진 자신에 대한 이해의 발달은 치료자와의 상호작용을 통해 이루어진다. 치료자와의 허용적인 관계 속에서 아동은 놀잇감을 통해 자신의 감정을 자유롭게 표현할 수 있다. 감정에 대한 치료자의 수용과 반영을 통해 아동은 자신을 더 잘 이해할 수 있게 된다.

자기조절능력의 발달 자기조절능력은 타인의 개입이나 도움 없이 아동이 스스로 선택하고 결정하며 책임을 지는 과정에서 발달할 수 있다. 예를 들어, 모래나 물 등은 아동의 자기조절능력의 향상에 도움이 될 수 있는 놀잇감이다.

3) 놀잇감의 범주

놀이치료실에서 많이 사용되는 놀잇감은 크게 다섯 가지 범주로 분류할 수 있다(Giordano, Landreth, & Jones, 2014; Landreth, 2015).

일상생활 및 양육과 관련된 놀잇감 실생활과 관련된 놀잇감에는 아동이 가족이나 주변 사람들에 대해 가진 다양한 감정과 생각을 안전하게 표현할 수 있는 놀잇감이 포함된다. 가족과 관련된 놀잇감을 통해 가족원에 대한 분노, 두려움, 형제자매간 경쟁, 위기, 가족 갈등 등을 표현할 수 있다. 인형 가족, 인형 집, 인형 가구, 인형 옷, 젖병, 다양한 인형들, 동물인형, 식기류를 포함한 부엌세트(냉장고, 음식 모형 등), 전화기, 병원놀이 세트 등이 포함될 수 있다. 또한 자동차, 트럭, 금전등록기 등의 놀잇감을 통해 아동이 경험하는 현실과의 관계를 표현할 수 있다.

공격성을 표출할 수 있는 놀잇감 언어적인 수준에서 기술하거나 표현할 수 없는 격렬한 감정(분노, 적개심 등)을 갖고 있는 아동이 있다. 이러한 아동에게는 안전한 공간에서 억눌렸던 감정을 자유롭게 표출함으로써 감정적 카타르시스를 경험하고 해소하는 것이 필요하다. 공격성 표출에 유용한 놀잇감으로는 펀치백, 군인인형, 총이나 칼 등의 무기, 무섭고 사나운 동물인형, 공룡 등이 속한다. 이러한 놀잇감은 아동의 분노, 적개심, 공격성, 좌절을 표현하는 데 효과적이다. 야생동물은 공격성을 표현하는 데 특히 유용한데, 예를 들어 가족인형은 표현하지 못하는 가족에 대한 부정적인 감정이나 공격성을 표현하는 데 사용될 수 있다. 찰흙은 공격적인 면과 창의적인 면을 모두 가지는데, 찰흙을 두들기거나 찢고 던지면서 혹은 특정 형상을 창조해내면서 공격성을 표현해낼 수 있다. 아동이 지나치게 강한 공격성을 보일 때, 신체적 위해 등을 가하지 않도록 미리 안내하고 제한을 정하는 것이 필요할 수도 있다.

창의적 표현과 정서적 해소를 위한 놀잇감 모래, 물, 물감, 크레파스, 종이, 찰흙, 블록, 악기, 변장을 위한 옷 등이 속한다. 모래와 물은 비구조화된 놀이 매체로 아동들이 많이 사용하는 것 중의 하나이다. 놀이하는 방법이 정해져 있지 않기 때문에 창의적인 표현에 유용하고 아동이 성공감을 경험하고 만족감을 느낄 수 있게 하는 데 도움이 된다. 특히, 위축되거나 수줍음이 많은 아동에게 적절하다. 다만, 물이나 모래를 사용하여 놀이를 하는 경우, 청소에 어려움이 발생할 수 있으므로 적절한 제한을 두는 것이 필요할 수 있다. 블록은 다양한 건축물을 만들 수도 있지만, 쌓거나 던지기, 부수기 등도 가능하기 때문에 여러 가지 용도로 활용될 수 있다. 변장할 수 있는 옷이나 소품을 활용하여 다양한 상황을 연출하면서 자신과 다른 사람의 역할이나 감정을 표현하고 대안적인 행동을 경험해볼 수 있다.

은유와 상징적 표현이 가능한 놀잇감 동물인형, 건축물, 사람인형, 전설이나 신화, 동화와 관련된 인형, 실생활 도구 모형 등이 포함된다. 창조성, 카타르시스, 생성과 파괴를 표현하는 데 특히 유용하다. 파괴와 창조를 반복하면서 카타르시스를 경험할 수도 있고, 내면의 힘을 키우고 자아가 발달해가는 과정을 은유적으로 표현하는 데도 유용하다.

게임 또는 발달을 촉진하는 놀잇감 다양한 보드게임이나 신체기술 게임 등이 해당한다. 게임놀이에는 두 명 이상이 참여하고 규칙이 있으므로 정서 및 행동조절, 인지적 전략 생성, 사회적 기술의 향상에 도움이 될 수 있다.

4) 놀잇감의 조건과 기능

놀잇감을 선택할 때 치료자가 유념해야 할 조건과 놀잇감의 기능은 다음과 같다(Crenshaw & Stewart, 2018; Ginott, 1961; Landreth, 2015).

청결성 놀잇감의 청결성 유지는 중요한 문제이다. 아동과 치료자 모두를 위해 놀잇감은 반드시 청결하게 유지되어야 한다. 예를 들어, 어떤 아동이 아기 젖병이나 부엌놀이의 수저세트를 입으로 빨고 노는 놀이를 했다면, 놀이를 마친 후에는 반드시 세척하고 소독하여 다음 아동이 위생적으로 사용할 수 있도록 해야 한다. 청결을 유지하기 위해 충분한 수량의 놀잇감을 준비할 수도 있다. 또한, 모래상자의 모래는 반드시 소독된 것을 사용해야 한다. 많은 아동이 사용하는 과정에서 오염되기 쉬우므로 정기적인 소독과 관리가 필요하다.

관계지향성 놀잇감은 아동이 갖고 있는 관계와 관련된 이슈를 드러내고 촉진할 수 있어야 하며, 아동과 치료자 간의 유대감을 향상시킬 수 있어야 한다. 전화기, 공, 칼, 손인형 등은 대표적인 관계지향적 놀잇감에 속한다.

현실세계의 표현 놀잇감은 아동을 둘러싼 환경을 현실적으로 혹은 은유적으로 보여줄 수 있는 것이어야 한다. 집, 인형, 자동차 등이 해당된다. 이러한 놀잇감은 조작이 용이해야 하고, 아동의 신체 크기나 발달수준에 적합한 것이어야 한다.

투사적 놀이 기능 아동은 놀이치료실의 다양한 놀잇감 중에서 자신에게 특별한 의미를 주는 놀잇감을 선택하는 경향이 있다. 특정 놀잇감은 아동으로 하여금 투사적인 감정을 불러일으키고, 이러한 감정은 상징성을 갖는 놀이를 만들어내게 한다. 아동에 따라 투사적인 감정이 일어나게 하는 놀잇감은 달라질 수 있다. 따라서 가능한 다양한 놀잇감을 준비하는 것이 바람직하다. 애니메이션이나 영화 속 인기 캐릭터는 고정된 특성을 갖고 있는 경우가 대부분이므로 투사적 감정을 불러일으키는 데는 제한적일 수 있다.

상상놀이 기능 지나치게 현실적인 놀잇감은 아동을 상상의 세계로 이끄는 데 한계가 있을 수 있다. 예를 들어, 실제 뱀과 지나치게 유사한 고무 뱀 인형은 아동에게 두려움이나 불안감을 불러일으키기 때문에 아동은 뱀 인형을 가지고 놀이하는 것을 꺼리게 된다. 친근해 보이는 재질의 천으로 만든 뱀 인형을 준비해 둔다면 아동은 별다른 부담감 없이 선택하여 뱀 인형으로 놀이를 할 수 있다. 그러나 일부 아동은 특정 놀잇감에 대해 두려움이나 불안감을 경험하면서도 그 놀잇감을 선택하기도 한다. 그 이유는 그 놀잇감이 아동에게 특별한 의미를 지니기 때문이다. 따라서 아동이 자신에게 필요한 것을 선택할 수 있도록 진짜처럼 보이는 놀잇감과 장난감처럼 보이는 놀잇감을 모두 준비하는 것이 바람직하다.

성취감 고취 놀잇감은 문제해결이나 결정하기, 완성하기, 변화시키기 등을 가능하게 함으로써 아동의 성취감을 고양시킬 수 있다. 아동의 연령 및 발달수준에 맞는 레고, 공구놀이, 게임, 퍼즐 등이 유용하다.

창조성 증진 놀이치료실의 놀잇감은 그동안 발휘되지 못했던 아동의 창조성을 자극할 수 있다. 특히, 모래나 점토, 물감은 아동이 잠재력을 펼칠 수 있는 좋은 매개물이 될 수 있다.

3. 놀이치료실 구성 및 활용 시 주의사항

놀이치료 이론에 따라 놀이치료실의 구성과 놀잇감 선택은 달라질 수 있다. 인지행동 놀이치료의 경우, 놀잇감에 아주 큰 의미를 부여하지는 않는 것이 일반적이다. 아동에 따라 필요한 놀잇감이 달라질 수 있고, 내담아동이 자신의 놀잇감을 치료실에 직접 가져오게도 한다. 또는 아동과 치료자가 치료 과정 중에 놀잇감을 직접 만드는 등 아동만의 놀잇감을 창조하는 방식을 적용하기도 한다(Knell, 2001). 치료놀이(Theraplay) 치료실의 경우에는 물리적 환경을 단순하게 구성한다. 전신을 볼 수 있는 거울과 바닥에 깔 수 있는 담요, 크기가 다른 쿠션 몇 가지를 준비한다. 또한 아동과 치료자와의 놀이에 집중하기 위해 소수의 놀잇감(예: 로션, 비눗방울, 신문지, 풍선, 쿠션, 물티슈, 간식거리 등)을 사용하며, 특정 놀이 활동에 사용되지 않는 놀잇감은 잘 보이지 않게 보관해둔다(성영혜, 유한규, 이상희, 김수정, 2002). 다음은 놀이치료실을 구성하고 놀잇감을 활용할 때 일반적으로 고려해야 할 사항이다.

발달장애나 ADHD 아동의 경우 일반 놀이치료실보다 좁게 하고 놀잇감의 수도 적게 구성하는 것이 도움이 될 수 있다. 지나치게 많은 놀잇감을 개방식으로 진열해 배치하는 것은 너무 많은 자극을 주어 집중을 방해하고 충동성을 부추길 수 있다. 또한 주의가 분산되면서 한 가지 놀이에 집중하기 어렵고, 이것저것 보이는 대로 만져보거나 지나쳐버리게 될 수 있다. 따라서 문을 닫을 수 있는 수납장을 준비하고, 소수의 놀잇감만 개방식으로 배치하며, 놀잇감을 넣어두고 필요에 따라 꺼내 쓸 수 있게 하는 것이 도움이 될 수 있다. 발달장애 아동을 치료하는 경우 놀잇감은 발달 수준이나 지능 수준이 낮을수록 감각운동적 놀이 도구들을 중심으로 갖춰야 한다. 장난감 망치, 손에 쥘 수 있는 단순한 자동차, 상호작용을 촉진하는 데 도움이 되는 여러 가지 형태와 크기의 공, 타악기, 반죽놀이 도구, 그림 도구, 간단한 역할놀이를 위한 집, 사람인형, 블록, 아기인형 등이 포함된다.

놀잇감의 정리와 진열 놀잇감은 상자에 담아 보관하기보다는 선반에 개방형으로 진열하는 것이 좋다. 또한, 놀잇감이 갖는 이미지에 따라 분류하여 배치하는 것이 바람직한데, 예를 들어 양육적인 놀잇감과 공격적인 놀잇감은 분류하여 다른 선반에 보관하는 것이 효과적이다. 중요한 점은 놀잇감은 항상 그 놀잇감이 있던 자리에 놓여 있어야 한다는 것이다. 놀잇감을 늘 같은 장소에 보관하는 것은 일관성 및 예측가능성을 의미하며, 놀이치료실에서의 아동의 심리적 안정감에 도움이 될 수 있다(Ray, 2016). 놀이를 마친 후 놀이치료실을 자신이 정리해야 하는지 묻는 아동이 있다. 정해진 답은 없지만, 정리할지의 여부를 아동 스스로 결정하게 함으로써 아동이 허용을 경험할 수 있는 기회를 만들 수 있다(Kestly, 2021).

놀잇감의 교체 놀이 과정에서 놀잇감이 망가지는 경우가 발생할 수 있다. 여분의 놀잇감이 준비되어 있더라도 즉각적으로 새 놀잇감으로 교환하는 것은 바람직하지 않다. 아동이 상실감이나 실망감을 어떻게 표현하고 다루는지 탐색하고, 다음 번 놀이에는 준비되어 있을 것이라는 확신을 줌으로써 아동을 안심시킬 수 있다. 다음 회기에 같은 놀잇감을 배치하고 아동에게 놀잇감이 준비되었음을 알려준다. 일반적으로 놀이치료실에서는 부서지거나 망가진 놀잇감은 사용하지 않는다. 내담 아동은 실제 생활에서 좌절 경험이 많은 경우가 대부분이다. 완전하지 못하거나 망가진 놀잇감에 대해 아동이 실망하거나 당황하지 않도록 미리 치워두는 것이 적절하다.

특별한 고려가 필요한 놀잇감 인체를 실제적으로 묘사하고 있는 해부학적 인형이 도움이 될 수 있는 내담 아동이 있다(예: 성학대 아동). 그러나 이러한 놀잇감은 과도한 두려움이나 불편함을 촉발할 수 있으므로 사용에 유의해야 한다. 퍼즐의 경우, 좌절 극복이나 인내심 촉진에는 도움이 될 수 있지만 한 조각이라도 없는 경우에는 놀이 진행이 어려울 수 있다는 점을 고려해야 한다.

은신처가 될 수 있는 놀잇감 놀이치료실에 아동이 숨을 수 있는 공간(예: 텐트, 집, 상자 등)이 있는 것이 도움이 될 수 있다. 공간이 충분하지 않다면, 놀잇감 선반을 활용해 아동이 몸을 감출 수 있는 작은 공간을 만들어줄 수도 있다. 이는 아동이 자신과 타인 간의 접촉을 조절하고, 경계를 구분할 수 있게 하는 기능을 한다. 치료자로부터 잠시 멀어지고 싶거나 혹은 자신의 문제로부터 거리감을 갖고자 할 때 유용하게 사용될 수 있으며, 작은 공간 속에 몸을 숨겼을 때 안전감과 보호받고 있다는 느낌을 경험할 수 있다.

이 외에 치료자들이 놀잇감을 사용할 때 고려해봐야 할 내용은 다음과 같다. 우선, 퍼즐이나 책 등은 놀이치료실에 적합하지 않다고 보는 경우도 있다. 이런 종류의 놀잇감은 은유적 표현이나 투사에 별다른 도움이 되지 않고, 혼자 놀이에 몰두함으로써 아동이 치료자와의 관계 맺기를 거부하는 수단으로 사용할 수 있기 때문이다. 그러나 아동이 선택한 놀잇감은 중요한 의미를 가질 수도 있기 때문에 신중한 접근이 요구된다. 예를 들어, 아동이 선택한 책에 담겨있는 이야기가 아동의 독특한 경험을 보여줄 수 있으며, 퍼즐은 아동의 문제해결 능력이나 성취욕구와 관련된 정보를 제공하기도 한다.

아동이 놀잇감을 부수거나 망가뜨리려고 한다면, 이러한 행동에 대해 제한을 두어야 한다. 아동은 제한을 수용함으로써 자기조절의 중요성을 알고 발달시킬 수 있는 기회를 가질 수 있다.

아동이 자신의 놀잇감을 놀이치료실에서 가져오는 경우, 허용해주는 것이 일반적이다. 다만, 그 놀잇감이 갖는 상징적 의미와 놀이치료실에 놀잇감을 가져오는 이유에 대해 신중하게 생각해보아야 한다.

아동이 놀이치료실의 놀잇감을 가져가고 싶어할 때는 제한을 두는 것이 원칙이다. 놀잇감을 가져가지 못하게 하는 일반적인 이유는 다음과 같다. 첫째, 놀이치료는 마음을 나누는 과정이며, 따라서 정서적인 관계를 맺는 것이 중요하다. 물질적인 것을 통해 관계를 표현하지 않도록 주의해야 한다. 둘째, 한 아동이 놀잇감을 가져가는 것은 다른 아동이 그 놀잇감을 사용할 기회를 빼앗는 것일 수 있다. 셋째, 놀잇감을 가져가는 것은 놀이치료실 운영 예산에 부담을 가져올 수 있다.

여기서 고려해봐야 할 것은 아동이 놀잇감을 가져가고 싶어하는 이유에 대한 것이다. 때로는 내적 안전을 확립하기 위한 중간 대상으로써 놀이치료실 놀잇감을 필요로 하는 아동이 있다. 놀이치료사를 내면화하는 과정에서 놀잇감과 치료자가 연합되는 것이다. 이러한 요구에 대처할 수 있는 몇 가지 방안이 있다. 우선 '장난감 대여목록'를 마련하여 아동이 빌려갔던 놀잇감을 반납한 후에 다른 것을 빌려 갈 수 있게 하는 것이다. 혹은 작은 바구니나 상자와 같은 "특별한 보관함"을 놀이치료실에 두고 다음 회기까지 장난감을 안전하게 보관할 수 있게 하는 것이다. 마지막으로 아동이 원하는 놀잇감의 사진을 찍어 가져갈 수 있게 하는 방법이 있다(Kestly, 2021).

07

놀이치료사의 자질, 역할 및 윤리

1. 놀이치료사의 자질

아동에게 놀이치료사는 특별한 존재이다. 아동은 치료자와의 놀이 경험을 통해 감정적 정화를 경험하고, 상처를 치유하며, 자기에 대한 이해를 발달시키고, 적응적인 행동을 배워나간다(Enzer, 1988; Pedro-Carroll & Reddy, 2005). 따라서 아동과 치료자 간의 긍정적인 치료적 관계를 바탕으로 효과적인 놀이치료를 실시하기 위해서는 놀이치료사가 갖추어야 할 자질과 자격이 있다. 놀이치료사에게 요구되는 자질은 크게 인격적 자질과 전문적 자질로 나뉠 수 있다(Nalavaney, Ryan, Gomory, & Lacasse, 2005).

1) 인격적 자질

인격적 자질은 치료자로서 기본적으로 지녀야 할 소양으로, 인간에 대한 깊은 이해와 애정을 의미한다. 랜드레스(Landreth, 2012)는 치료자에게 무엇보다 중요한 것은 지식이나 기술이 아닌, 자기 이해를 바탕으로 한 인격적 성숙임을 강조한 바 있다. 치료자의 인격적 자질에는 진정성 또는 진실성, 내담자에 대한 수용과 공감, 민감성, 객관성과 개방성, 인내심 등이 포함된다.

진정성 또는 진실성 치료자가 아동과의 관계에서 순간순간 경험하는 감정을 있는 그대로 솔직히 인정하고 표현하는 태도로, 치료자가 겉으로 표현하는 것과 내면에서 경험한 것이 일치하는 것을 말한다(Rogers, 2007). 치료자는 자신의 감정을 자각하여 아동의 성장에 도움이 되는 방식으로 표현해야 한다. 진정성은 치료자가 치료 과정에서 자기 자신으로 존재하는 것이며, 이를 위해서는 치료자의 자기이해와 자기수용이 선행되어야 한다. 진정성은 신뢰로운 치료 관계의 형성에 매우 중요하다. 치료자가 진실한 모습을 보여줄 때 아동은 치료자는 물론 치료 과정을 더 신뢰할 수 있기 때문이다.

아동에 대한 수용과 공감 아동에 대한 수용과 존중은 아동의 생각, 감정, 행동에 대해 어떠한 판단이나 평가도 내리지 않는 치료자의 순수한 보살핌을 의미한다. 즉, 아동의 모든 것을 있는 그대로 조건 없이 소중한 것으로 수용하고, 아동을 하나의 인격체로서 존중하는 것이다. 치료자의 수용과 존중의 태도는 아동과의 신뢰 형성에 중요할 뿐만 아니라 아동이 진정한 자기 자신이 되고, 내면을 더 깊이 탐색할 수 있는 조건이 된다. 공감은 치료자가 마치 아동이 된 것처럼 그 심정을 느끼는 것으로, 아동의 주관적인 경험 세계를 정확하고 깊이 있게 이해하는 것이다. 치료자가 자신의 관점이 아니라 아동의 관점에서 내면적 감정을 이해하려고 노력할 때 아동이 경험하는 감정과 개인적 의미를 정확하게 감지해낼 수 있다. 치료자의 진심 어린 공감을 통해 아동은 자신이 이해받고 있음을 느끼고 불안과 분노를 완화할 수 있으며, 회복과 치유를 향한 힘을 얻을 수 있다.

민감성 치료자는 타인의 감정이나 대인관계에 민감해야 한다. 놀이치료 과정에서 보여지는 아동의 언어적, 비언어적 감정과 생각을 민감하게 알 아채고 소통할 수 있어야 한다. 치료자는 아동이 지금-여기에서 어떤 감정을 느끼고 생각하는지 가급적 정확하게 인식할 수 있어야 한다.

객관성과 개방성 치료자는 안정되고 균형 있는 태도를 지녀야 한다 (Schaefer, 2015). 아동이 자율적이고 독립적인 개인으로 성장할 수 있도록 객관적이며, 적당한 정서적 거리를 유지할 수 있어야 한다. 또한, 아동을 왜곡하지 않고 있는 그대로 받아들이기 위해서 개방적인 마음을 가질 필요가 있다.

자기이해 치료자는 자신의 내적 욕구와 감정을 인식하고, 행동, 사고, 감정의 의미와 동기를 이해하며, 장점은 물론 단점과 한계를 인식하기 위해 노력해야 한다. 치료자의 경험이 왜곡되어 있거나 미해결된 문제에 사로잡혀 있는 경우, 아동과 온전히 접촉하고 함께하는 것이 어려워질 수 있다.

2) 전문적 자질

놀이치료는 '내담자의 심리사회적 어려움을 방지하거나 해결하고, 그들이 최적의 성장과 발달을 달성하도록 돕기 위해 훈련된 놀이치료사가 놀이의 치료적 힘을 사용하는 데 있어서 이론적 모델을 체계적으로 활용하여 대인관계 과정을 확립하는 것'이다(APT, 2001). 이러한 치료목표를 충분히 달성하기 위해서는 내담자의 심리적 문제나 장애를 정확하고 체계적으로 이해하고 개입할 수 있는 전문적 지식과 경험을 갖추고 있어야 한다. 치료자에게는 내담자의 문제를 해결하고 내담자의 성장을 촉진시키기 위해 인간적 자질 이상의 전문적 자질이 요구된다.

놀이치료 이론에 대한 이해 이론은 종종 나침반에 비유되곤 한다. 나침반 없이 비행 항로를 잡을 수 없듯이 이론 없이는 내담자가 호소하는 문제를 제대로 이해할 수 없으며 제대로 치료를 진행할 수도 없다. 치료자가 놀이치료 이론에 대해 깊이 있는 지식을 갖추고 있을 때 체계적이고 효율적인 치료가 가능하다. 치료 이론에는 기본적인 인간 심리 및 발달이론에 대한 지식, 이상심리나 정신병리의 발달 과정 및 양상에 대한 지식, 다양한 심리치료 이론 등이 포함될 수 있다. 또한, 놀이치료에는 부모나 가족이 관여되는 경우가 많으므로, 가족상담이나 가족치료 이론에 대한 지식도 도움이 될 수 있다.

놀이치료 기법에 대한 이해 놀이치료사는 다양한 놀이치료 기법을 숙지하고 내담 아동의 특성과 문제에 따라 적절한 기법을 선택하여 활용할 수 있는 능력을 갖추고 있어야 한다. 또한 부모나 보호자를 치료 과정에 효과적으로 참여시키고 부모상담 및 교육을 진행하기 위해서는 언어상담 및 가족상담 기법에 대한 이해가 있어야 한다.

임상실습 경험과 훈련 치료 방법과 기술을 익히는 것은 이론서를 읽는 것만으로는 한계가 있으며, 오랜 기간 동안 임상실습 경험을 하고 훈련을 거쳐야 한다. 전문적 치료자가 되기 위해서는 폭넓고 다양한 실습 경험과 훈련과정이 필요하다. 또한 수퍼비전을 통해 놀이치료의 지식과 기술, 실무를 익히고 치료자로서 가져야 할 태도와 자세를 배워야 한다.

다음은 한국상담심리학회 윤리규정(2018)과 한국놀이치료학회 윤리강령(2019)에서 치료자의 '전문적 능력' 중 일부를 발췌한 것이다. 요약하면, 놀이치료사의 전문성과 관련하여 갖추어야 할 필수적인 요건에는 ① 진단평가에 대한 지식과 기술(개인차의 이해, 심리측정이론, 각종 심리검사의 실시와 이해 등), ② 놀이치료 이론과 실제에 대한 충분한 지식(놀이치료의 원리, 놀이치료의 과정과 절차, 놀이치료 기법, 사례연구, 면접 방법 등), ③ 풍부한 임상실습(치료 과정에 대한 철저한 감독실습, 치료 과정에서 일어나는 위기 상황에 대한 대처 및 극복 경험 등), ④ 아동이 처한 환경이나 맥락에 대한 지식과 이해(가족, 학교, 사회환경 등), ⑤ 치료자로서의 책임과 윤리에 대한 이해 및 실천 등이 포함된다고 볼 수 있다(김유숙, 2008).

상담심리사의 전문적 능력

- 상담심리사는 자신의 능력의 한계를 인정하고 교육과 수련, 경험 등에 의해 준비된 역량의 범위 안에서 전문적인 서비스와 교육을 제공한다.
- 상담심리사는 자신이 가진 능력 이상의 것을 주장하거나 암시해서는 안 되며, 타인에 의해 능력이나 자격이 오도되었을 때에는 수정해야 할 의무가 있다.
- 상담심리사는 자신의 활동 분야에 있어서 최신의 과학적이고 전문적인 정보와 지식을 유지하기 위해 지속적인 교육과 연수의 필요성을 인식하고 참여한다.
- 상담심리사는 자신의 전문적 능력에 대해 정확히 인식하고 정기적으로 전문인으로서의 능력과 효율성에 대해 자기점검 및 평가를 해야 한다. 상담자로서 직무를 수행하는 데 방해가 되는 개인적 문제나 능력의 한계를 인식하게 될 경우 지도감독이나 전문적 자문을 받을 책무가 있다.

출처: 한국상담심리학회 윤리규정, 상담심리사의 '전문적 능력' 중

2. 놀이치료사의 역할

놀이치료사의 역할은 이론적 접근과 놀이치료 기법에 따라 차이가 있지만, 치료적 환경 조성, 치료적 관계 형성, 부모교육 및 상담을 통한 환경

---

1   한국놀이치료학회에서는 놀이심리상담사로 지칭하며, 윤리강령의 일부를 발췌하여 원문대로 실었다.

에 대한 개입 등의 역할 수행은 공통적이라고 할 수 있다.

치료적 환경 조성 및 구조화 치료자는 아동이 편안함과 안전함을 경험할 수 있도록 친숙한 놀잇감을 준비하고, 치료실 환경과 분위기를 구성해야 한다. 치료자 역시 아동을 맞이하기 전에 아동에게 전념할 수 있도록 마음을 가다듬는 것이 필요하다. 또한 놀이치료 초반에는 치료 시간과 횟수, 장소 등에 대한 구조화를 실시해야 한다. 구조화는 내담자에게 예측 가능성과 함께 안정감을 제공하는 데 필수적이다(Ray, 2016). 아동을 내담자로 하는 놀이치료의 경우, 부모 등 아동의 법적 보호자와의 논의도 함께 이루어져야 한다.

치료적 관계 형성 놀이치료를 통해 아동의 성장과 발달을 촉진하는 데 있어 가장 핵심적인 치료적 요인은 아동과 치료자와의 관계라고 볼 수 있다(유미숙, 이영해, 박현아, 2021). 치료자의 이론적 배경에 따라 치료자가 지향하는 역할과 태도에는 차이가 있을 수 있다. 그러나 어떤 이론적 접근을 선택하든 아동과 치료자와의 치료적 관계 형성은 치료 과정 및 효과에 가장 중요한 영향을 미친다고 볼 수 있다. 치료적 관계 형성의 중요성에 대해 무스타카스(Moustakas, 1959)는 다음과 같이 강조했다. "놀이치료에 있어서 가장 중요한 요소는 치료자와 아동의 관계 형성이다. 치료자와 아동 간의 신뢰로운 관계 형성은 치료적 과정이나 대인관계의 발달에 있어 가장 중요한 영향을 끼친다." 놀이치료사는 아동과의 치료적 관계를 촉진하기 위해 다음과 같은 태도를 취해야 한다(Landreth, 2012).

• 아동에게 안전한 분위기 형성하기: 치료자의 일관성 있는 태도와 적절한 제한을 통해 아동은 안전감을 경험할 수 있다.

- 아동의 세계를 수용하기: 아동에 대한 진지한 관심과 수용을 보여야 하며, 아동의 관점에서 바라보는 것이 필요하다.
- 아동의 정서 세계를 표현하도록 격려하기: 치료자는 아동의 감정을 평가해서는 안 되며 아동의 정서를 비판 없이 허용하고 수용해야 한다.
- 아동 스스로 결정하도록 촉진하기: 놀이치료실 안에서 의사결정할 기회를 아동에게 돌려줌으로써 책임감이 증진되도록 한다.
- 아동에게 자기조절감을 발달시킬 수 있는 기회를 제공하기: 아동이 자신의 행동에 대해 책임지도록 함으로써 자기를 조절할 수 있도록 도와야 한다.

아동을 둘러싼 환경에 대한 개입 놀이치료에는 내담 아동뿐 아니라 부모 및 가족이 긴밀하게 관여하는 것이 일반적이다. 따라서, 아동의 문제 발생과 유지, 개선에 영향을 미칠 수 있는 부모 및 가족 요인, 또래나 주변 환경요인을 확인하고 적절한 개입을 통해 긍정적으로 변화시킬 수 있어야 한다(Ray, 2016).

3. 놀이치료사의 윤리

아동의 정신건강 문제에 대한 관심이 높아지고 전문적인 상담이나 치료를 통해 도움을 받고자 하는 아동이 많아지면서 놀이치료에 대한 사회적 인식과 수요가 점차 증가하고 있다. 이와 함께 놀이치료사의 전문적 역할에 대한 기대와 요구가 높아지고 있으며, 놀이치료사의 윤리적 책임역시 강조되고 있다.

상담 및 심리치료[2] 분야에는 다양하면서도 많은 윤리적인 이슈가 존재한다(American Counseling Association, 2014; Herlihy & Dufrene, 2011). 놀이치료사는 아동의 심리사회적 어려움을 예방하거나 해결하고, 최적의 발달과 성장을 돕기 위해 질 높은 치료 서비스를 제공하고자 노력하지만, 치료 과정 자체의 특성 및 치료자의 인간적 한계로 인해 일정한 윤리적 문제가 발생할 가능성이 늘 잠재하고 있다(Corey, Corey, & Callanan, 2022). 따라서 상담 및 심리치료 관련 학회와 단체들은 전문가로서 책무성을 지키고 윤리적이고 효율적인 치료업무를 수행할 수 있도록 구속력이 있는 윤리규정을 제정하고, 치료자로서의 전문가 훈련과정에서 윤리규정의 적용지침과 행동강령을 충분히 이해하도록 요구하고 있다. 미국심리학회(American Psychological Association; APA)는 1992년에 처음으로 심리학자를 위한 윤리규정을 제정하였고, 한국상담심리학회는 2003년에 처음으로 윤리규정을 제정하였다. 놀이치료와 관련해서는 미국놀이치료협회(Association for Play Therapy; APT)가 2001년에, 우리나라에서는 한국놀이치료학회가 2006년에 처음으로 놀이치료사를 위한 윤리강령을 제정하기에 이르렀다. 하지만 윤리강령은 일반적인 기준만 제시할 뿐 다양한 상황에 맞게 답을 주거나 충분한 정보를 제공하지 않으므로 치료자들은 현장의 다양하고 복잡한 상황에 윤리규정을 적용하는 데 어려움을 겪게 된다. 코리, 코리와 캘러난(Corey, Corey, & Callanan, 2022)은 윤리규정은 윤리적 책임을 행사하는 데 필수적이지만 충분하지는 않으므로 윤리적 선택을 해야 하거나 윤리적으로 책임감 있는 행동을 하고자 할 때 겪을 수 있는 문제점이 존재한다고 보았다.

놀이치료사는 내담 아동에게 최선의 정신건강 서비스를 제공하고 아

----

2 본 장에서는 심리치료와 상담이라는 용어를 구분 없이 사용하였다.

동의 권리와 복지를 위해 윤리규정을 준수할 의무를 갖는다. 또한 전문가로서 반드시 준수해야 할 사항과 해서는 안 되는 일을 구분하여 자신의 직무를 완수할 수 있어야 한다. 특히 놀이치료는 그 대상이 아동이기 때문에 성인 상담에 비해 고려해야 할 문제와 해결해야 할 특수한 딜레마가 더 많아질 수밖에 없다. 놀이치료사는 아동의 권리를 침해하지 않기 위해 그리고 의도치 않게 발생하는 여러 복잡한 상황에서 아동뿐만 아니라 치료자 자신을 보호하기 위해 윤리 기준에 대해 알아야 할 필요가 있다. 특히, 우리나라의 경우 아직 심리치료와 관련된 법률이 제정되어 있지 않으므로 적절한 윤리적 판단을 내릴 수 있는 능력은 더욱 중요하다고 볼 수 있다(유미숙, 이영애, 박현아, 2021).

1) 놀이치료에서의 윤리적 특성과 원칙

놀이치료를 통해 내담 아동을 효과적으로 돕기 위해서는 전문적인 지식과 기술은 물론 치료자의 인격도 중요하며, 가치관과 윤리를 바르게 세워야 한다. 김계현(1997)은 상담 및 심리치료 전문가에게 필요한 세 가지 기준 가운데 하나로 윤리성을 강조하였다. 또한, 신숙재, 이영미, 한정원(2000)과 유미숙(1997)은 아동 치료자의 성격, 경험, 철학, 가치, 윤리성 등 치료자의 모든 배경이 아동 치료에 영향을 미친다고 하였다(유재령, 2006에서 재인용). 놀이치료사가 윤리적 실천을 하기 위해서는 딜레마 상황에 직면했을 때 바람직한 의사결정을 할 수 있어야 한다. 웰펠(Welfel, 2002)은 윤리적으로 행동한다는 것은 공언된 만큼 능력을 갖추고, 내담자의 복지를 최우선으로 고려하고, 힘을 책임감 있게 사용하며, 스스로 전문직의 명성을 향상시키기 위해 행동하는 것이라고 설명하였다. 그러나 치료 과정에는 보편적인 해결책이 없는 윤리적 딜레마가 존재하고

(Remley & Herlihy, 2005), 따라서 구체적 상황들에 적절히 대처하기 위해서는 치료자에게 고도의 윤리적 민감성이 필요하다고 볼 수 있다.

놀이치료는 내담 아동의 발달 특성상 성인 상담에 비해 보다 특수한 윤리적 딜레마를 가질 수밖에 없다. 첫째, 아동은 성인 내담자와 달리 비자발적으로 치료에 의뢰되는 경우가 대부분이다. 둘째, 놀이치료 과정에는 내담 아동 외에도 부모나 법적 보호자 또는 다른 가족 구성원이 밀접하게 관여하는 경우가 많다. 마지막으로, 아동은 발달 특성상 성인에 비해 의사결정 능력이나 언어적 표현력이 부족하다(유재령, 김광웅, 2006a). 이에 대해 맨하임 등(Mannheim et al., 2002)도 성인상담에서 고안된 기준을 아동 치료에 그대로 적용하는 것은 발달적인 관점상 적합하지 않다고 주장하고, 지그몬드와 부어템(Zygmond & Boorthem, 1989)도 아동 치료에서는 가족과 치료자 간의 관계가 중요하기 때문에 표준적인 윤리강령만으로는 불충분하다고 설명한 바 있다.

하스, 말루프, 메이어슨(Hass, Malouf, & Mayerson, 1986) 그리고 포프, 타바치닉, 키스-스피겔(Pope, Tabachnick, & Keith-Spiegel, 1987)에 의하면, 아동 치료자들이 자주 경험하는 윤리적 딜레마 중 하나는 '치료에서의 미성년자의 권리'에 관한 것으로, 법적 지위가 미성년자이고 치료에 동의할 능력이 적기 때문에 놀이치료사들은 더 엄격한 윤리적 표준(ethical standards)을 실천해야 한다고 강조하고 있다. 놀이치료사가 기본적으로 갖추어야 할 윤리적 원칙과 태도는 다음과 같이 정리될 수 있다.

첫째, 놀이치료사는 다양한 개인적, 경제적, 사회적, 문화적 배경을 이유로 내담 아동을 차별하거나 아동에 대한 차별에 관여해서는 안 된다. 한 인격체로서 아동을 존중하고, 치료자의 개인적 신념이나 가치관에 따라 아동과 그 가족을 판단해서는 안 된다.

둘째, 놀이치료사는 내담 아동의 최상의 이익을 위해 행동해야 한다. 또한 놀이치료에는 내담 아동 외에 아동과 관련된 다른 성인, 즉 부모나 보호자의 밀접한 관여가 일반적이다. 따라서 놀이치료사는 놀이치료 과정에서 아동이 최선의 이익을 얻을 수 있도록 해야 하며, 아동의 권리가 존중받고 보호받으며 침해되지 않도록 민감하게 살펴야 한다. 또한 내담 아동의 부모 및 보호자도 효과적인 도움을 받을 수 있도록 해야 한다.

셋째, 놀이치료사는 치료 전반에 대해 아동이 이해할 수 있는 방식과 수준으로 알려줌으로써 내담 아동이 치료와 관련된 의사결정에서 소외되지 않도록 주의해야 한다. 놀이치료 과정에서는 치료 의뢰나 시작, 종결, 치료 방식 등 아동 치료와 관련된 주요 사항이 아동의 의지나 판단과는 상관없이 다른 성인에 의해 결정되는 경우가 많고, 아동의 동의 없이 아동에 대한 정보가 공유되기도 한다. 치료와 관련된 의사결정 과정에서 아동이 어리다고 배제해서는 안 되며, 아동의 발달 수준에 적절한 방식으로 정보를 전달하고 참여시켜야 한다. 이에 대해 미국심리학회(APA) 윤리강령에서는 "자발적 동의를 할 수 있는 법적 능력이 부족한 내담자에게는 적절한 방식으로 정보를 제공해주고 동의를 구한다. 이때 내담자의 선호와 이익을 최우선으로 고려해야 한다."고 설명하고 있다.

2) 놀이치료 윤리의 주요 영역

놀이치료사의 윤리적 영역은 다양하지만, 놀이치료와 아동상담 윤리와 관련된 선행 연구(김지안, 권경인, 2019; 유재령, 김광웅, 2006a, 2006b; 유재령, 2007) 및 한국상담심리학회와 한국놀이치료학회의 윤리규정 중 놀이치료사의 주요 윤리적 영역이라고 밝혀진 사전동의, 비밀보장, 치료개입의 적합성과 효과성, 치료기록 및 보관, 이중관계, 신체적 접촉, 치료자의 능력과 훈련 및 수련을 중심으로 살펴보고자 한다.

(1) 사전동의

치료자는 내담자에게 치료에 관한 충분한 정보를 타당성 있는 방식으로 설명한 후 내담자의 자발적 동의를 구해야 한다(Jackson, 1998). 사전동의(informed consent)는 내담자가 치료 과정에 대한 정보와 설명을 듣고 스스로 참여 여부를 결정하는 과정이다. 놀이치료의 경우에는 내담 아동이 이해할 수 있는 방식으로 치료에 대한 정보를 제공한 후, 내담 아동 및 부모의 자발적 동의를 구하게 된다. 자발적 동의는 스스로 동의할 능력이 부족하거나 연령이 어린 내담자들에게 더욱 민감한 영역이다. 치료적 관계를 구조화하고 자발적 동의를 구하는 과정에서 아동의 발달 수준에서 이해할 수 있는 방식으로 정보를 전달해야 한다. 이렇게 하는 것은 아동과의 라포 형성과 치료의 진전 속도에 긍정적인 영향을 미칠 수 있다(유재령, 2007). 또한 치료자는 부모가 치료에 대한 동기를 갖고 치료 과정에 협력할 수 있도록 해야 한다.

놀이치료에 대한 사전동의는 서면으로 작성하는 것이 바람직하다. 사전동의서에는 치료기관 및 서비스의 목적, 비밀보장의 원칙과 예외 사항, 치료 시간 및 스케줄, 비용, 치료 방법과 목표, 통상적인 치료 기간, 불만을 제기할 수 있는 절차와 방법, 내담자의 권리와 책임 등이 포함된다(Sweeney & Homeyer, 2009). 이 외에 치료자의 훈련 배경이나 자격, 슈퍼바이저에 대한 정보 등도 포함될 수 있다. 보통 치료 시작 시점에 작성하며, 치료 과정 동안 내담자와 치료자를 보호하는 기능을 한다.

다음은 한국놀이치료학회 윤리강령(2019)의 '사전동의' 관련 내용이다.

상담에 대한 정보제공

놀이심리상담사는 (중략) 내담자에게 상담의 목표, 기법, 상담의 이점, 한계점, 위험성, 상담자의 강점과 제한점, 심리평가와 보고서의 목적과 용도, 상담 비용 및 지불방법 등을 명확히 알려야 한다.

공개할 내용들

놀이심리상담사는 내담자가 아동인 점을 인식하고 존중한다. 아동 및 연관된 중요한 성인 각각에게 이해 가능한 언어로 치료서비스의 목적, 목표, 기법, 절차의 한계점, 잠재적 위험요인과 장점들을 알려줘야 한다. 놀이심리상담사는 아동 및 중요한 성인들이 진단의 의미, 심리검사와 보고서의 목적, 비용과 납부방식을 이해하도록 돕는다. 내담 아동은 비밀보장의 권리 및 한계(꼭 필요한 성인들, 슈퍼바이저, 치료 팀에게 치료 내용을 공개하는 것을 포함하는)에 대한 설명을 들을 권리, 사례기록에 대한 분명한 정보를 얻을 권리 및 발달 수준에 적합한 치료계획 진행에 참여할 권리를 갖는다.

선택의 자유

미성년자인 아동은 치료를 받을 것인지, 누구에게 받을지 선택할 자유를 항상 가질 수는 없다. 그러므로 놀이심리상담사는 놀이치료를 설명하고 치료를 시작할지, 어떤 전문가가 아동에게 최상의 도움을 제공할 수 있을지 판단할 수 있도록 법적 보호자에게 조언한다. 내담 아동의 선택에 수반된 제한점들을 충분히 설명해야 한다.

동의할 수 있는 능력 부족

놀이심리상담사는 구체적인 정보에 근거한 자발적인 동의를 할 수 없는 미성년 아동이나 다른 내담자들과 작업하는 데 있어서 내담자의 최상의 이익을 위해 행동해야 한다.

(2) 비밀보장

비밀보장은 치료관계에서 가장 기본적인 윤리적 영역 중 하나로, 치료 과정에서 알게 된 내담자의 비밀을 지킨다는 윤리적 책임을 의미한다. 아동의 자기 노출과 치료자와의 라포 형성을 위해서는 반드시 비밀보장이 필요하며, 연령이 어린 아동일지라도 놀이치료가 안전하고 비밀이 보장되는 과정임을 알려야 한다. 그러나 아동을 대상으로 하는 놀이치료에서는 비밀보장의 원칙을 적용하는 데 있어 고려해야 할 사항들이 있다.

첫째, 법적 보호자인 부모나 양육자가 아동 치료와 관련된 구체적인 정보 공유나 피드백을 원해 아동의 비밀이 온전히 보장되기 어려운 상황이 발생할 수 있다. 이런 경우, 다음과 같은 조치를 취할 수 있다. 우선, 치료 시작 전에 아동뿐 아니라 부모와 함께 정보 노출과 관련된 논의를 해야 한다. 아동의 연령과 발달 수준을 고려하여 이해할 수 있는 방식으로 비밀보장과 그 한계에 대해 알려준다. 치료상황에서 발생한 일들을 부모에게 전달할 수 있으며, 이럴 경우 사전에 아동에게 동의를 구할 것임을 설명해줄 수 있다. 한편 아동의 생명이나 안전과 관련된 이슈가 있는 경우에는 비밀보장이 지켜질 수는 없더라도 사전 고지를 할 것임을 말해주어야 한다. 비밀보장이 깨지는 것에 대한 불편감이나 불안감을 감소시키기 위해 아동에게 절대 공유하고 싶지 않은 내용을 선택할 수 있게 하고, 정보를 공유하는 경우 그 목적에 대해 설명하는 것이 도움이 될 수 있다. 또한 부모에게 어느 만큼의 정보가 전달되는지를 아동에게 미리 알려주는 것도 중요하다(Jackson et al, 2001). 부모상담 시에는 치료실 상황에 대해 알고 싶어 하는 부모의 마음에 대해 이해하고 공감해주는 것이 필요하다. 그리고 아동의 구체적인 놀이 행동이나 내용을 전달하기보다는 놀이치료사가 아동을 관찰하여 알게 된 것에 대해 이야기를 나누는 것이 적절하다(Landreth, 2015).

둘째, 놀이치료사는 치료 과정에서 내담 아동의 학대 사실을 알게 되거나 학대가 의심되는 정황을 발견했을 때 비밀보장의 원칙을 깨고 신고할 의무를 갖는다. 그러나 실제 상황에서는 학대 여부가 불분명한 경우가 빈번한데, 이런 경우에는 슈퍼바이저나 소속 기관의 장 또는 동료들과의 논의가 도움이 될 수 있다(유미숙, 이영애, 박현아, 2021).

셋째, 여러 아동이 함께 참여하는 집단치료를 실시하는 경우, 치료자는 집단구성원들이 비밀보장 원칙을 지키도록 안내해야 한다.

넷째, 내담 아동의 교사 또는 법적 권리를 갖고 있지 않은 가족이 아동에 대한 교육과 지도, 양육과 관련하여 내담 아동에 대한 정보 공유를 원하는 상황이 있을 수 있다. 법적 보호자가 동의하지 않는 한 아동에 대한 정보를 공유해서는 안 된다.

다음은 한국놀이치료학회 윤리강령(2019)의 '놀이치료 정보의 보호와 비밀보장' 관련 내용이다.

- 놀이심리상담사는 사생활에 대한 아동의 권리를 존중한다. 놀이심리상담사의 관심은 오로지 내담 아동의 최상의 이익에 두고 내담 아동의 치료에 불리하게 영향을 미칠 수 있는 비밀보장 정보의 불법적이고 부당한 공개는 삼간다.
- 놀이심리상담사는 고용인, 슈퍼바이저, 사무보조원, 그리고 자원봉사자들을 포함한 직원들에게도 내담 아동과 부모의 사생활과 비밀이 보호되도록 주지시켜야 한다.
- 놀이심리상담사는 공개적인 사례발표 등을 통해 알게 된 다른 상담사의 상담 정보에 대해서도 비밀을 보장할 의무가 있다.
- 서면보고, 구두보고, 자문 등 비밀보장 정보의 공개가 필요한 상황이 발생했을 때, 의사소통 목적과 관련된 필요한 정보만을 공개한다.
- 치료적 관계, 자문관계 등에서 얻은 정보는 학문적 목적이나 전문적 목적을 위해서만 사용하여야 한다.

- 비밀보장의 예외: 놀이심리상담사는 아동의 안전에 의심이 가는 경우, 또는 법원이 비밀을 보장해야 할 정보를 공개하라고 요구할 때, 아동의 법적 보호자로부터의 허락 없이 정보를 제공할 수 있다.

(3) 치료개입의 적합성과 효과성

아동은 발달 특성상 치료의 효과에 대해 스스로 충분히 인지하고 표현하는 데 제한이 있다. 또한 치료자는 내담 아동의 부모에게 아동의 변화와 치료 효과에 대해 설명할 수 있어야 한다. 따라서 놀이치료의 효과성에 대한 평가는 중요한 의미를 갖는다(유재령, 2007).

놀이치료사는 치료 진행에 대한 효과성을 점검하기 위해 전문적 평가방식을 활용해야 하고, 진행되는 치료의 효과를 증진시키기 위해 그에 부합한 훈련, 교육, 슈퍼비전을 받고, 연구 및 실천하는 노력을 기울여야 한다(한국놀이치료학회 윤리강령, 2019). 미국놀이치료협회의 실무지침에도 놀이치료사들은 전문가로서의 효과성을 점검하고, 훈련, 교육, 슈퍼비전을 받아야 한다고 명시하고 있다(APT, 2001). 웰펠(Welfel, 2002)도 책임감 있는 전문가가 되기 위해서는 치료개입 과정의 효과성에 대한 평가가 중요함을 강조한 바 있다.

다음은 한국놀이치료학회 윤리강령(2019)의 '치료개입의 적합성과 효과성' 관련 내용이다.

치료의 효과성 점검

놀이심리상담사는 전문가로서 치료 진행에 대한 효과성을 점검하기 위해 전문적으로 표준화된 평가방식을 활용해야 하고, 진행되는 치료의 효과를 향상시키기 위해 그에 적합한 훈련, 교육, 슈퍼비전을 받으며, 연구·실천하는 노력을 해야 한다.

지속적인 교육과 연구

놀이심리상담사는 새로운 연구방법을 개발하고, 그들이 만나는 다양하고 또는 특별한 인구집단에 대한 경향에 주목하면서, 놀이치료에서 최근 조사연구에 대한 지식을 유지하기 위해 지속적인 교육을 받는다. 놀이심리상담사는 내담자의 다양성에 대한 새로운 연구방법 및 모형에 대한 지식을 실천하고 능력을 유지시켜야 한다.

(4) 치료기록 및 보관

놀이치료 회기 및 일상생활에서의 아동의 변화를 점검하고 기록함으로써 치료의 적합성과 효과성을 판단할 수 있는 주요 정보들을 얻을 수 있다. 치료자는 타당하고 안전한 방식으로 치료 회기를 기록하고 보관할 책임을 갖는다(Sweeney & Homeyer, 2009). 치료기록을 남기는 것은 두 가지 목적을 갖는다(Corey, Corey, & Callanan, 1998). 첫째는 내담자에게 최상의 서비스를 제공하고 치료자가 바뀌더라도 치료의 일관성을 유지할 수 있게 하기 위해서이다. 철저한 치료기록은 치료목적의 유지, 내담자의 문제에 대한 개념화, 적절한 치료 서비스 제공에 도움이 될 수 있다. 둘째는 치료자 보호와 관련된다. 정확한 치료기록을 남겨놓지 않으면 징계 관련 사안이나 법적 소송이 생길 경우 문제가 될 수 있다. 철저하고 상세한 기록은 치료자의 자기보호에 필수적이다. 치료기록에는 내담 아동에 대한 정보, 접수면접지, 주호소 문제, 심리평가 정보, 사전동의서, 치료목표 및 계획, 치료날짜 및 시간, 치료 회기 내용, 종결 상황 등이 포함되어야 한다.

치료기록에 대한 보관과 관리 역시 중요하다. 치료기록은 보안이 가능한 장소에 보관해야 하며, 이는 전자 정보 형태로 보존될 경우에도 해당한다. 기록 보관 연한은 법령 및 학회 규정을 따르는 것이 일반적이다(홍지영 외, 2018). 놀이치료사는 성실하게 치료기록을 작성해야 하고, 이 기록물을 철저하게 관리할 의무를 갖는다.

다음은 한국놀이치료학회 윤리강령(2019)의 '치료기록 및 보관' 관련 내용이다.

치료 기록

놀이심리상담사들은 내담 아동과의 회기 과정을 다음의 내용을 반영하도록, 사실대로 기록해야 한다.

- 현재의 발달상 기능 수준(예: 인지, 놀이발달, 정서 발달 등등의 기능 수준).
- 치료개입의 장단기 목표.
- 행동 및 목표와 연관된 회기 내의 언어 표현.
- 관찰된 놀이주제 및 사용된 놀이도구.
- 내담 아동의 행동 및 목표와 관련된 사실적인 이미지.
- 사고과정, 정서, 놀이주제, 그리고 행동에서의 변화.
- 주요 다른 성인에 대한 개입(예: 부수적인 치료, 의뢰 등).
- 자살이나 타살의 의도나 상상.
- 주요 다른 성인들이 관찰한 내용.
- 가족 기능의 수준과 가족 환경.
- 종결 상황.

기록 보관

- 컴퓨터를 사용한 자료의 보관은 정보의 보호와 관리에 있어 한계가 있다는 사실을 알아야 한다.
- 내담 아동과 부모에 대한 기록이 전자 정보 형태로 보존되어 제삼자가 내담 아동과 부모의 동의 없이 접근할 수 있을 때, 놀이심리상담사는 적절한 방법(패스워드 설정 등)을 통해 내담자의 신상이 드러나지 않도록 조치를 취한다.

- 놀이심리상담사는 컴퓨터, 이메일, 팩스, 전화, 기타의 장치를 통해 내담자의 정보를 전송할 때에 비밀이 유지될 수 있도록 주의를 기울여야 한다.

(5) 이중관계

이중관계는 치료자와 내담자가 두 가지 이상의 서로 다른 관계에 개입될 때 발생하는데, 치료관계를 손상시키거나 왜곡하고 치료자의 객관성과 중립성을 훼손할 수 있다. 따라서, 놀이치료사는 전문적인 판단에 부정적인 영향을 미치거나 내담 아동에게 해를 끼칠 수 있는 사회적, 정치적, 종교적, 경제적인 부적절한 관계를 맺어서는 안 된다. 놀이치료사는 내담 아동 및 그 가족과 관련된 사적인 정보와 비밀을 알고 있으며, 내담자와 그 보호자가 치료자 자신과 비교하여 취약한 위치에 있음을 인식하고 있어야 한다. 놀이치료사는 이중관계를 맺지 않도록 노력해야 하고, 부득이하게 이중관계를 피할 수 없는 경우에는 서면 동의, 슈퍼비전, 자기성찰을 통해 부정적 영향을 평가하고 최소화할 수 있도록 해야 한다.

다음은 한국놀이치료학회 윤리강령(2019)의 '이중관계' 관련 내용이다.

고려할 점

놀이심리상담사는 개인적, 사회적, 조직적, 정치적, 또는 종교적 관계를 통해 전문적 판단을 손상시킬 수 있고, 내담자에게 해를 끼칠 수 있는 내담 아동 및 그와 연관된 중요한 성인들과의 다중관계에 대해 경계한다. 놀이심리상담사는 피할 수 없는 다중관계에 처했을 때는 구체적 정보에 근거한 동의(기록), 자문, 슈퍼비전 및 정확한 기록 보관을 통해서 전문적 예방책을 마련한다.

(6) 신체적 접촉

이론적 배경과 근거에 따라 놀이치료사와 아동 간의 신체접촉이 허용되거나 혹은 치료적으로 중요시되는 경우가 있다. 신체적 접촉은 문화적으로 허용되는 범위 내에서 일어나야 한다. 또한, 적절한 지식과 훈련, 전문적인 판단, 슈퍼비전, 아동에 대한 유익성과 관련된 구체적 근거가 없다면 신체적 접촉을 해서는 안 된다.

한편, 치료 상황에서 아동이 치료자에게 부적절한 신체접촉을 시도하는 경우가 있는데, 이는 때로 성학대 피해 아동에게서 나타날 수 있다. 이런 경우, 치료자의 신중한 판단과 대응이 중요하다. 치료자는 부적절한 신체접촉이 일어나지 않도록 하며, 아동에게 부적절한 신체접촉과 허용되는 신체접촉에 대해 알려줘야 한다. 놀이치료사를 보호하는 데 치료 과정에 대한 상세한 기록이나 녹화가 도움이 될 수 있다.

다음은 한국놀이치료학회 윤리강령(2019)의 '신체적 접촉' 관련 내용이다.

법적 보호자의 분명한 동의 없이는 과도한 신체접촉을 하지 않는다.

아동에 의해 발생된 치료자의 부적절한 신체접촉

놀이심리상담사는 내담 아동이 부적절한 신체접촉을 일으킬 수 있음을 인식해야
한다. 아동에 의해 부적절하게 신체접촉을 했을 때, 놀이심리상담사는 "모든 사
람의 몸은 소중하고, 사람들을 불편하게 만들거나 사회에서 일반적으로 부적절
하다고 생각하는 방식으로 신체접촉을 해선 안 된다"는 것을 놀이치료 시간에 아
동에게 설명해주어야 한다. 그런 사건과 그에 대한 개입은 사실대로 기록한다.

(7) 치료자의 능력과 훈련 및 수련

충분히 준비되지 않은 치료자가 내담 아동을 만나는 것은 윤리적으로 문
제가 된다. 놀이치료사는 자신의 능력의 경계 내에서만 실무를 해야 하
고, 능력은 정규교육, 실습 및 훈련, 슈퍼비전 경험, 자격 취득, 그 외의
전문적 경험 등에 기반해야 한다(한국놀이치료학회 윤리강령, 2019). 치료
자가 이수한 교육 및 훈련의 범위를 벗어나는 치료적 개입은 치료윤리
위반에 해당할 수 있다. 따라서 놀이치료사는 지속적인 교육 참여와 지
식 향상 등을 통해 자신의 전문성의 범위를 확장할 수 있도록 꾸준히 노
력해야 한다. 또한, 놀이치료사는 아동에 대한 지식과 더불어 부모 및 가
족을 다룰 수 있는 지식과 기술 역시 갖추고 있어야 한다.

다음은 한국놀이치료학회 윤리강령(2019)의 '치료자의 능력과 훈련
및 수련' 관련 내용이다.

능력의 경계

놀이심리상담사는 자신의 능력의 경계 내에서만 실무를 해야 한다. 능력은 정규

교육, 실습 및 훈련, 슈퍼비전 받은 상담 경험, 학회의 자격 취득, 그리고 그 외의 전문적 경험 등에 기반을 두어야 한다.

전문성 향상

놀이심리상담사는 적절한 교육, 훈련, 그리고, 슈퍼비전 받은 상담 경험을 쌓아 반드시 전문성을 향상시켜야 한다.

지속적인 교육과 연수

놀이심리상담사는 자신의 활동분야에 있어서 최신의 과학적이고 전문적인 정보와 지식을 유지하기 위해 지속적인 교육과 연수의 필요성을 인식하고 참여해야 한다.

자기반성과 평가

놀이심리상담사는 전문인으로서의 능력에 대한 지속적인 자기반성과 평가를 해야 하며, 자신의 능력을 향상시키기 위해 지도감독을 받을 책임과 의무가 있다.

참고

1. 한국심리학회 윤리규정
   https://www.koreanpsychology.or.kr/user/sub01_4.asp#undefined3
2. 한국상담심리학회 상담심리사 윤리규정
   https://krcpa.or.kr/user/sub02_9.asp
3. 한국놀이치료학회 윤리강령
   http://playtherapykorea.or.kr/user/sub01_6.asp

08

놀이치료사의 태도

이번 장에서는 아동 놀이치료에서 치료자의 언어표현 기술에 대해 살펴보고자 한다. 대표적인 언어표현 기술에는 비언어적 행동 반영하기, 내용 반영하기, 감정 반영하기와 제한설정하기가 있다. 놀이치료 접근 방식에 따라 해당 기술을 사용하기도 하고 덜 사용하거나 사용하지 않기도 한다. 각 기술에 대한 설명에 사용하는 방법에 대한 안내가 되어 있으니 참고하여 적용할 수 있다.

1. 비언어적 행동 반영하기

비언어적 행동 반영하기(tracking)는 많은 놀이치료 접근에서 사용하는 기술이다. 놀이치료사는 비해석적인 방식으로 아동이 하는 행동과 놀잇 감을 가지고 행하는 행동을 반영해준다. 행동 반영하기의 목적은 치료자가 아동과 관계를 형성하고, 아동의 행동에 관심이 있다는 것을 알리고 놀이로 의사소통하는 것이 중요하다는 것을 알려주는 것이다(Kottman, 2003; Sweeney & Landreth, 2009).

1) 방법

비언어적 행동을 반영하는 방법은 두 가지가 있다. 하나는 아동의 행동을 반영하는 것이고, 다른 하나는 아동이 놀잇감을 가지고 행하는 행동을 반영하는 것이다. 예를 들어, "너는 그것을 집었구나."라고 하는 것은 아동의 행동을 반영하는 것이고, "자동차가 위로 아래로 왔다 갔다 하는구나."라고 하는 것은 아동이 놀잇감을 가지고 행하는 행동을 반영하는 것이다.

어떤 반영을 할지를 선택하는 기준은 없지만, 회기 상황에 따라 치료자가 하나 혹은 두 가지 방법을 혼용해서 사용할 수 있다. 예를 들어, 아동이 자신의 행동을 반영하는 것에 거부적이라면, 아동이 놀이하는 행동을 반영할 수 있다. 그런 경우, 초기 회기에서는 놀잇감의 행동을 반영하고 후기 회기에서는 아동의 행동을 반영하기도 한다.

놀이치료는 투사적인 치료 방식이기 때문에 아동이 놀잇감에 어떤 의미를 내포시키는지가 중요하다. 따라서 놀이치료사는 아동이 스스로 투사할 수 있도록 놀잇감에 이름을 붙이는 행동을 자제해야 한다. 예를 들면, "마귀할멈이 그 집 주변을 맴돌고 있구나." 대신에 "누군가가 그곳을 왔다 갔다 하고 있구나."라고 하는 것이다. '마귀할멈'이라고 이름을 붙이지 않음으로써 아동의 시각에서 그 물체를 바라보고 투사할 수 있도록 돕는다. 그리고 '맴돌고 있다'는 표현을 사용하지 않고 '왔다 갔다 한다'고 표현함으로써 어떤 행동을 할지에 대해서도 다양한 가능성을 열어

두게 된다.

　비언어적 행동 반영하기는 너무 드물게 해서도 안 되고 너무 자주 해
서도 안 된다. 너무 드물게 하면 아동은 치료자가 자신에게 관심이 없다
고 느낄 수 있고, 너무 자주 반응하면 진심이 느껴지지 않거나 자신의 놀
이에 방해가 된다고 느낄 수 있기 때문이다(Giordano, Landreth, & Jones,
2014). 성인들의 상호작용에서 주고받는 정도의 빈도를 고려해서 아동
의 행동과 놀이에 대해 비언어적 행동을 반영해주어야 한다. 성인들 간
의 상호작용에서도 너무 말이 없다면 관심이 없다고 느껴지고, 이야기에
대한 반응이 지나치게 많아도 진심이 느껴지지 않거나 자신이 하고자 하
는 이야기에 방해가 된다고 느껴질 수 있다.

　놀이치료사는 비언어적 행동을 반영한 후에 아동의 반응을 자세히
관찰해야 한다. 아동의 반응을 살펴보고 놀이치료사는 이후에 어떻게 행
동해야 할지에 대한 방향을 결정하게 된다. 어떤 아동들은 놀이치료사의
반영이 틀렸을 때 수정해주기도 하고(예: "그건 말이 아니고 유니콘이
에요."), 어떤 아동들은 놀이치료사가 반영하는 것에 대해 불편해하기도
한다(예: "왜 자꾸 내가 뭘 하는지 말하는 거예요?"). 어떤 경우에는 놀
이치료사의 반영에 대해 편안해하며 더 자세한 이야기를 해주기도 하고,
비언어적인 반응을 하기도 한다(예: 놀이치료사를 쳐다보며 고개를 끄
덕인다). 놀이치료사는 이러한 아동의 반응에 더욱 주의를 기울임으로
써 아동의 놀이 주제와 패턴을 알아가게 되며, 아동의 생각과 감정에 대
한 통찰을 얻게 된다. 직접적인 방식으로 반응하는 아동은 실제 의사소
통 방식에서도 직접적인 방법을 사용하고, 간접적인 방식으로 반응하는
아동은 실제 의사소통 방식에서도 간접적인 방법을 사용하는 경향이 있
다(Kottman, 2014).

▶ 치료 종류에 따른 비언어적 행동 반영하기 기술 사용 여부

비언어적 행동 반영하기 기술을 사용하는 접근	비언어적 행동 반영하기 기술을 사용하지 않는 접근
아동중심 놀이치료, 부모자녀 놀이치료	인지행동 놀이치료, 게슈탈트 놀이치료, 정신분석적 놀이치료, 치료놀이, 발달놀이치료

비언어적 행동 반영하기는 많은 놀이치료적 접근에서 사용되는 기본적인 기술이다. 비지시적 접근(아동중심 놀이치료 및 부모자녀 놀이치료)의 경우에 비언어적 행동 반영하기는 아동과 상호작용하는 핵심적인 도구가 된다. 다른 접근에 비해 비지시적 접근은 비언어적 행동 반영하기를 더 많이 사용하며 초기 회기에서 더욱 그렇다. 중기나 후기 회기에서도 사용하지만 빈도는 줄어든다. 다른 접근의 경우에도 초기 회기에 아동과 관계를 맺기 위해 사용하지만, 이후 회기에서는 다른 기술들을 더 많이 사용한다.

2) 예시

상황에 따라 여러 개의 행동 반영하기가 가능하다(아래의 예시 반응 외에도 가능하다).

> 상황:　아동이 강아지 인형을 집어들고 놀이치료사에게 다가가 치료자의 손에 장난감을 올려놓았다.
> 치료자: "너는 그걸 내 손 위에 올려놓았구나."
> 　　　　 "그게 내 손 위에 올라왔네."

상황: 아동은 엄마 인형을 바닥으로 던진다.

치료자: "너는 그것을 바닥으로 던졌구나."

          "그게 바닥에서 나뒹굴고 있구나."

상황: 아동은 작은 거미 인형을 집어서 큰 거미 인형 위에 올린다.

치료자: "너는 하나 위에 다른 하나를 올렸네."

          "작은 것이 큰 것 위에 올라갔네."

상황: 아동은 놀이치료사에게 총을 겨누고는 크게 미소 짓는다.

치료자: "너는 나를 겨누고 있구나."

          "총이 나를 향해 있네."

2. 내용 반영하기

내용 반영하기란 아동이 말하는 것을 다른 말로 바꾸어 재진술하는 것으로, 많은 놀이치료 접근의 기본적인 기술이다(Giordano, Landreth, & Jones, 2014). 놀이치료사가 내용을 재진술하는 이유는 아동의 말을 반영하기 위해서이며, 따라서 아동의 말에 어떠한 해석이나 의미를 더하지 않는다. 재진술의 목적은 치료자가 아동의 말을 잘 듣고 있다는 것을 아동에게 알려주기 위함이며(Landreth, 2002), 아동은 자신이 했던 말을 들을 수 있고, 치료자는 아동의 관점을 인정하면서 자아에 대한 이해를 돕는다(Giordano, Landreth, & Jones, 2014). 이것은 아동과의 관계를 형성하기 위한 방법이기도 하다.

1) 방법

놀이치료에서 효과적으로 재진술하기 위해서는 연습과 기술이 필요하다. 아동은 일반적으로 성인이 자신의 말에 귀를 기울이지 않는다고 생각하기 때문에 초기 회기 때 시간과 노력을 들여 아동의 말을 재진술하는 성인을 보면 의아해한다. 아동이 치료자의 재진술에 대해 부정적으로 반응하는 것을 막기 위해서는 아동이 하는 말에 진심으로 흥미를 가지고 존중해야 한다. 놀이치료사는 아동과 눈을 맞추며 아동의 말에 경청하는 자세와 아동이 이해할 수 있는 언어표현으로 진심을 담아서 전달해야 한다. 여기서 경청하는 자세란 몸을 아동 쪽으로 기울이고 팔과 다리는 열린 자세를 의미한다(팔짱을 끼거나 다리를 꼬지 않는다). 가장 중요한 요소는 편안하고 이완되어 있으며 아동을 편안하게 바라보는 것이다.

내용 반영하기에서 중요한 요소 중 하나는 아동의 말을 앵무새처럼 따라하지 않으면서도 아동이 이해할 수 있는 용어로 재진술하는 것이다. 즉, 아동의 말을 반복하는 게 아니라 아동의 말을 듣고 그것을 놀이치료사의 언어로 소화하여 다른 말로 바꾸어 표현하는 것이다. 재진술이 너무 피상적이거나 아동의 말을 똑같이 반복하기만 한다면 아동은 치료자가 진심을 다해 자신의 이야기를 듣는다고 생각하지 않는다.

아동은 자신의 생각이나 감정에 대해 다양한 방법을 사용하여 이야기한다. 먼저 직접적으로 이야기하는 방법은 예를 들어, "아빠가 주말에 같이 놀러가기로 약속해놓고선 못 간대요."라고 표현한다. 다른 방법으로는 놀이를 통해 표현하기도 하는데, 예를 들면, "이 아이 아빠가 주말에 놀러가기로 약속했는데 갑자기 아빠가 못 간다고 했어요."라고 표현하기도 한다. 직접적으로 표현했을 때는 직접적으로 반영해주어야 하며("아빠가 너와 주말에 놀러가기로 한 약속을 지키지 않았네."), 놀이를 통해 표현했을 때는 놀이로 반영해주어야 한다("그 아이 아빠가 주말에 놀러가기로 한 약속을 지키지 못했구나.").

비지시적 놀이치료사는 어떤 의도를 가지고 행동하지는 않는 편이지만, 재진술의 경우에는 아동의 사고에 어느 정도 영향을 미칠 수 있다(인지행동 놀이치료에서는 의도적으로 아동의 경험, 생각, 태도를 탐색해보도록 제안한다). 치료자가 아동의 진술 중 특정 단어에 집중하여 재진술함으로써 아동이 탐색할 방향을 안내할 수 있다. 예를 들어, 아동이 "어제 엄마가 동생을 낳았어요. 엄마는 동생이 귀엽대요. 저는 동생이 정말 싫어요."라고 말했을 때 치료자가 아동의 반응을 더욱 살펴보고 싶다면 "너에게 동생이 생겼구나."라고 재진술할 수 있다. 만약 아동과 엄마의 관계에 대한 생각과 감정을 탐색해보고자 한다면 "엄마가 동생을 귀여워하는구나."라고 재진술할 수 있다. 그리고 아동의 동생에 대한 감정을 탐색해보고자 한다면 "너는 어제 태어난 동생이 싫구나."라고 재진술 할 수 있다.

치료자가 재진술을 하였을 때 아동의 반응을 자세히 살펴보아야 한다. 아동은 치료자의 재진술에 대해 언어적/비언어적 또는 직접적/간접적으로 반응할 수 있으며, 이를 통해 아동의 관점을 더욱 명확하게 이해할 수 있게 된다. 직접적인 언어적 반응으로는 "맞아요." 또는 "선생님이 뭐라고 하는지 모르겠어요." 등이 있다. 간접적인 언어적 반응은 아동이 치료자의 재진술을 살짝 수정해주는 방식으로, 치료자의 재진술 후에 아동이 자신의 진술을 다시 정확히 이야기하는 방식으로 나타난다. 직접적인 비언어적 반응으로는 고개를 끄덕이거나 고개를 젓거나 어깨를 으쓱하는 것 등이 있다. 간접적인 비언어적 반응은 약간 몸을 돌린다거나 놀이 패턴을 바꾸는 등 다소 미묘하게 나타날 수 있다(Kottman, 2014).

내용 반영하기도 비언어적 행동 반영하기와 마찬가지로 많은 놀이치료적 접근에서 사용되는 기본적인 기술이다. 내용 반영하기는 놀이치료 초기 회기에서 아동과 관계를 맺기 위해 더 많이 사용하며 중기나 후기 회기에서는 빈도가 줄어든다.

▶ **치료 종류에 따른 내용 반영하기 기술 사용 여부**

내용 반영하기 기술을 사용하는 접근	내용 반영하기 기술을 사용하지 않는 접근
아동중심 놀이치료, 정신분석적 놀이치료, 인지행동 놀이치료, 부모자녀 놀이치료	게슈탈트 놀이치료, 치료놀이, 발달놀이치료

2) 예시

상황에 따라 여러 개의 내용 반영하기가 가능하다(아래의 예시 반응 외에도 가능하다).

> 상황: 아동이 강아지 인형을 집어 들고는 "강아지가 선생님 손을 물러 갈 거예요."라고 한다.
>
> 치료자: "강아지가 내 손을 물려고 하네."
>
> "강아지가 내 손을 물 계획을 하고 있구나."
>
> "강아지가 내 손을 물려고 움직이고 있구나."

> 상황: 아동은 엄마 인형을 바닥으로 던지고, "나한테 이래라저래라 하는 사람들은 이렇게 다치게 될 거야." 라고 한다.
>
> 치료자: "너한테 그런 말을 하는 사람은 다치는구나."
>
> "너에게 이래라저래라 말하는 사람을 벌주고 싶구나."

상황:　　아동은 작은 거북 인형을 집어서 큰 거북 인형 위에 올리고, "나
　　　　는 아기 거북이야. 나는 엄마 등에 업히는 걸 좋아해."라고 한다.

치료자: "아기 거북아, 너는 엄마 등에 업히는 걸 좋아하는구나."

　　　　"너는 엄마 등에 올라타는 것을 좋아하는구나."

　　　　"엄마와 함께 있는 것은 정말 행복한 일이지."

상황:　　아동은 놀이치료사에게 총을 겨누고는 크게 미소 짓는다. "지
　　　　금은 전쟁 중이에요. 움직이지 마세요. 만약 움직이면 쏠 거
　　　　예요."라고 한다.

치료자: "너는 내가 움직이지 않았으면 하는구나."

　　　　"내가 움직이면 네가 나를 쏠 거구나."

　　　　"내가 네 명령을 따르지 않으면 네가 나를 쏠 거 같아."

3. 감정 반영하기

아동은 자신의 감정을 정확하게 설명하는 추상적 언어 추론 능력이 발달
하지 않았기 때문에 놀이치료에서는 놀이를 의사소통의 수단으로 사용
하게 된다(Landreth, 2002). 대부분의 아동은 언어적, 비언어적으로 자신
의 감정을 표현하지만, 명확하게 자신의 감정을 설명하기 어렵다.

　감정 반영하기의 목적은 다양하다(Giordano, Landreth, & Jones,
2014). 우선 아동은 감정 개념에 대한 이해가 불완전하기 때문에 자신의
감정을 지각하고 이해하는 데 어려움이 있다. 놀이치료에서 아동의 감
정을 추론하는 것은 아동이 자신의 경험을 이해하도록 도울 수 있기 때

문에 중요하다. 다음으로 놀이치료사는 아동의 감정 단어를 확장시켜 줄 수 있다. 아동은 일반적으로 일차 감정이라고 불리는 기쁨, 슬픔, 두려움, 분노와 같은 감정 개념은 알고 표현할 수 있지만, 다양하고 미묘한 감정(이차 감정)은 표현하지 못한다. 놀이치료를 통해 아동에게 새로운 감정 단어를 안내하고 이해시킬 수 있다.

1) 방법

감정 반영하기는 치료자가 아동이 느끼고 있다고 생각하는 감정을 추측하여 진술하는 것이다. 치료자는 하나의 장면에서 하나 혹은 그 이상의 감정을 진술할 수도 있고(예: "너는 지금 기분이 좋아 보이는구나."), 감정의 패턴을 반영할 수도 있다(예: "네가 할머니 이야기를 할 때마다 항상 기분이 좋아 보이는 것 같아.").

　　감정을 반영할 때 주의해야 할 사항은 다음과 같다. 치료자가 이전의 사건과 아동의 감정을 연결하고 싶어 설명을 복잡하게 하거나, 아동이 왜 그런 감정을 경험하게 되었는지에 대해 해석을 하는 것은 적절하지 않다. 또한 아동에게 어떤 감정이 부적절하다고 알려주는 것도 삼가야 한다. 어떤 감정이든 느낄 수 있으며 심지어 누군가가 정말 밉다거나 싫다는 감정도 존중해 주어야 한다. 아동이 그러한 감정을 느끼는 이유나 어떻게 해서 그런 감정을 느끼게 되었는지를 설명해 달라는 요청도 자제해야 한다. 대부분의 아동은 그런 질문에 답할 능력을 가지고 있지 않기 때문에 답을 하고자 노력하면서 좌절감을 경험하게 된다. 아동의 감정을 적절히 반영해주기 위해서 치료자는 다양한 감정 단어를 인식하고 이해하며 활용할 수 있어야 한다. 아래 표에 한국 초등학생이 자주 사용하는 정서 단어 목록을 제시하였다. 아동의 감정을 반영할 때 참고하여 사용할 수 있다. 마지막으로 치료자가 감정 반영하기를 할 때 목소리의 톤에 아동의 감정이 실려 있어야 한다. 아동이 슬퍼하고 있는데 치료자의 감정 반영하기가 기쁜 목소리나 신나는 목소리의 톤이라면 아동은 공감받지 못하고 있다고 느낄 수 있다. 반대의 상황도 마찬가지로, 아동이 행복한 감정을 표현하고 있는데 치료자가 단조로운 톤이나 딱딱한 톤으로 말한다면 아동은 자신의 행복한 감정이 잘못되었다고 느낄 수 있다.

▶ **한국 초등학생이 자주 사용하는 정서 단어 목록(63개)**

긍정정서		부정정서	
즐겁다	뿌듯하다	속상하다	샘나다
신나다	자신만만하다	걱정스럽다	허전하다
만족스럽다	열중하다	우울하다	무섭다
편안하다	사랑하다	불만스럽다	불쌍하다
기분좋다	정답다	지겹다	마음 아프다
흐뭇하다	안심되다	외롭다	어이가 없다
희망차다	자랑스럽다	재미없다	후회하다
반갑다	열정적이다	답답하다	귀찮다
감사하다		실망스럽다	싫증나다
흥겹다		짜증나다	가슴이 벅차다(긍정,
여유롭다		밉다	부정 모두 해당)
흥미롭다		억울하다	슬프다
포근하다		화나다	죄송스럽다
기운차다		한심하다	부끄럽다
좋아하다		두렵다	그립다
감동하다		배신감을 느끼다	부담스럽다
행복하다		조급하다	불안하다
열광하다		섭섭하다	흥분하다
들뜨다		아쉽다	

출처: 이은경, 이양희(2006)

감정 표현은 다양한 방식으로 이루어질 수 있다. 비언어적인 방식으로는 얼굴 표정, 신체 언어, 목소리 톤 등이 있고, 직접적인 언어로 표현할 수도 있다. 아동이 언어로 감정을 표현하면 치료자는 아동의 감정을 쉽게 인식할 수 있다. 치료자는 아동이 표현하는 언어에 대해 반영해주면 된다(아동이 "엄마 때문에 너무 화가 나요."라고 하면, 치료자는 "엄마 때문에 화가 났구나."라고 한다). 아동이 간접적인 방식으로 감정을 표현하는 경우, 어떤 아동은 명확하게 자신의 감정을 얼굴 표정, 목소리 톤 등으로 표현하지만 어떤 아동은 애매모호하게 표현하기도 한다. 아동의 놀이 주제와 회기 전반에 걸쳐 나타나는 정서적 톤을 고려해서 반영해야 하며, 추측하는 방식으로 반영해주어야 한다(예를 들어, 아동이 비언어적으로 분노감을 표현한다고 생각할 때 "화가 났구나."가 아니라 "화가 난 것처럼 보인다."라고 표현한다).

아동은 치료자가 자신을 수용하고 편안한 분위기일 때 자신의 감정을 표현하게 되며, 그렇지 않은 환경에서는 자신의 감정을 감추려 한다. 예를 들어, '사내대장부가 울면 안 된다'는 이야기를 들어온 남자아이는 자신의 슬픔, 외로움, 상처받음, 실망 등의 감정을 표현하기 어렵다. "화를 내는 것은 잘못이야."라는 말을 들어온 아이는 자신의 분노, 짜증 등을 표현하기 힘들다. 아동에 대해 충분히 알게 되면 아동의 행동의 이면에 있는 감정을 적절히 추측할 수 있게 되고, 이것을 반영해주는 것은 아동에게 도움이 된다. 단, 아동이 인정하기 힘들어하는 감정을 반영함에 있어서 강요나 강압적인 방식이 되지 않도록 유의해야 한다.

치료자가 감정 반영을 했을 때 아동의 반응을 자세히 살펴보아야 한다. 아동은 치료자의 감정 반영에 대해 언어적으로 반응하기도 하지만, 많은 경우에 비언어적인 방식으로 반응한다(신체 언어나 놀이를 통해 표현). 아동은 미소 짓기, 어깨 으쓱하기, 고개 젓기, 치료자로부터 돌아서기 등으로 표현하기도 하고, 놀이에서 치료자를 쏘려고 한다거나 아빠 인형이나 엄마 인형을 때린다거나 인형을 던지는 등으로 표현하기도 한다. 직접적인 언어적 반응으로 "아니요. 저는 정말 화난 게 아니에요."라고 한다면 치료자는 자신의 반영이 틀렸음을 인정하고 아동에 사과하거나 실수였음을 인정해야 한다. 치료자의 반영이 맞았음에도 아동이 아니라고 한다면 다양한 방법으로 반응할 수 있다. 아동의 반응에 대해 반영할 수도 있고(예: "네가 화난 것 같다고 해서 기분이 나쁜 것 같다."), 아동의 반응을 무시할 수도 있고, 아동에게 치료자의 말에 대해 생각해보라고 이야기할 수도 있다. 이런 상황에서도 치료자는 아동과 논쟁할 필요는 없으며 아동의 감정에 대한 권리는 아동에게 있음을 인정하고 존중해야 한다(Kottman, 2014).

감정 반영하기는 대부분의 놀이치료 이론적 접근(약 80%이상)에서 활용하고 있다.

2) 예시

상황에 따라 여러 개의 내용 반영하기가 가능하다(아래의 예시 반응 외에도 가능하다).

> 상황: 아동은 아주 슬픈 표정을 지으며, "엄마가 이번 주말에 친구들이랑 놀이 공원에 안 가고 할머니 댁에 간대요." 라고 한다.
> 치료자: "친구들이랑 놀이 공원에 가지 못해서 실망했구나."
> "할머니 댁에 가는 것 대신 친구들이랑 놀이 공원에 가고 싶구나. 엄마가 그런 결정을 해서 속상하겠다."
>
> 상황: 아동은 놀이실에서 특별한 장난감을 찾고 있었지만, 찾지 못했다. 아동은 발을 구르며, "선생님 미워요. 나는 이 방도 싫어

요. 내가 찾는 인형은 어디 있죠?"라고 한다.

치료자: "네가 원하는 인형을 찾지 못해서 화가 났구나."

"그 인형이 없어서 정말 실망했구나."

"네가 원하는 인형을 찾지 못해서 화가 났다는 것을 나에게 알려주고 싶구나."

상황: 아동은 놀이치료실로 들어와 둘러보며, "이 방은 항상 그대로였으면 좋겠어요."라고 한다.

치료자: "이 방이 항상 그대로였으면 좋겠구나."

"네가 이 방에 있는 동안 편안하고 행복한 것 같아."

상황: 아동이 아기 거북을 모래 속에 파묻고는 아기 거북 역할을 하며 울음소리를 낸다. 엄마 거북이는 모래를 파헤치며 아기 거북이를 찾는다. 아빠 거북이는 아기 거북이에게 왜 우냐고 소리를 지른다.

치료자: "아기 거북아. 모래 속에 있을 때 너무 무섭고 슬펐겠다."

"아빠 거북아. 아기 거북이가 울어서 화가 났구나."

"엄마 거북이는 아기가 어디 있는지 걱정했는데 모래 속에서 찾아내서 안심했겠다."

4. 제한설정하기

기노트(Ginott, 1959)는 제한설정을 치료적 관계의 근본을 약화시키는 위험한 기술이라고 언급하였으며, 쉬퍼(Schiffer, 1952)와 슬라브손(Slavson, 1943)도 놀이치료 회기에서 무조건적 수용을 해야 한다고 주장하며 치료의 효과성을 높이기 위해 아동이 하고자 하는 것과 원하는 것을 제공해주어야 한다고 제안하였다. 하지만 그 이후 액슬린(Axline), 빅슬러(Bixler), 무스타카스(Moustakas) 등은 이런 입장에 반대하며 제한 없는 치료는 존재하지 않고 제한이 곧 치료라고 주장하였다.

현재 대부분의 놀이치료 접근에서 제한설정을 받아들이고 있으며 놀이치료실에서 허용될 수 없는 행동에 대해서 제한하고 있다. 하지만 일반적으로 아동의 공격적이거나 적대적인 상징 표현이나 언어에 대해서는 제한하지 않는다.

제한을 설정하는 이유는 다음과 같다(Landreth, 2002).

- 제한은 놀이치료실에서 아동이 신체적으로, 정서적으로 안전함을 느끼게 하여 잠재적으로 성장을 돕는다.
- 제한은 치료자를 신체적으로 안전하게 보호하여 아동을 완전히 수용할 수 있도록 돕는다.
- 제한은 아동의 의사결정, 자기통제, 자기책임감을 발전시킨다.
- 제한은 놀이치료 회기에서 아동이 지금 그리고 현재에 머물도록 돕고 현실감을 가질 수 있게 한다.
- 제한은 놀이치료 환경과 관계에서 예측가능성과 일관성을 확립하게 한다.
- 제한은 전문적, 윤리적, 사회적으로 책임질 수 있는 지침 안에서 놀이치료적 관계를 유지하도록 돕는다.
- 제한은 장난감, 놀이치료 도구, 놀이치료실에 대한 잠재적 손상을 줄여줄 수 있다.

제한을 설정하는 경우 제한의 내용은 다음과 같다.

- 놀이치료 회기에서 아동 자신, 다른 아동, 부모, 치료자를 다치게 할 수 없다.
- 놀이치료실의 장난감이나 놀이치료 도구, 놀이치료실(바닥, 벽, 창문, 가구, 그 외 물품)을 부수거나 손상시킬 수 없다.
- 아동은 놀이치료 회기 동안 놀이치료실에 머물러야 하며, 치료자가 허락할 때 놀이치료실을 떠날 수 있다(화장실을 가거나, 물을 마시러 가거나 등).
- 대부분의 치료자는 아동이 놀이치료실의 장난감을 밖으로 가지고 나갈 수 없도록 제한하며, 놀이치료실로 외부 장난감을 가지고 들어가지 않도록 제한한다.

이런 제한은 대부분 협상이 불가능하며 사람과 물건에 대한 손상의 규칙은 특히 엄격히 제한하고 있다. 그 외에 제한은 치료적 접근 방식, 치료자의 치료 방식, 치료자의 성향, 아동의 성향 및 상황적 특성에 따라 결정된다.

대부분의 놀이치료사는 초기 회기에서 제한설정 목록을 알려주는 것보다 규칙을 위반하려고 할 때 제한을 설정하는 것이 더 효과적이라고 믿는다. 초기 회기에 제한설정 목록을 알려주는 것은 아동이 놀이치료를 허용적이지 않다고 느끼게 할 뿐만 아니라 특히 공격적인 아동과의 힘 겨루기를 피할 수 없게 한다. 제한설정을 하는 최고의 시점은 아동이 실제로 규칙을 어기기 직전이며, 아동이 문제를 일으킬 것으로 예상되는 시점에 아동이 행동을 바꿀 수 있도록 해주어야 한다. 대부분의 아동은 부적절한 행동을 하기 전에 자신의 의도를 드러내기 때문에 문제 행동을 하기 직전에 제한설정을 하는 것은 매우 효과적일 수 있다.

　　너무 일찍 혹은 너무 늦게 제한설정을 하는 것은 피해야 하는데, 만약 너무 일찍 제한설정을 하면 아동은 자신이 그러한 의도를 가지고 있었는지 아닌지에 대해 치료자와 언쟁을 하려고 할 수 있다. 만약 너무 늦게 제한설정을 하면 치료자는 문제 행동을 예방할 수 있는 기회를 놓치게 된다. 이 경우에 아동은 자신의 행동에 대해 죄책감을 느끼게 되거나 부적절한 행동을 해냈다는 승리감을 느끼게 될 수 있다.

1) 방법

ACT의 3단계로 제한설정을 진행하는 브래톤과 랜드레스(Bratton & Landreth, 2020)의 방식은 다음과 같다.

> 아동의 이름을 부르기: "민수야."
> A(Acknowledge – 인정하기): 아동의 감정, 소망, 바람 등을 인정하기.
> "너 정말 화가 났구나. 그래서 나한테 공을 던지고 싶구나."
> C(Communicate the limit – 제한을 전달하기): 아동에게 제한을 전달한다.
> "하지만, 나에게 공을 던질 수는 없어."
> T(Target appropriate alternative – 적절한 대안 제시하기): 적절한 대안적 행동이나 방향을 제시하기.
> "그 대신 보보 인형에게 공을 던질 수 있어."

　　치료자는 아동에게 무엇이 수용가능하고 무엇이 수용 불가능한지를 명확하게 알려주어야 한다. 특히 제한설정을 시작하는 단계에서 아동의 이름을 불러서 부적절한 행동에 집중되어있던 아동의 주의를 돌려서 치료자에게 집중하게 한다.

세 번째 단계까지 안내해도 아동이 제한을 받아들이지 않는다면, 네 번째 단계로 '최후의' 제한과 마지막 선택(예: "네가 나한테 한번 더 공을 던진다면 오늘은 더이상 놀이를 할 수 없어.")을 안내한다. 여기서 중요한 점은 아동이 결과를 선택하고 책임진다는 부분이다. 가능한 선택에는 놀이치료실을 떠나는 것과 적절한 대안 행동을 하는 것이 있다. 치료자가 이 과정을 원활히 수행하기 위해서는 인내심을 길러야 하며 가능한 한 네 번째 단계까지 가지 않도록 해야 한다. 치료자는 아동이 제한을 따르지 않는 순간에도 따뜻함, 공감, 존중, 수용의 자세를 유지해야 하기 때문에 상당한 스트레스를 받게 된다. 그리고 네 번째 단계에서 치료자가 아동에게 물리적 개입을 하기보다는 부모에게 개입하도록 요구하는 것이 추천된다.

2) 예시

다음과 같이 제한설정을 할 수 있다.

상황: 지민이는 모래상자에서 피규어를 가지고 놀고 있다. 그러던 중에 지민이는 모래를 상자 밖으로 던지려고 한다.
     일반적으로 모래상자가 있는 놀이치료실에서 치료자는 아동이 모래상자를 가지고 놀려고 할 때 모래를 상자 밖으로 뿌리거나 던지는 행동은 할 수 없음에 대해 안내한다. 이러한 규칙을 안내했음에도 불구하고 아동이 놀이 도중 모래를 상자 밖으로 뿌리거나 던지려 한다면 제한을 할 수 있다.

치료자: "지민아! 너는 모래를 밖으로 던지고 싶구나. 하지만 모래를 상자 밖으로 던질 수 없어. 그 대신 상자 안에서는 마음껏 가지고 놀 수 있어."

(아동이 제한을 따르지 않으면) "네가 모래를 밖으로 던지기로 했다면, 오늘 놀이에서는 모래를 더이상 가지고 놀 수 없어."

만약 계속 모래를 가지고 놀겠다고 떼를 쓴다면, 더이상 놀이 회기가 진행될 수 없음을 안내해야 한다.

상황: 민수는 치료자가 총을 쏘지 못하게 한 제한설정에 화가 나서 바닥에 드러누워 머리로 바닥을 찧는다.

치료자: "민수야! 내가 총을 쏘지 못하게 해서 너 정말 화가 났구나. 하지만 바닥에 머리를 찧을 수는 없어. 너는 머리를 바닥에 찧는 것을 그만하거나 엄마와 함께 놀이실을 떠나는 것을 선택할 수 있어."

09

놀이치료 과정

놀이치료 과정은 이론적 배경에 따라 차이가 있으며, 아동의 문제나 특성, 치료자의 훈련 배경에 따라 선택될 수 있다.

1. 접수면접

접수면접은 놀이치료 과정에서 가장 먼저 전문가와 접촉하게 되는 절차로 놀이치료는 부모가 자녀의 문제에 대해서 상담하고자 문의하는 과정에서부터 시작된다고 할 수 있다.

1) 유선 면접

주로 전화나 인터넷으로 상담 기관을 찾아 유선으로 전문가와 처음으로 접촉하게 된다. 부모들이 주로 궁금해하는 것은 자녀의 문제가 치료를 받을 정도로 심각한지, 치료를 통해서 어떤 도움을 받을 수 있는지일 것이다. 이러한 과정은 직접 기관에 내원하여 초기면접을 할 것인지 약속을 잡는 짧은 단계지만 부모의 어려움에 대해 이해하고 공감한다는 것을 전달하여 치료 동기를 갖도록 하는 것이 중요하다.

이 단계에서 수집해야 하는 정보는 내담자의 연령, 이름, 성별, 연락처, 주호소 문제, 상담 기관에 기대하는 점이며 부모에게 상담 기관의 위치, 상담 비용 및 상담 방법, 초기 면접의 날짜와 시간을 안내해야 한다.

2) 초기면접

초기면접의 목표는 아동이나 부모를 통해 아동에 대한 정보를 수집하고 평가를 통해 아동의 문제를 잠정적으로 진단하고, 어떠한 치료적 개입을 할지 결정하는 것이다.

(1) 아동 면접

부모와 아동 중 아동을 면접자가 먼저 만나는 것을 권한다. 부모와 먼저 면접을 하게 되면 아동은 면접자가 자신에 대해 부모로부터 부정적인 정보를 들었을 것으로 생각하여 비협조적이거나 방어적인 태도를 보일 가능성이 있다.

아동과의 면접에서는 아동이 낯선 사람과 낯선 장소에서 어떻게 반응하는지, 행동 특성, 주호소 문제와 관련된 증상, 내원 목적에 대한 인식 여부, 아동 자신이 생각하는 주호소 문제에 대해서 살펴봐야 하며, 필요시 간단한 심리 평가를 실시할 수 있다.

(2) 부모 면접

부모 면접 전에 초기면접지를 작성하여 면접을 구조화시키도록 한다. 아동의 현재 문제뿐 아니라 과거까지도 아동과 관련된 모든 정보와 아동의 구체적 경험을 부모를 통해서 얻을 수 있어야 한다. 면접이나 상담을 통해서 나눈 내용은 비밀이 보장된다는 것을 알려야 하며, 부모 모두 참석한 경우 각각의 부모와 나눈 이야기 내용에 대해 비밀이 보장됨을 알려서 부모 각자의 견해나 판단을 쉽게 이야기할 수 있도록 하는 것이 필요하다. 아동, 부모와 좋은 관계를 맺는 것은 치료나 치료자를 신뢰하도록 하기 때문에 초기면접에서도 친절하고 따뜻하며 민감하게 반응하는 태도가 필요하다.

부모와의 초기면접은 초기면접지를 바탕으로 인터뷰를 통해 이루어지며 아동의 문제를 진단하고 명료화하기 위해 필요하다.

3) 초기면접의 내용

초기면접지에 담기는 내용은 다음과 같다.

① **내담자의 인적 사항(생년월일, 성별, 학교, 학년)** 면접일과 생년월일을 계산하여 생활연령을 산출한다. 영유아일수록 발달이 급속하게 변화하기 때문에 정확한 생활연령을 산출하는 것이 중요하다. 또한 같은 주호소 문제(예를 들어 분리불안, 언어 지연 등)일지라도 연령에 따라 정상 발달로 볼 수 있는 문제들이 있기 때문에 아동을 대상으로 하는 치료와 상담에 있어서 생활연령에 대한 정보는 매우 중요하다. 학교에 대한 정보가 중요한 경우가 있는데, 혹시 특별한 교육목표를 가진 학교인지(예를 들어 대안학교) 물어보는 것은 도움이 된다. 또한 적정 연령에 입학을 하

였는지, 유급이 있었는지, 전학 경험이 있는지 등에 대한 정보도 도움이 될 수 있다.

② **부모의 주호소 내용** 상담기관을 찾게 된 주요 원인을 말한다. 양육하는 데 있어서 어떤 점이 힘든지 구체적으로 기술할 수 있도록 해야 한다. '아이의 성격이 원만해졌으면 한다'든가 '사회성이 좋아졌으면 좋겠다'와 같이 추상적으로 보고할 경우 구체적인 기술을 할 수 있도록 면접자가 추가로 질문해야 한다. 주요 증상이 언제 시작되었는지, 얼마나 자주 나타나는지, 아동이 그와 관련하여 어떤 경험을 했는지, 그러한 문제가 나타날 때 부모는 어떻게 대처했는지, 주변 사람들의 반응은 어떠했는지 등은 아동의 문제 행동의 심각성을 알려주고, 문제 행동을 유지하고 촉발시키는 이유에 대한 정보를 제공해 줄 수 있다.

③ **발달력** 아동이 어떻게 성장하였는지에 대한 정보를 수집할 필요가 있는데, 이는 현재의 주호소 문제의 원인을 찾고자 함이다. 발달은 임신 과정부터 시작되고 산모의 신체적, 정신적 문제는 태아에게 직간접적으로 영향을 줄 수 있으므로 이에 대한 정보를 수집할 필요가 있다. 예를 들어, 계획 임신인지, 유산 경험이 있는지, 임신 중 건강 상태(신체적, 정신적), 출산 과정의 어려움(조산, 난산, 제왕절개 등), 출산 후 산후 우울증이 있었는지에 대한 정보를 물어볼 수 있다. 그 외에 발달의 여러 영역에서 정상 발달을 보였는지, 혹은 어떠한 어려움이나 지연이 있었는지 알아보아야 한다. 신체발달, 언어발달, 인지발달, 기질 관련 사항(섭식, 수면, 감각적 예민성, 낯가림, 낯선 장소에의 적응, 대소변 훈련 등), 성격 관련 사항(짜증이 많음/분노 폭발을 보임/수줍음이 많음/잘 운다 등)이 이에 해당한다.

④ **가족관계** 아동의 주호소 문제에 영향을 주는 원인으로 가족으로부터 오는 유전적인 부분과 환경적인 부분이 있다. 부모의 나이, 학력, 직업, 소득뿐 아니라 부모의 원가족과의 관계로부터 기인하는 애착의 문제나 양육태도 등은 아동에게 영향을 줄 수 있기 때문에 부모의 원가족 정보까지 파악하는 것은 아동을 이해하는 데 도움이 된다.

⑤ **주양육자의 양육태도** 부모의 양육태도가 허용적인지, 방임적인지, 강압적인지 등에 대한 정보와 부모의 양육태도가 일치하는지 등에 대한 정보가 필요하다. 만약 부모가 맞벌이 부부로 베이비시터나 조부모가 주양육자라면 이들에 대한 양육태도 정보도 필요할 것이다.

⑥ **상담 및 치료 경험** 이전에 놀이치료나 그 외 다른 치료나 상담을 받은 적이 있는지, 받았다면 어떤 문제로 치료를 받았는지에 대한 정보는 아동의 주호소 문제가 언제부터 시작되었는지, 아동과 부모가 치료에 협조적이었는지, 그리고 치료에 대한 기대감 등에 대한 정보를 제공해줄 수 있다. 과거 치료 경험이 긍정적이었다면 아동뿐 아니라 부모와의 라포 형성이 훨씬 수월할 수 있다.

⑦ **교육력** 어린이집이나 유치원에 등원하게 된 연령, 첫 등원시 적응에 어려움은 없었는지, 또래 관계나 교사와의 관계는 어땠는지에 대한 정보는 아동이 새로운 환경이나 낯선 사람에 대해 적응하는 능력을 가늠하게 해줄 수 있다.

⑧ **양육력** 부모가 초기면접에 아동과 동행하였을지라도 부모가 주양육자가 아닐 수 있다. 부모가 맞벌이 부부인 경우에는 주양육자가 누구인

지를 물어볼 필요가 있다. 또한 주양육자가 변경된 경험이 있는지 등에 대한 정보도 반드시 필요하다.

2. 심리 평가

초기면접 과정에서 아동의 문제를 좀 더 구체적으로 알 수 있도록 심리 평가나 발달 평가, 상호작용 평가가 계획될 수 있다. 초기면접이나 행동 관찰을 통해 수집한 정보만으로도 아동의 문제나 치료적 방향을 파악할 수 있다면 추가적인 평가를 실시하지 않아도 된다. 아동의 연령이나 주 호소 문제에 따라서 다양한 심리 평가가 실시될 수 있다.

1) 심리 평가

일반적으로 아동의 전반적인 인지적 능력과 정서적 측면을 살펴보고자 할 때, 종합심리평가(full battery)를 실시할 수 있다. 종합심리평가를 통해서 아동의 인지 기능, 정서 상태뿐 아니라 성격 특징, 핵심 갈등 영역, 대인관계, 심리적 자원 등 심리적 기능을 종합적으로 탐색할 수 있다. 종합심리평가에는 지능검사(K-WPPSI, K-WISC), 시지각 평가(BGT, VMI), 투사적 검사(HTP, KFD, CAT, Rorschach, SCT) 등이 포함된다. 그 외에도 주호소 문제에 따라서 주의력 검사, 우울 및 불안 척도, 학습진단검사 등 이 실시될 수 있다.

① 한국 웩슬러 아동 지능검사 5판(Korean Wechsler Intelligence Scale for

Children V: K-WISC-V) 한국 웩슬러 아동 지능검사 5판은 만 6세 0개월부터 만 16세 11개월까지 아동의 지능을 평가하기 위해 개별적으로 실시하는 종합적인 임상 도구이다. 전반적인 지적 능력은 물론, 특정 인지 영역(예: 언어이해, 시공간, 유동추론, 작업기억, 처리속도 등)의 지적 기능을 나타내는 소검사 및 지표점수를 제공한다.

② **한국 웩슬러 유아 지능검사 4판(Korean Wechsler Preschool and Primary Scale of Intelligence IV: K-WPPSI-IV)** 한국 웩슬러 유아 지능검사 4판은 만 2세 6개월부터 만 7세 7개월 유아의 인지능력을 임상적으로 평가할 수 있도록 개발된 개인지능검사이다. 전반적인 지적 능력과 더불어 특정 인지영역의 지적 기능을 나타내는 15가지(2세 6개월~3세 11개월은 7가지) 소검사와 5가지(2세 6개월~3세 11개월은 3가지) 기본 지표 및 4가지(2세 6개월~3세 11개월은 3가지) 추가 지표를 제공한다.

③ **집-나무-사람 그림검사(House-Tree-Person test: HTP test)** 집, 나무, 사람 그림을 통해 심리적, 정서적 특징을 알아보는 투사적 검사이다. 아동이 지각하고 있는 자아상, 대인관계 측면, 무의식적 욕구나 발달상 경험했던 외상 등에 대해 살펴볼 수 있다. 그림의 구조적 특징, 언어적 반응, 태도 등을 통해 종합적으로 해석한다.

④ **동작성 가족화(Kinetic Family Drawing: KFD)** 가족 구성원이 무언가를 하고 있는 그림을 그리도록 요구하는 그림검사이다. 아동이 가족을 어떻게 지각하고 있는지, 가족 내에서 자신의 위치, 존재가 어떠한지에 대해 살펴볼 수 있다.

⑤ **아동용 주제통각검사(Children's Apperception Test: CAT)** 9장의 그림 도판으로 구성되며 아동에게 한 장씩 보여주면서 어떤 장면으로 보이는지 묻고 반응을 기록하는 검사이다. 각 그림 도판에는 의인화된 동물들이 등장하며 일상생활에서 흔히 접할 수 있는 장면들로 이루어져 있다. 아동이 주변 사람들과 갈등 상황을 어떻게 인식하고 대처하는지에 대한 정보를 알 수 있다.

⑥ **로르샤흐 검사(Rorschach Test)** 10장의 잉크반점 카드를 보여준 뒤 그림이 무엇처럼 보이는지, 무슨 생각이 나는지 등에 대해 물어본 뒤 반응을 해석한다. 모호한 자극에 대한 개인의 반응을 분석하여 사고, 감정, 현실지각, 대인관계 방식 등 정서적, 성격적 특성에 대해 살펴볼 수 있다.

⑦ **벤더-게슈탈트검사(Bender-Gestalt Test II: BGT-II)** 시각적 자극을 제시하고 이를 모사시킴으로써 지각-운동적 기능을 통하여 개인의 특징적인 인성을 밝히고자 한다.

⑧ **문장완성검사(Sentence Completion Test: SCT)** 미완성된 문장을 제시하여 나머지 부분을 아동이 스스로 작성하도록 하는 반투사적 검사이다. 아동용, 성인용으로 구분하여 사용하고 있으며, 아동이 가족, 사회, 학교, 자기 자신에 대해 어떻게 지각하고 있는지 살펴볼 수 있다. 아동의 발달 수준을 고려하여 스스로 글을 쓰기 어렵다면, 구두로 문장을 읽어주고 반응할 수 있도록 도와줄 수 있다.

⑨ **6요인 기질검사(Six-factor Temperament Scale: STS)** 개인의 타고난 기질을 측정하는 검사로, 활동성, 조심성, 긍정정서, 부정정서, 사회적 민

감성, 의도적 조절의 6요인으로 구성되어 있다. 영유아와 양육자의 기질 특성을 이해하도록 돕고 효과적인 양육방법에 대해 안내한다.

2) 발달 평가

아동의 발달 지연이 의심되는 경우에 실시되며 인지, 언어, 운동, 사회정서, 적응행동 영역의 발달을 평가하게 된다.

① 베일리 발달검사(Korean-Bayley Scale of Infant and Toddler Development 3rd Edition: K-Bayley-III) 생후 16일~42개월 영유아를 대상으로 발달을 평가하는 표준화된 검사이다. 인지, 수용/표현 언어, 소근육/대근육 운동, 사회정서, 적응행동 영역을 평가하여 발달지수를 산출하게 된다. 평균에서 2 표준편차 이하를 발달 지연의 기준으로 본다.

3) 상호작용 평가

대인관계에 어려움을 보이거나 부모와의 상호작용을 알아보기 위해 상호작용 평가가 실시되기도 한다.

① 마샥 상호작용 평가(Marschak Interaction Method: MIM) 성인 양육자와 아동 간 관계의 질과 특성을 평가하기 위해 고안되었다. 반구조화된 관찰법으로 구조, 양육, 개입, 도전이라는 네 가지 차원의 행동 범위를 끌어내기 위한 다양한 과제로 구성되어 있다.

4) 부모 심리 평가

아동을 대상으로 한 검사 외에 부모를 대상으로 한 심리 평가가 진행이 되는데, 아동과 가장 밀접한 환경이 되는 부모의 심리적 특징을 고려하는 것은 아동을 이해하는 데 도움이 될 수 있다. 부모를 대상으로 한 심리 평가에는 MMPI, 양육태도검사 등이 있다.

① **다면적 인성검사(Minnesota Multiphasic Personality Inventory: MMPI)** MMPI 검사는 임상 및 상담 현장에서 가장 많이 사용되고 있는 심리평가 도구로서 개인의 일반적인 성격 특성 및 정신병리적 상태를 평가할 수 있는 심리검사이다. MMPI는 한국어로 번역되어 개정판인 MMPI-2, 그 재구성판인 MMPI-2-RF, 13~18세 청소년용인 MMPI-A, 그 재구성판인 MMPI-A-RF가 사용되고 있다.

② **부모양육태도검사(Parenting Attitude Test: PAT)** 부모양육태도검사에서는 자녀에 대한 부모의 양육행동을 평가하는데, 지지표현, 합리적 설명, 성취 압력, 간섭, 처벌, 감독, 과잉기대, 비일관성의 8개 하위척도를 제시하고 있다. 이상적인 수치를 제공함으로써 부모의 양육행동과 비교할 수 있도록 해준다.

3. 사례개념화

초기면접과 심리 평가를 통해 아동에 대한 정보를 수집하게 되면, 이를 종합하여 아동의 주호소 문제의 원인에 대한 파악과 치료 방법에 대한 계획이 필요하다. 사례개념화란 아동이 가진 문제의 성격과 원인에 대해 치료자가 가설을 세우는 일이다. 즉, 문제를 파악하고 이를 근거로 문제 해결 방향과 전략, 기법을 계획하는 일을 의미한다. 이러한 과정은 치료자의 자의적 해석에 의한 결론이 아닌 이론과 정보에 근거해야 한다. 또한 초기에 얻어진 정보를 토대로 세운 가설을 끝까지 고집하지 않고 지속적으로 가설을 수정하고 보완해내는 작업이 필요하다.

아동의 문제 행동 발생 경로나 원인에 대한 파악을 위해서는 문제를 촉발한 특정한 사건이나 계기, 가족 배경과 발달사에서 문제에 영향을 미친 요인을 파악하여 기술해야 한다. 아동의 문제 행동과 연관이 있는 생물학적, 심리적, 환경적 요인들을 모두 고려하는 것이 필요하다. 생물학적 측면에는 아동의 기질적 측면, 유전적 소인, 과거 병력 등이 해당될 수 있다. 심리적인 측면으로는 아동의 연령에서 요구되는 발달과업과 아동의 문제를 유발하거나 지속시키는 아동의 방어기제가 포함될 수 있으며, 환경적 요인들로는 가장 밀접한 영향을 줄 수 있는 가족 특성에서부터 물리적 환경, 또래 관계, 교사와의 관계를 포함한 대인관계가 있다. 아동의 문제와 원인에 대해 가장 설득력 있는 이론을 적용하여 가설을 세우게 되며 이를 통해 심리치료 목표를 설정하게 된다. 치료목표에 대해 아동이나 부모가 합의하는지 확인하는 단계가 필요한데, 필요할 경우 목표를 수정하거나 새로운 목표를 추가할 수도 있다.

4. 놀이치료 과정

놀이치료 과정은 초기, 중기, 종결로 나누어 볼 수 있다.

1) 놀이치료 초기

놀이치료 초기에는 아동과 치료자 간에 라포(rapport)를 형성하는 것을 목표로 갖게 된다. 라포란 정서적 분위기로 치료자가 아동을 이해하고 도와주려는 마음을 전달하고 아동이 치료에 대해 동기유발이 되는 상태를 말한다. 라포가 잘 형성되면 치료자와 아동은 좋은 치료관계를 형성할 수 있게 된다.

놀이치료의 첫 번째 회기는 아동에게 놀이치료실과 치료자에 대해 소개하는 시간이다. 아동과 치료자는 특별히 정해진 시간에 놀이치료실이라는 특별한 공간에서 만난다는 것을 알려줘야 한다. 다음과 같이 설명할 수 있다.

"여기가 놀이실이야. 앞으로 일주일에 한 번씩 이 놀이실에 와서 선생님을 만날 거야. 여기 있는 것은 네가 다 가지고 놀 수 있어. 그리고 선생님이랑 너랑 이 방에서 한 얘기나 놀이에 대해서는 누구에게도 말하지 않아."

아동과의 놀이치료 회기에서 이루어지는 활동은 부모에게 비밀로 해야 한다. 그렇지 않으면 아동은 자신의 어려움이나 고민을 치료자가 부모에게 전달할까봐 솔직하게 표현하지 못할 수 있다. 부모가 아동의 놀이치료 회기에 대해 궁금해하면 비밀 유지에 대한 부분을 설명하고, 치료 목표나 진행 상황 정도를 전달할 수 있다.

첫 번째 회기에서는 놀이치료실과 치료자에 대한 소개 외에 이론적 배경에 따라 아동이 놀이치료실에 왜 오게 되었는지에 관해 이야기를 나눌 수 있다. 이러한 과정은 아동의 발달 수준이나 연령을 고려하여 적용하는 것이 필요한데, 초등학생의 경우 어느 정도 자신의 문제가 무엇인지 이해하고 언어적 표현이 가능하기 때문에 이러한 대화는 치료의 동기를 강화시켜 줄 수 있다.

놀이치료는 성인 상담과는 다르게 스스로 치료를 받아야겠다고 생각하고 놀이치료사를 찾아오는 아동은 거의 없다는 것을 명심해야 한다. 그렇기 때문에 놀이치료의 첫 번째 회기는 놀이치료에 대한 분위기를 결정하는 중요한 회기이다. 아동이 놀이치료가 재밌고 흥미로운 과정이라는 기대를 갖게 만드는 게 필요하다.

불안 문제를 갖고 있는 아동 중에 보호자와 떨어져서 입실하는 것을 거부하게 되는 경우가 생기기도 하는데, 그러면 보호자가 같이 치료실까지 오도록 권하기도 한다. 치료실 앞에서도 보호자와 분리가 어려운 경우 아동이 안전하고 편안하게 느낄 때까지 보호자가 방에 같이 있게 하든지 문을 열고 관찰할 수 있도록 할 수 있다. 그러나 궁극적으로는 아동이 보호자와 분리되어 혼자 들어올 수 있도록 하는 게 필요할 것이다.

2) 놀이치료 중기

중기는 놀이가 다양하게 확장되고 핵심적 문제에 접근해 가면서 그동안 억압되었던 부정적 감정이나 양가감정 등이 본격적으로 표출이 되는 시기이다. 치료자는 아동의 이러한 감정들을 민감하고 정확하게 반영해 주어야 한다. 중기 단계가 치료 과정 중에서 가장 기간이 길고 문제 해결에 이를 수 있는 중요한 시기이다. 놀이치료실에서 아동의 행동과 태도가 좋아지는 것 같다가 나빠지기도 하는 등 불안정할 때도 있고 안정적으로 서서히 좋아지기도 한다. 아동의 행동이 나빠지게 되는 경우 부모 역시 불안해지고 치료에 대한 신뢰가 저하되기도 한다. 이러한 변화에 대해 부모가 이해하고 예측하여 인내를 가지고 기다릴 수 있도록 치료자는 지지해주고 이해시킬 수 있어야 한다.

3) 놀이치료 종결

놀이치료를 언제쯤 종결해야 하는지 결정하는 것은 쉽지 않다. 그러나 모든 문제가 해결될 때까지 놀이치료를 계속 진행할 수는 없다. 아동의 문제 행동이 사라지기 시작하고 현실 생활에서의 적응이 촉진되어 놀이치료실에 대한 매력을 점차 잃어가는 시기에 종결을 준비하게 된다. 즉, 주호소 문제가 해결되고 치료의 목표가 성취되면 종결을 준비해야 한다. 보통 4회기 정도의 시간을 두고 준비하게 되므로 종결이 결정되면 아동과 부모가 미리 알 수 있도록 안내를 해야 한다. 아동이 치료자와의 이별을 준비할 수 있는 시간이 필요하며 그동안 이루어낸 것들을 재조명해보면서 현실 생활로 돌아갔을 때 대두될 수 있는 문제는 없는지 신중하게 점검해야 한다. 종결 회기에는 아동의 치료목표 성취를 축하하는 간단한 파티나 종료식과 같은 의식을 치룸으로써 아동이 성취감을 느낄 수 있도록 해주기도 한다.

초기면접지(예시)

아동 이름 _____ 작성일 _____.____.____

작성자 _____ 아동과의 관계 _____ 연락처 _____

주소 _____

I. 아동의 인적 사항

생년월일		(만 세 개월)	성별	남 / 여
다니는 기관				

II. 주호소 문제

아동의 검사 및 상담을 의뢰하게 된 이유를 구체적으로 적어 주십시오.

아동의 어려움이 언제부터 시작되었나요?

어려움에 대해서 어떻게 대처해 보았나요?

III. 가족 관계

관계	이름	연령	학력	직업	성격

IV. 이전에 상담경험이 있다면 적어주세요.

V. 발달력

1. 임신 및 출산

계획된 임신	예/ 아니오	임신에 대한 반응	부: 좋았다/ 안 좋았다 모: 좋았다/ 안 좋았다
산모연령		신생아 체중	kg
분만 형태	순산/ 난산/ 제왕절개	출산과정에서의 문제	무/유

2. 수유 및 식사

수유방법	모유( ) 개월/ 분유( ) 개월 젖병 뗀 시기( )개월
식습관	편식(무/유), 식사태도:

3. 수면

잠드는 데 걸리는 시간		잠버릇	
잠자는 시간	( )시~ ( )시		

4. 대소변 훈련

대변	( ) 개월
	어려움이 있었나요?
소변	( ) 개월
	어려움이 있었나요?

5. 기타 감각 처리

청각(작은 소리에 민감하게 반응하기), 후각(냄새에 예민하게 반응하기), 촉각(손이나 몸에 이물질이 묻으면 매우 불편해 하나요? 혹은 로션 등을 바르는 것에 거부반응을 보이나요?) 등에 예민한 반응을 보이면 적어주세요.

6. 병력

이전에 병원에 입원하거나 질병을 경험한 적이 있다면 적어주세요.

7. 신체발달(괄호 안은 정상개월임)

목 가누기(2)	개월	기기(6)	개월
걷기(12~13)	개월	숟가락질하기(24)	개월
옷 벗기(24)	개월	옷 입기(36)	개월

8. 언어발달(괄호 안은 정상개월임)

옹알이(2~3)	개월
첫단어(8~14)	개월
현재 언어	수용언어: 표현언어:

9. 사회성 및 정서발달

눈맞춤	무/유	낯가림	없음/적음/많음
엄마와 잘 떨어졌나요?	예/ 아니오	낯선 장소에 적응	문제없음/거부반응
좋아하는 놀이			
성격	잘 운다/잘 싸운다/겁 많다/샘 많다/눈치 본다/욕심 많다 화를 잘 낸다/고집 세다/말대꾸가 심하다/말이 없다 순하다/쉽게 상처를 받는다/짜증이 많다/피해의식이 있다		

10. 교육력

기관에 첫 등원한 시기	어린이집/유치원 ( ) 개월	적응하는 데 오래 걸렸나요?	예/ 아니오
		교사의 지시를 잘 따랐나요?	예/ 아니오
		또래와의 관계는 좋았나요?	예/ 아니오
기관을 옮긴 시기	어린이집/유치원 ( ) 개월	적응하는 데 오래 걸렸나요?	예/아니오
		교사의 지시를 잘 따랐나요?	예/ 아니오
		또래와의 관계는 좋았나요?	예/ 아니오

11. 양육력

현재 주양육자	
주양육자 변경이 있었다면 적어주세요.	

10

게임놀이치료

1. 역사

놀이치료 과정에서 아동은 다양한 놀잇감과 매체를 통해 자신의 문제를 표현하고 다루어 나가는데, 아동의 연령과 인지 수준, 정서-사회적 특성에 따라 관심과 흥미를 보이는 놀잇감은 달라질 수 있다. 학령기 초기 이후의 아동들이 가장 많이 선택하는 놀잇감 중의 하나는 바로 게임이다. 대략 6세 이후가 되면 인지적으로 논리적인 사고가 발달하면서 현실적이고 목표지향적인 놀이를 추구하게 되고, 실행기능 및 사회적 가치를 내면화시키는 역량 또한 발달하게 된다. 이런 발달 과정에서 이전 시기의 아동이 선호하는 인형이나 모형 등의 놀잇감을 유치하다고 여기거나 상징놀이에 대한 관심이 줄어들고, 게임과 같은 규칙이 있는 구조적인 놀이에 대한 관심이 증가한다(Ray, 2016). 따라서 학령기 초기 이후의 아동에게 게임놀이나 구조화된 보드게임 등의 놀이가 발달적으로 적절할 수 있으며, 실제 놀이치료 장면에서는 이러한 접근을 활용한 게임놀이치료가 활발하게 적용되고 있다(남수미, 손명희, 2011; Bellinson, 2000, 2013).

초기 놀이치료는 전형적인 놀잇감을 이용하여 대화를 촉진하거나 자유놀이에 기반을 둔 아동의 환상 표현에 초점을 두는 것이 일반적이었으며, 게임을 거의 사용하지 않았다. 예를 들어, 심리치료 과정에서 보드게임을 사용할 경우 아동의 마음의 문을 닫게 하고 의사소통을 차단할 수 있다는 주장이 있었다(Bellinson, 2008). 또한 아동중심 놀이치료 접근에서는 게임놀이가 아동의 욕구, 감정, 경험을 표현하는 통로가 되지 못한다(Swank, 2008)고 하여 놀이치료실에서 게임을 사용하지 않을 것을 권고하기도 하였다(Landreth & Sweeney, 1997).

이후 엑슬린(Axline, 1947)이 체커(checkers)와 같은 익숙한 게임은 아동에게 편안함을 제공해줄 수 있다고 설명하였다. 루미스(Loomis, 1957)는 치료에 체커를 사용하면서 게임의 치료적 가치에 대해 처음으로 논의하였다. 루미스는 게임은 아동의 저항과 무의식적인 갈등을 표현하는 매개체이며, 심리적 방어를 감소시켜 치료를 촉진시키는 역할을 한다고 보았다. 또한 게임놀이를 하며 성인과 아동 간 경계가 모호해지면서 아동에게 안정감을 제공한다고 보았다. 초반에는 게임놀이의 투사적 가치에 초점을 맞추었는데(Gardner, 1973), 이 당시 치료자들은 경쟁, 기술, 전략의 요소보다는 자기표현과 협력을 강조하는 방식으로 게임을 활용하였다.

1970년대에 이르러 게임에 대한 관심이 높아졌고, 다양한 문헌이 출간되면서 아동 심리치료에 게임이 폭넓게 사용되기 시작하였다(유미숙, 이영애, 진미경, 2010). 믹스(Meeks, 1970)는 게임놀이가 저항, 전이, 역전이를 포함한 치료자와 아동 간의 관계 형성을 더욱 용이하게 만드는 효과를 가진다고 보았고, 베틀하임(Bettelheim, 1972)은 놀이치료에 체스와 포커를 사용하여 아동의 공격성, 무력감, 힘, 적극성과 관련된 심리적 갈등을 표출하게 하였다. 또한 바이저(Beiser, 1979)는 게임이 아동의 성격, 능력, 갈등을 투사하는 매개체로서 가치가 있다고 하였다. 자기표현과 의사소통에 있어 게임의 유용성이 입증되면서 상담과 치료에 활용될 수 있는 다양한 게임이 개발되었다.

1980년대 이후 치료 장면에 게임을 사용하는 경향은 보다 세분화되고 전문화되어 갔다. 전문화된 게임놀이를 통해 아동의 자기통제(Bow & Goldberg, 1986; Swanson, 1986), 공격성 감소(Bay-Hinitz, Peterson, & Quilitch, 1994), 학습과 관련된 인지 기술의 향상(Reid, 1986)을 도울 수 있다는 연구 결과가 보고되었다. 또한 라이드(Reid, 1993)는 주의력이나 충동성 문제에 효과적인 게임들에 대해 설명하였고, 특히 다트 같은 게임은 과잉행동적이고 방어적인 아동과의 치료 초기 라포 형성에 유용하다고 밝혔다. 이 외에도 바우와 퀸넬(Bow & Quinnell, 2001)은 행동 및 충동 조절, 현실 검증, 지적 기술과 자아상이 경쟁적인 게임놀이를 하는 동안 드러나게 함으로써 자아기능을 강화시킬 수 있다고 밝혔다. 이처럼 게임을 놀이치료에 적극적으로 적용한 사례가 급증하면서 특별한 목적을 위한 치료적 게임놀이의 개발 역시 활발해졌다. 학대받은 아동을 위한 게임, 이혼가정 아동을 위한 게임, 사별 아동을 위한 게임, 학습부진 아동을 위한 게임, ADHD 아동을 위한 게임, 폭력적인 아동을 위한 게임 등 특수한 목적을 갖는 다양한 게임들이 개발되어 활용되고 있다(Olsen-Rando, 1994).

2. 특징

1) 게임의 특성

치료적 도구로 게임을 활용하기 위해서는 우선 게임과 놀이의 차이점을 이해하는 것이 필요하다. 게임은 놀이의 한 형태지만 그 특성상 놀이와는 차이점이 있다. 우선, 놀이는 재미와 즐거움에 대한 욕구에 의해 동기화되는 자발적이며 자연스러운 활동이다. 따라서 놀이에는 제한이 없고 구조화의 요소가 적다. 대부분의 놀이에는 특별한 목적이 없으며, 놀이 활동의 결과보다는 놀이 과정 자체가 더 중요시된다. 또한 놀이 속에서 가장과 상상을 통해 현실에서는 허용되지 않는 정서를 표현하기도 하고 때로는 현실을 왜곡하기도 한다. 반면 게임은 목표지향적이고 경쟁적이다. 게임에는 보통 승자와 패자가 존재하고, 이기는 것이 중요한 목표가 된다. 또한 게임에는 규칙이 있는데, 규칙은 참가자의 역할, 제한 설정, 기대 행동, 게임 방법을 결정한다(Schaefer & Reid, 2002). 따라서 게임을 하기 위해서는 더 높은 수준의 지적능력이나 집중력, 정서조절 능력, 사회적 기술이 요구될 수 있다. 마지막으로, 게임의 핵심적 특징 중 하나는 대인 상호작용이다. 혼자 할 수 있는 게임도 일부 있지만, 대부분의 게임에는 전형적으로 두 사람 이상의 참가자가 포함된다. 게임 참가자들은 독립적으로 활동할 수 있지만, 게임의 결과는 참가자들의 상호작용에 의해 결정되며, 따라서 게임은 그 자체로서 사회화된 활동이라고 할 수 있다.

쉐퍼와 라이드(Schaefer & Reid, 1986)는 게임의 구체적 특성을 다음과 같이 설명했다.

- 게임은 재미있고 즐거운 활동이다.
- 게임에는 '만일 ~라면'의 가정의 특성이 포함되어 실생활과 분리된 환상의 경험을 할 수 있다.
- 게임에는 규칙이 있으며, 규칙을 통해 게임 참가자의 역할과 행동, 게임방법 등이 정해진다. 규칙을 수용하고 따름으로써 아동은 정서 및 충동 조절, 사회적 기술 등을 배워나갈 수 있다.
- 게임에는 경쟁이라는 요소가 포함되어 참여와 동기유발을 촉진한다. 참가자들은 게임에서 이기기 위해 경쟁한다.
- 게임은 더 높은 수준의 자아기능을 요구한다. 아동은 게임을 하면서 충동을 조절하고, 좌절을 견디며, 제한을 받아들이고, 규칙을 따라야 한다.
- 게임에는 보통 두 명 이상의 사람이 참여한다. 상호작용을 통해 참가자들의 사회화 과정이 촉진될 수 있다.

2) 게임놀이의 치료적 의미

게임은 아동의 정서적, 사회적 발달뿐 아니라 심리적 갈등의 해결, 정서적 성장에 도움이 될 수 있다(Schaefer & Reid, 1986). 게임놀이의 치료적 효과는 학자에 따라 다양하게 정의되지만, 공통적으로 언급되는 치료적 효과는 다음과 같다.

치료적 동맹 형성 게임은 치료적 동맹의 촉진에 도움이 된다. 저항이 심한 아동들조차도 게임을 통해 라포를 형성하면서 치료 과정에 편안하게 참여할 수 있다. 또한 치료자가 게임 참여자가 되면서 아동과 성인의 경계가 모호해지고 아동에게 더 쉽게 접근할 수 있게 된다.

즐거움의 경험　게임은 아동에게 자연스럽고 즐거운 활동이다. 게임을 하면서 즐거움과 재미를 경험할 수 있으며, 이는 심리적 안정감과 정서적 성장으로 이어질 수 있다.

진단적 정보의 제공　게임에 참여하는 과정에서 보이는 아동의 행동과 표정, 사고, 감정, 대응방식을 면밀히 관찰함으로써 아동에 대한 많은 정보를 파악할 수 있다. 아동은 게임놀이 과정에서 자존감, 타인에 대한 신뢰감이나 공격성, 충동성, 자기조절력, 인지발달 수준을 보여준다. 예를 들어, 산만하거나 과잉행동이 있는 아동은 한 가지 게임을 끝까지 지속하는 데 어려움을 보여 빈번히 게임을 중단할 수 있고, 충동적인 행동을 할 수 있다. 자존감이 낮은 아동은 게임 선택에서 의사결정을 어려워하고, 치료자의 눈치를 보는 행동을 자주 할 수 있다. 강박적인 아동은 과도하게 규칙에 얽매이며 사소한 것에 집착하며 불안해할 수 있다. 또한, 발달이 지연되어 있거나 지적 기능에 손상이 있는 아동은 또래아동이 흔히 하는 게임의 규칙을 이해하고 따르는 데 어려움을 보일 수 있다(이경옥, 2021).

의사소통　게임은 참여자 간의 의사소통을 촉진한다. 아동은 게임을 하면서 이완하고 몰입함으로써 감정이나 생각을 보다 편안하게 드러낼 수 있다. 아동은 보다 안전하게 분노, 질투, 적의 등의 감정을 배출할 수 있다(박성옥, 김윤희, 2020). 또한 게임놀이 과정에서의 협력, 규칙에 대한 논의, 목적에 대한 상호관계, 사회적 상호작용은 게임의 고유한 특성이라고 할 수 있다. 또한 게임은 현실과 어느 정도 분리되어 있어 방어와 저항을 약화시킨다. 따라서 자기표현을 촉진하며, 아동은 게임 속에서 감정, 사고, 욕구를 안전하게 드러낼 수 있다.

자아강화　게임은 자아를 강화시킨다. 게임을 하면서 경험하는 경쟁은 불안과 긴장감을 유발하지만, 게임놀이 과정을 통해 경험하는 즐거움 및 치료자의 격려와 지지를 통해 아동은 갈등 상황에 직면하고 이에 대처할 수 있는 힘을 얻을 수 있다. 또한 게임 방법을 익히고 경쟁하는 과정에서 불안의 숙달, 자존감 향상, 충동 조절을 증진시킬 수 있다.

통찰 게임 과정에서 익숙한 사고 및 행동 패턴이 드러나면서 아동은 자기 자신을 관찰하고 이해할 수 있는 기회를 얻을 수 있다. 치료자는 아동이 자신의 행동 양상을 자각할 수 있도록 격려해야 한다.

인지발달 촉진 게임은 인지발달에 도움이 된다. 게임놀이를 하면서 주의집중력, 기억력, 창조적 문제해결력, 결과에 대한 예측력 등이 발달될 수 있다.

현실 검증 게임에는 규칙이 있으며, 대개의 경우 적어도 두 사람 이상의 참여가 필수적이다. 게임에 참여하기 위해서는 절차와 규칙은 물론 현실적인 목표에 대한 인식이 요구된다. 치료자는 게임을 통해 아동이 현실적이고 적응적인 반응을 할 수 있도록 강화할 수 있다(박성옥, 김윤희, 2020).

사회화 촉진 게임을 통해 또래와 어울리고, 또래 간의 압력을 경험할 수 있으며, 권위와 규칙을 수용하는 방법을 배우게 된다. 따라서 게임놀이는 사회성이 부족한 아동에게 특히 유용하다.

3) 게임 선택 기준

놀이치료에 사용되는 게임은 어떤 것이 좋을까? 현재 다양한 게임들이 시판되어 사용되고 있지만, 단순한 흥미 위주보다는 치료의 효과성을 높이기 위해 고려해야 할 기준이 있다.

- 게임은 배우기 쉽고 친숙해야 한다. 게임 방법이 지나치게 복잡하면

게임을 익히는 데 많은 시간과 에너지를 소요하게 되며, 이 과정에서 게임에 대한 관심이나 흥미가 사라질 수 있다. 특히 연령이 어릴수록 게임 방법이 복잡하면 치료적 활용도가 낮아질 수 있다. 또한, 아동이 좋아할 만한 주제와 소재를 담고 있는 것이 좋다(이경옥, 2021).

- 아동의 연령과 발달 수준을 고려해야 한다. 아동의 이해력이나 독해 능력은 게임 규칙을 이해하고 적용하는 데 영향을 미치기 때문이다. 연령이 어린 아동은 우연게임을 선호하고 학령기 이후의 아동은 보다 복잡한 게임을 선택할 수 있다.

- 각각의 게임이 갖는 치료적 요소를 고려하여 아동의 현재 문제나 치료 목적에 맞는 게임을 선택해야 한다. 예를 들어, 게임이 갖는 특성 중 자기표현, 자기조절, 의사소통, 문제해결, 사회성 향상 등의 치료적 요소 중 어떤 것에 초점을 맞추고 있는지를 검토하여 아동에게 맞는 게임을 할 수 있도록 한다. 따라서 치료자는 게임의 목표와 규칙을 숙지하고 있어야 한다.

- 활용성을 검토할 필요가 있다. 우선, 게임의 진행 시간을 고려해야 한다. 너무 오랜 시간이 걸리는 경우, 정해진 치료 시간 내에 게임을 끝마치지 못할 수도 있다. 간단한 게임을 반복함으로써 게임을 통해 학습한 것을 즉각적으로 적용해볼 수 있는 기회를 제공하는 것이 적절하다. 또한, 과도한 불안이나 두려움을 유발하는 게임은 치료적으로 적절하지 않을 수 있다.

- 상처를 입히거나 손상의 가능성이 있는 게임 도구는 사용하지 않아야 한다. 예를 들어, 실제 야구공 대신에 부드러운 스폰지 공이나 벨크로 테이프를 이용한 안전한 다트를 사용할 수 있다.

3. 게임의 종류

게임놀이치료에 사용할 수 있는 게임은 어떻게 승부를 결정하는지에 따라 신체기술게임, 전략게임, 우연게임으로 분류할 수 있고(Sutton-Smith & Roberts, 1971), 치료 효과에 따라 의사소통게임, 자아강화게임, 문제해결게임, 사회화게임 등으로 구분될 수 있다(Schaefer & Reid, 1986).

1) 승패 요인에 기초한 분류(경쟁게임)

① **신체기술게임** 신체기술게임은 대근육운동게임과 소근육운동게임으로 나눌 수 있다. 농구나 볼링, 축구와 같이 공을 활용한 게임, 다트 게임, 낚시 게임, 트위스터, 젠가 등이 포함된다. 대부분 규칙이 간단하여 이해와 설명, 실시가 용이한 경우가 많다. 신체기술게임은 대근육 및 소근육 신체발달에 도움이 되고, 활동성이 높은 아동의 에너지 발산과 긴장감 해소에 효과적이다. 또한 과잉행동이나 충동성 등의 행동조절 문제에 도움이 될 수 있다는 장점을 갖는다. 팀을 이뤄 게임을 하는 경우에는 집단 상호작용을 통한 친밀감 형성 및 협동심 발달에도 유용할 수 있다. 소근육운동게임은 시각-운동협응기술이나 주의력 발달을 촉진할 수 있다. 그러나 대근육운동게임의 경우 상대적으로 넓은 공간이 필요하다는 점에서 공간 제약이 있고, 과도한 흥분 상태를 유발함으로써 아동을 충동적이거나 과잉행동하게 만들 수 있다는 단점이 있다(Schaefer & Reid, 2002). 또한 신체활동 중심으로 진행되기 때문에 감정이나 생각을 언어화하는 데는 한계가 있을 수 있다.

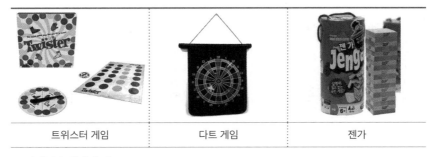

| 트위스터 게임 | 다트 게임 | 젠가 |

▶ **신체기술게임의 예**

② **전략게임** 전략게임은 전략을 사용하여 문제를 해결하는 게임으로 인지적 기술에 의해 승부가 결정된다. 다이아몬드 게임, 바둑, 체스, 장기, 메모리 게임 등이 있다. 전략게임을 통해 아동의 인지적 강점과 약점, 심리적 어려움에 대한 정보를 얻을 수 있다. 예를 들어, 다양한 전략을 생성하고 유연하게 적용할 수 있는 능력, 타인조망 능력, 집중력과 좌절에 대한 인내력과 자아강도 등을 파악할 수 있다. 전략게임은 사고력, 기억력, 추리력, 문제해결력 향상에 유용하며, 관찰력과 주의집중력, 인내력을 촉진하는 데 도움이 될 수 있다. 또한 인과관계에 대한 이해, 자기조절, 불안과 공격성에 대한 적절한 대처, 자아강화에 효과적이다. 단, 규칙이 너무 복잡하거나 어려운 게임은 과도한 시간과 에너지, 인지적 노력을 요구하고 아동을 지나치게 긴장하게 만들 수 있기 때문에 사용에 주의가 필요하다.

| 체스 | 장기 | 다이아몬드 게임 |

▶ **전략게임의 예**

③ **우연게임** 우연게임은 운과 확률에 의해 승부가 결정되는 게임이다. 지적능력이나 특별한 전략이 필요하지 않고 단순하며 대부분 짧은 시간 내에 끝마칠 수 있기 때문에 놀이치료 초기에 사용하기 적절하다. 빙고, 주사위놀이, 사다리게임, 윷놀이 등이 포함된다. 우연에 의해 승부가 결정되므로 능력 차이가 게임의 승패에 영향을 주지 않아 상대적으로 편안한 놀이가 가능하며 긴장감이나 스트레스 해소에 도움이 된다는 장점이 있다. 일상생활에서 좌절 경험이 많거나 위축되고 열등감이 많은 아동에게 특히 유용할 수 있다. 그러나 기술이나 전략이 요구되지 않기 때문에 나이가 많거나 인지 수준이 높은 아동의 경우 쉽게 흥미를 잃을 수 있다는 제한점을 갖는다.

| 캔디랜드 게임 | 사다리 게임 | 윷놀이 |

▶ **우연게임의 예**

2) 치료목표에 의한 분류

경쟁이나 승부보다는 게임 내용이 더 중요한 게임들이 있다. 특별한 치료적 목표를 이루기 위해 개발된 게임을 통해 아동은 다양한 문제에 도전하고 해결할 수 있는 기회를 얻을 수 있다. 게임 과정에서 드러나는 감정, 태도, 사고를 통해 아동의 자기에 대한 인식 및 외부 세계에 대한 표상을 파악할 수 있다. 이러한 게임들은 대부분 제3의 인물의 감정과 생각을 나타내도록 고안되었기 때문에 자기노출에 대한 불안이 감소하면서 보다 편안하게 의사소통을 촉진할 수 있다. 게임을 통해 제시되는 가상의 상황과 문제에 대한 질문에 답을 하는 과정에서 아동은 자신의 패턴을 인식할 수 있게 된다. 또한, 치료자 및 다른 아동의 답을 듣고 반응을 관찰하면서 타인조망 및 대안적 사고 능력이 향상될 수 있다. 이러한 과정을 통해 문제해결력 및 사회적 기술이 발달할 수 있다.

① **의사소통게임** 의사소통게임은 자기표현과 의사소통을 증진시키는 데 초점을 두며, 경쟁은 최소화한다. 다른 게임에 비해 비위협적이고 덜 구조화하여 진행할 수 있기 때문에 보다 허용적인 분위기가 만들어질 수 있다. 말하기/느끼기/행동하기 게임, 터치마이하트 등이 있다. '말하기/느끼기/행동하기 게임(Talking, Feeling and Doing Game)(Gardner, 1973)'은 치료자와 아동 간의 대화를 통해 심리치료를 실시하는 대표적인 의사소통게임이라고 할 수 있다. 게임을 통해 문제를 객관화하고, 직접적으로 표현하기 어려운 다양한 감정을 표현하며, 문제해결력을 촉진하고, 사회적 기술을 발달시킬 수 있다. 저항이 심해 자기개방이 힘들거나 비협조적인 아동에게 특히 유용하다. 이 게임은 일반적인 보드게임과 유사한 형태와 규칙을 갖는다. 주사위를 던져 나온 숫자만큼 말을 움직이고 도착하는 칸에 해당하는 카드를 읽고 지시사항을 수행한다. 지시 카드는 세 가지로 분류된다. '말하기 카드'는 특정 문제에 대한 생각이나 의견을 이야기하는 것이다. '느끼기 카드'는 감정과 정서와 관련된 주제를 다루는데, 억압된 감정을 표현할 수 있도록 격려해주는 것이 중요하다. 특정 행동이나 신체활동을 직접 해보도록 하는 '행동하기 카드'는 재미와 즐거움을 경험하게 함으로써 치료적 동기를 유발할 수 있으며 저항이 심한 아동과의 치료적 상호작용의 출발점으로 유용하다.

말하기/느끼기/행동하기 게임	터치마이하트 게임	감정표현 향상 게임

▶ **의사소통게임의 예**

② **문제해결게임** 문제해결게임은 특별한, 혹은 일반적인 문제를 직접 다루고 해결하기 위한 목적으로 실시되는 구조화된 게임이다. 이혼, 사별, 역기능적 가족관계, 학업 실패, 과잉행동 등의 다양한 문제를 인식하고 표현하며, 해결방안을 탐색하고 생각해낸 전략을 실제로 적용해볼 수 있는 기회를 제공하기 위해 개발되었다. 또래 괴롭힘이나 학교폭력 예방을 위한 '스톱 불링 게임', 부모의 별거와 이혼과 관련된 어려움을 인식하고, 발생할 수 있는 문제들에 대한 해결책들을 탐색하기 위한 '변화하는 가족대처 게임', 게임 과몰입 예방과 게임 이용 습관의 인식 및 개선을 돕기 위한 'G-Grip 게임' 등이 있다.

스톱 불링 게임	변화하는 가족대처 게임	G-Grip 게임

▶ **문제해결게임의 예**

③ **자아강화게임** 자아기능의 강화를 목표로 하는 자아강화게임은 경쟁과

전략, 도전을 강조한다. 메모리 게임, 게스후, 트러블 게임 등이 포함된다. 게임 과정에서 아동의 자기 이미지, 집중력, 인내심, 충동성 등이 드러날 수 있으며, 게임을 치료적으로 활용함으로써 자기조절력, 인지적 기술, 공간능력 등을 향상시킬 수 있다. 비행이나 공격성 등의 행동문제나 위축, 왕따, 대인관계 불안 등을 경험하는 아동의 사회적 기술 향상에 유용하다.

| 트러블 게임 | 게스후 게임 | 스택버거 게임 |

▶ **자아강화게임의 예**

④ **사회화 게임** 친사회적 상호작용의 촉진 및 행동수정을 목적으로 실시된다. 집단치료 상황에서 주로 사용되며, 고도로 구조화되어 있다. 이웃 사귀기 게임, 인간 빙고 등이 있다. 다양한 친사회적 행동의 강화와 연습, 집단적응, 공유 및 공감과 관련된 내용을 다룬다. 또래와 성공적으로

| 우정의 섬 게임 | 공감대화 보드게임 | 친구관계 향상 게임 |

▶ **사회화게임의 예**

지내는 방법을 탐색하기 위한 '우정의 성 게임', 자신과 상대방의 감정과 바람을 이해하고 효과적인 의사소통을 통해 긍정적인 관계를 형성하기 위한 '공감대화 보드게임', 또래관계 기술 향상을 위한 '친구관계 향상 게임' 등이 있다.

4. 치료자의 역할

치료자는 게임에서 중요한 모델링의 대상이자 경쟁자의 역할을 한다. 따라서 치료자는 게임을 즐길 수 있어야 하고, 아동과 과도하게 경쟁하지 않도록 주의해야 한다. 게임놀이를 할 때 중요한 치료자의 역할은 다음과 같다.

- 아동은 게임을 통해 다양한 관점을 취하고 문제를 해결하며 대안적인 사고를 찾아내는 과정을 통해 효율적인 인지적 전략을 획득할 수 있어야 한다. 따라서 치료자는 아동이 충분히 게임에 몰두하고 다양한 전략을 세우며 대안적인 사고를 생성해낼 수 있도록 기다려주며 촉진하고 반응해주는 것이 필요하다.
- 게임놀이 과정을 통해 아동은 규칙을 수용하고 좌절에 대한 인내력을 높이며 제한을 받아들일 수 있어야 한다. 이를 위해 치료자는 아동이 경쟁심과 공격성을 적절히 표현하고 조절할 수 있도록 도와야 한다.
- 게임놀이 과정에서 치료자와의 상호작용을 통해 아동이 충분한 자기표현과 대화, 협력을 경험할 수 있도록 도와야 한다. 이를 통해 아동이 사회적 기술을 습득하고 강화할 수 있도록 한다.

- 치료자는 아동이 게임에 집중하고 목표에 도달하며 원하는 성과를 이루어낼 수 있도록 적절한 피드백을 제공하고 지지해주어야 한다.
- 아동이 게임에서 정당한 방법으로 경쟁할 수 있도록 반응해주어야 한다. 아동이 이기기 위해 속임수를 쓰거나 부적절하게 규칙을 바꾸려고 할 때 아동이 책임감 있는 행동을 할 수 있도록 돕고, 게임의 즐거움을 경험할 수 있도록 해야 한다.
- 게임의 승부에 대해 치료자가 표현하는 감정이나 태도가 중요하다. 게임을 하는 과정에서 경험할 수 있는 기쁨, 즐거움, 분노, 좌절, 실망 등의 다양한 감정을 치료자가 언어나 행동으로 표현하는 것을 보면서 아동은 자신의 감정을 인식하고 적절히 표현할 수 있는 방법을 배우게 된다.
- 놀이치료 상황에서 게임놀이 그 자체가 목표가 되기보다는 치료목표를 고려하여 새로운 기술을 배우고 정서적 표현을 위한 매개체로서 게임을 활용해야 한다는 것을 인식해야 한다.

5. 게임놀이 과정에서 유의할 사항

1) 아동이 게임의 규칙을 위반하거나 바꾸려고 할 때

아동은 게임을 하는 데 필요한 규칙을 지키면서 원칙에 대한 인식과 사람들과의 관계에서 지켜야 할 규범에 관한 사회적 기술을 습득하게 된다. 주의가 산만하거나 인지능력이 낮은 아동의 경우에는 규칙을 잊거나 충동성 때문에 규칙을 위반하는 경우가 많다. 이때에는 규칙을 다시 설명해주고, 충동적으로 행동했을 때 뒤따를 수 있는 손해에 대해 알려줄 수 있다. 반면에 공격적이거나 반항적인 아동은 좀 더 빈번하게 의도적으로 규칙을 위반하는 경향이 있다. 치료자는 원칙을 지키되 규칙을 위반하려는 아동의 심리를 충분히 이해하여 융통성을 갖고 대처해야 한다.

게임의 규칙을 바꾸려고 하는 아동의 경우에는 게임 참여자의 협의와 동의가 있을 때만 게임의 규칙을 변경할 수 있다는 것을 확인시켜 준다. 무조건 아동의 요구를 들어주기보다 치료자를 포함하여 모든 게임 참여자에게 공정한 규칙인지를 함께 검토한 후 규칙을 변경할 수 있다. 또한 가급적이면 게임 진행 중에는 앞서 정한 규칙을 바꾸지 않도록 하여 계획력을 촉진하고 충동성을 조절할 수 있도록 돕는다.

2) 아동이 속임수를 사용할 때

치료자는 아동이 속임수를 쓰고자 하는 목적과 의도를 이해하여 이에 대처해야 한다. 원칙적으로 치료자는 아동의 속임수를 허용하거나 묵과해서는 안된다. 아동은 속임수를 쓰면서 죄책감을 느낄 수 있으며, 이러한 행동이 일상이나 또래관계로 이어질 때 더 큰 문제를 발생시킬 수 있기 때문이다. 행동의 이면에 있는 감정과 욕구는 수용하되 아동의 행동에 제한을 두고 속임수를 쓰면 안 되는 이유에 대해 설명해 줄 수 있다. 예를 들어, 속임수를 쓰면 또래와 어울리는 데 문제가 발생할 수 있음을 말해준다. 또한 아동이 속임수를 사용할 때 게임 상대자로서 치료자가 어떤 기분을 느끼는지에 대해 언급함으로써 타인의 입장이나 감정을 이해할 수 있도록 도울 수 있다. 궁극적으로 게임을 공정하게 진행하고 정당한 방법으로 이길 수 있는 방법을 알려주어 진정한 성취감을 느낄 기회를 주고 아동 스스로 책임감 있는 행동을 할 수 있도록 도와야 한다.

3) 아동이 순서를 지키지 못할 때

자기중심적으로 행동하고 순서를 기다리지 못해 게임의 진행을 방해하는 경우 아동에게 게임의 규칙을 설명하고 잠시 놀이를 중단하거나 아동을 게임에서 제외시킬 수 있다. 아동이 준비가 되었을 때 다시 게임을 시작할 수 있으며, 아동이 차례를 기다리고 순서를 잘 지키면 아동의 행동을 격려하고 강화하여 상호작용의 즐거움을 경험할 수 있도록 한다.

4) 아동이 과도하게 승부에 집착할 때

게임놀이는 승부를 전제로 진행되며, 게임이 끝나면 승자와 패자가 결정된다. 놀이치료실에 오는 아동은 부정적인 자아상을 갖고 있거나 일상에서 좌절을 경험한 경우가 많다. 따라서 자신이 유능하고 강하다는 느낌을 갖기를 원하며, 게임에서 과도하게 경쟁적이거나 이기려는 강한 욕구를 보이기도 한다. 게임에서 졌을 때 과도한 분노와 무능감을 경험하는 경우, 게임을 잠시 중단하고 아동이 어느 정도 좌절을 인내할 수 있을 때 다시 시작하는 것이 적절할 수 있다. 무엇보다 승패 여부를 떠나 게임을 하는 그 자체를 즐길 수 있도록 격려하는 것이 중요하다.

6. 치료 효과 및 가능성

최근 국내외 게임놀이의 치료적 효과에 대한 연구가 활발히 진행되고 있다. 일반 아동이나 청소년을 대상으로 하는 예방적·교육적 접근 이외에도 ADHD, 지적장애, 학습부진, 시설아동, 게임중독 등과 같은 특수한 문제에 대한 치료적 접근의 연구들이 실시되고 있다. 게임놀이가 아동의 정서·인지·사회성 발달을 촉진하고, 심리사회적 문제해결에 효과적이라는 연구 결과와 함께 게임놀이는 치료 및 상담 장면에서 활발히 적용되고 있다.

우선 게임놀이와 관련된 국내연구를 살펴보면, 게임놀이는 지적장애 아동의 인지능력 향상(한은미, 이영철, 박근필, 2018), 유아의 정서지능 향상(박현경, 2006), 자존감 증진(이승희, 1998), ADHD 아동의 주의력 및 자기조절능력 향상(권윤정, 2017; 남수미, 손명희, 2011), 시설 아동의 적응행동 향상(송영혜, 박진희, 2000)에 유용한 것으로 나타났다.

해외 연구 결과에서는 의사소통의 촉진(Berlin, 1986), 사회적 기술 향상(Barrish, Saunders, & Wolf, 1968), 친사회적 행동의 촉진(LeCroy, 1987), 감정표현의 촉진(Bow & Quinnell, 2001), 관계 기술의 향상(Cheung, 2006), 공격성 감소(Bay-Hinitz, Peterson, & Quilitch, 1994), 주의집중, 부주의, 충동조절 문제 완화(Clark & Schoech, 1994), 사별 아동의 부정적 정서 감소(Netel-Gilman, Siegner, & Gilman, 2002), 부모 이혼에 대한 대처(Berg, 1989), 자기중심성 감소(Gaines, Berkovitz, & Kohn, 2000)에 효과적인 것으로 나타났다.

11

모래놀이치료

1. 역사

모래놀이치료는 1900년대 영국의 소아과 의사인 마거릿 로웬펠드(Margaret Lowenfeld)에 의해서 시작되었다. 로웬펠드는 자신의 진료실에 있는 모래상자에 아이들이 장난감을 자연스럽게 올려놓고 놀이하는 모습을 보고 '세계기법(World Technique)'이라는 모래놀이기법을 개발하였다. 세계기법은 감각적이고 직관적인 경험에 바탕을 두는 것으로, 모래상자와 피규어(소품)들을 사용하여 아동의 내적 세계를 표현할 수 있는 작품을 만들도록 하고 이를 통해 아동을 이해하고자 하는 방법이다(Lowenfeld, 1993).

로웬펠드의 제자인 도라 칼프(Dora Kalff)는 그와는 다른 치료적 기법을 사용하였다. 칼프는 융의 분석심리학적 접근을 적용하여 '모래놀이치료(Sandplay Therapy)'라는 명칭을 사용하기 시작하였으며 모래상자가 아동의 내적 세계를 표현하고 일상의 현실과 연결하는 도구라고 보았다.

그녀는 모래상자에서 이루어지는 상징놀이는 의식적 정신과 무의식적 정신 간의 대화가 이루어지게 한다고 설명하였다(Kalff, 1980).

1980년대에 들어서 기젤라 슈바흐 드 도미니코(Gisela Schubach De Domenico)는 자신의 모래놀이 이론과 경험을 토대로 '모래상자-세계놀이(Sandtray-Worldplay)'라는 기법을 소개하였다. 그녀는 아이들이 모래, 물, 이미지를 가지고 놀면서 정신이 어떻게 드러나는지에 주목하고, 이러한 과정에서 나타나는 치유적인 '의미 만들기(meaning-making)'에 초점을 두었다. 드 도미니코의 정신에 대한 접근 방식은 로웬펠드나 칼프와는 다른데, 그녀는 인간은 다양한 차원에서 (무의식적이 아니라) 의식적이며, 모래놀이가 항상 의식의 영역과 몸을 활성화한다고 주장하였다.

현재 모래놀이치료는 융의 이론을 기초로 하는 칼프의 접근을 가장 많이 사용하고 있으며 이론적, 경험적으로 인간의 치유와 성장에 유익한 치료기법으로 평가되고 있다.

2. 이론적 배경

모래놀이치료를 설명하기 위해 우선 모래놀이치료가 기반으로 하고 있는 분석심리학의 기본 개념에 대해 살펴보고자 한다.

1) 기본 개념

(1) 집단무의식과 개인무의식
융은 모든 인류가 태어날 때 이미 선천적으로 갖추어져 있으며 모든 인

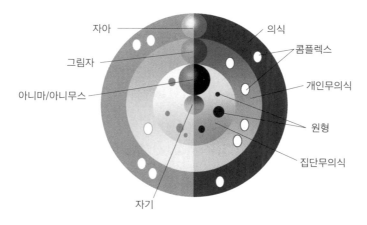

자아
의식
콤플렉스
그림자
개인무의식
아니마/아니무스
원형
집단무의식
자기

▶ 분석심리학에서 설명하는 정신구조

간이 공유하고 있는 정신적 자료의 집합으로서의 집단무의식 개념을 발달시켰다. 융은 프로이트와 달리 무의식을 개인무의식(personal unconscious)과 집단무의식(collective unconscious)으로 구분하였다(위 그림 참조). 집단무의식은 개인적인 것을 초월하는 정신 구조를 말하며 태곳적부터 반복적으로 경험된 인류 조상의 체험이 집약되어 있는 우리 의식 생활의 뿌리이자 원천이다. 이와 달리 개인무의식은 프로이트 이론의 무의식과 같은 개념으로 망각된 내용, 사회문화적으로 수용되기 어려운 내용, 고통스러운 기억 등과 같이 개인적인 것들이 억압되어 저장되는 곳을 말한다. 개인무의식은 그림자, 콤플렉스와 관련되어 있다.

(2) 원형
분석심리학에서는 원형(archetype)을 집단무의식을 구성하는 공통의 요소로 설명하는데, 원형의 개념을 명확히 설명하기란 쉽지 않다. 그 이유는 원형의 개념이 가설적이고 그 자체를 의식화하는 것이 불가능하기 때문이다. 원형은 어떤 형태를 갖고 있지 않기 때문에 원형 자체가 아닌 이미지의 형태로 의식이나 개인무의식에 배열될 수 있다. 원형 이미지가 배열되면 이를 통해서 원시적 에너지가 사람들의 행동과 삶에 영향을 미치게 되기 때문에 매우 중요하다(Jung, 1981).

융은 원형이 정신의 구조라고 설명하였는데, 이 구조를 통해서 유전적으로 지각, 관념, 행위를 발달시키는 내적 소인을 다음 세대에게 전달할 수 있다고 하였다. 대대로 내려오는 민화, 신화에서 나타나는 원형을 현대 우리 세대의 이야기나 소설에서도 찾을 수 있고, 서양의 신화와 비슷한 이야기를 동양의 신화에서도 찾을 수 있는 이유는 바로 이러한 유전적인 성격과 이를 공유하는 성격을 가진 집단무의식 때문이다.

원형의 상징적 이미지는 원형을 완벽하게 나타낼 수는 없으며 하나의 원형은 수많은 원형 이미지를 만들어 낼 수 있어(Jung, 1976) 여러 이야기나 모래놀이에서 다양한 모습으로 나타난다. 원형은 긍정적이고 삶을 증진시키는 측면과 부정적이고 삶을 파괴하는 측면, 양극을 갖고 있어 대극적인 성격을 띤다. 의식의 중심인 자아(ego)를 발달시키는 자기(self)는 원형 가운데 가장 대표적인 원형이다. 의식과 무의식이 서로 대극인 것처럼 자아(ego)와 자기(self)도 대극적이다. 그 외에도 모성 원형이 있는데, 자비롭고 양육적이고 보호적인 측면과 사악하고 집어삼키고 파괴적인 것으로 이미지화되는 측면을 동시에 지닌다. 개인적 어머니는 사람마다 모두 떠오르는 이미지가 다를 수 있으나, 모성 원형은 인류의 정신 발달을 이루게 하고 문화를 형성하는 에너지로 어머니, 할머니, 여신 또는 여왕, 산, 동굴, 뱀 등의 이미지로 나타날 수 있다. 모성 원형이 상징으로 나타날 때 개인적 어머니의 이미지로부터 거리가 멀수록 더 많은 원형 내용을 내포하고 있는 것으로 볼 수 있다. 따라서 사람으로 나타나는 모성 원형보다는 곰이나 여왕과 같은 이미지가 더 원형적인 내용을 담고 있다고 할 수 있다.

(3) 자기와 개성화 과정

분석심리학에서 자기(self)란 의식과 무의식을 포함한 정신 전체의 중심으로 개인의 에너지 근원이자 자기중심화 능력의 근원이다. 자기 원형은 과거, 현재, 미래에 존재하는 개인 성격의 뿌리라고 할 수 있다. 즉, '태어나기 전에 결정된 행동과 기능방식(장미경, 2017)'이라고 볼 수 있다. 자기 원형도 다른 원형들처럼 이미지를 통해 상징에 투사되어 신비한 기운을 경험하거나 신성한 힘을 체험하게 되기도 한다.

개성화 과정(individuation process)이란 자기 원형의 역동적 측면을 말한다. 융은 자기 원형의 에너지가 자아와 연결되면('자아-자기 축'의 연결), 개인이 작동하고 있는 체계가 변화될 수 있다고 설명한다(Jung, 1977). 개인이 갖는 어려움을 극복할 수 있는 새로운 정신적 특성들은 무의식에 원형의 형태로 존재한다. 개성화는 자아-자기 축의 연결을 통해 의식과 무의식 간의 지속적인 대화의 과정을 의미하며 이 과정은 상징으로 나타나는데, 이러한 대화의 과정을 통해서 무의식에 위치한 원형을 의식 수준으로 끌어와 현재 자신이 직면하고 있는 어려움을 해결하는 데 사용하게 된다. 원형 에너지가 배열되면 무의식에서 나온 상징이 의식에 제시되고, 이해되는 과정에서 정서가 발생하게 된다. 즉, 무의식을 의식화하게 되면서 개인의 삶에 영향을 미치게 된다. 이는 인격의 전체성을 이루어가는 과정으로 '진정으로 자기 자신'이 되어가는 자기실현을 의미한다.

(4) 자아

자아(ego)는 의식적 인격의 중심이다. 자아는 출생시에는 자기와 분리되어 있지 않다가 발달하면서 점차 분리되어 나간다. 즉 자아의 근원은 자기이고, 자기로부터 발달해가기 때문에 자기로부터 필요한 에너지를 받는다. 앞의 정신구조 그림에서처럼 자아는 정신의 가장 바깥 부분인 의식에 위치해 있으며, 자아가 처리하지 못한 재료들은 개인무의식에 콤플렉스나 그림자의 형태로 자리잡게 된다. 그러면서 개인무의식 층이 점차 두꺼워지게 되는데, 이렇게 되면 자아와 자기의 거리가 멀어지게 된다. 따라서 콤플렉스나 그림자가 많아질수록 자기로부터 멀어져 자기로부터 에너지를 제대로 공급받지 못하여 기능하지 못하게 된다. 개성화 과정은 개인무의식 층을 줄여서 자기와 자아의 축을 다시 연결시키고자 하는 과정으로 해석된다.

(5) 콤플렉스

분석심리학에서 콤플렉스(complex)란 감정적으로 강조된 심리적 내용을 가진 개인무의식을 지배하는 정서, 기억, 지각, 욕구의 핵심 패턴을 말한다. 콤플렉스란 '감정이 담긴 복합체'로 견디기 힘든 환경적 요구, 사건에 의해 촉발된, 정서적인 의미를 가진 핵심과 이를 둘러싸고 있는 에너지로 설명된다. 융은 모든 사람이 정신에 영향을 미치는 정서적 경험을 하기 때문에 모두 콤플렉스를 가진다고 믿었다. 콤플렉스는 의식의 통제 밖에 있어서 콤플렉스가 의식에 배열되면 강렬한 정서를 느끼게 된다. 콤플렉스를 의식화하지 못하게 되면 타인과 상황에 투사되기도 한다. 예를 들어 한쪽 다리를 저는 신체적인 약점을 가진 사람이 약점을 극복하기 위해 노력하고 성공한 삶을 살아왔음에도, 다른 사람의 시선이나 반응에 자신이 무시당한다는 느낌을 강하게 받아 공격적인 말이나 행동을 할 수도 있다. 그러나 콤플렉스를 의식화할 수만 있다면 콤플렉스가 가진 정신 에너지가 자유로워지면서 삶을 보다 풍요롭게 할 수 있다.

(6) 아니마/아니무스

아니마(anima)와 아니무스(animus)는 집단무의식에 존재하는 원형의 하나로서 아니마는 남성이 갖는 여성성의 원형이며 아니무스는 여성이 갖는 남성성의 원형이다. 융은 아니무스에 대하여 여성에게 존재하는 지적이며 진취적이고 논리적인 특성을 갖는 영적 에너지라고 설명하였으며, 아니마는 남성에게 존재하는 관계적이고 정서적인 특성을 갖는 에너지로 설명하였다. 아니마와 아니무스는 이러한 에너지를 갖고 있기 때문에 개인의 창조적인 영역을 의식하도록 도울 수 있다. 보통 아니마와 아니무스는 타인에게 투사되는데 모래놀이치료에서는 인간뿐 아니라 신이나 여신, 난쟁이, 마녀 등의 인물 형태로 나타나기도 한다.

(7) 그림자

그림자(shadow)는 '나'의 어두운 면, 즉 무의식적인 측면에 있는 나의 분신이라고 할 수 있다. 그림자는 자아가 용납하기 어려워 억압해버린 특질과 감정으로 구성되어 있으며 약점, 본능 등으로 구성된 무의식적 마음의 한 부분으로 원형의 하나이다. 자아의식이 강하게 조명될수록 그림자의 어둠은 더 짙어지게 되는데, 예를 들어 나의 선한 측면을 주장할수록 악한 측면이 짙게 도사리게 되어 의지를 뚫고 나와 사회적 물의를 일으키게 되는 경우가 있다. 위선자나 이중인격자는 자기 마음속의 그림자를 의식하지 못하는 데서 나온다. 문학작품 『지킬 박사와 하이드 씨』와 민간설화 「흥부와 놀부」, 「콩쥐팥쥐」 등의 주인공이 이러한 그림자 원형이 나타난 것으로 볼 수 있다.

　융에 의하면 그림자는 본능적이고 비합리적이며 투사적인 경향을 갖는데, 억압된 것을 우리가 인식하고 수용한다면 우리는 그림자의 어두운 에너지를 창조성의 소재로 사용할 수 있게 된다.

그림자는 우리가 의식적으로 반대하거나 바람직하지 않다고 여기는 특성들이 주를 이루고 있으며, 개성화 과정을 통해 우리는 이러한 그림자를 의식화할 수 있다. 그림자를 의식화한다고 해서 바로 통합된다고 볼 수는 없는데, 그림자를 자신의 일부로 받아들이는 것은 쉬운 일이 아니기 때문이다.

(8) 페르소나

페르소나(persona)는 가면을 의미하는 용어로 분석심리학에서는 자유의지로 선택한 외부세계와의 관계기능이라고 설명한다. 외부 세계는 여러 페르소나 중에서도 특정한 페르소나만을 보상(명예, 권력, 돈, 인정 등)하게 되는데 개인은 그 페르소나와 자신을 동일시하게 된다. 페르소나는 보여지고자 하는 자아의 일부분일 뿐 진정한 나를 의미하는 것은 아니기 때문에, 자아와 페르소나를 동일시하면 할수록 진정한 나의 여러 가지 측면이 억압되어 그림자의 형태로 무의식에 자리잡게 된다.

2) 치료적 요소

(1) 의식과 무의식의 통로 역할

인간의 정신은 무의식과 의식의 역동적 상호작용에 의해 이루어지며 정신의 전체성을 향하는 경향을 갖는다. 모래상자를 연속적으로 창조하는 행위는 무의식으로부터 갈등을 끌어와서 정신의 내용을 다시 배열하도록 함으로써 치유를 촉진시킨다. 이러한 과정은 상징을 통해 드러나며 의식적인 자아(ego)와 성격의 중심인 자기(self)를 재정립시키는 것을 의미한다. 또한 상징이나 심상은 치료자가 내담자와 함께 모래놀이의 의미를 느끼고 이해하는 수단이 된다(Turner, 2005).

(2) 자기치유력

융의 이론에 의하면 정신은 스스로 치유하며 완전하게 성장하려는 자율적인 성향을 갖는다고 하였다(Jung, 1981). 아동이 스스로 치유되기 위해 무의식 속에 잠재되어 있는 자원을 활성화하게 되는데 치료자와 모래상자는 이러한 작업을 하기 위한 안전하고 신뢰할 수 있는 환경이 되어주는 것이다. 모래상자는 자유롭고 신뢰할 수 있는 공간으로 아동은 그 안에 자신의 세계를 창조하며 새로운 통찰력을 가지고 자신의 현실을 변용시킬 수 있는 기회를 갖게 된다.

암만(Ammann, 1991)은 생애 초기에 신경학적, 기질적, 양육환경의 문제로 인해 안정적이고 신뢰할 수 있는 초기 관계를 형성하지 못한 사람의 경우 모래놀이치료를 통해 인격의 전체성을 이루어 새롭고 건강한 인격을 형성할 수 있다고 설명하였다.

3) 모래놀이의 발달단계

칼프는 노이만의 이론(Neumann, 1973)을 기초로 발달의 내적 기제와 치유, 내적 변화과정을 이해하고자 하였다. 모래놀이의 발달 단계는 개인에 따라 차이가 나며, 발달 단계에 따른 성장과정을 볼 수 있다.

(1) 초기단계

① **모아단일체** 이 단계의 아동은 자기와 타인을 구분하지 못한다. 이 단계에서는 어머니와 아직 분리되지 않은 심리적 단일체의 특성을 보인다. 아직 자아가 형성되기 이전의 단계로 아동은 어머니를 개인적 어머니보다는 원형적 대모(archetypal great mother)로 지각하게 된다. 이러한 관계는 이후 발달의 기초가 되며 정서적 관계성의 기초가 된다. 모래놀이

에서는 먹이거나 보살피는 등의 양육적 주제를 가진 상징으로 나타난다.

② **어머니와의 관계** 만 1세가 되면서 아동의 마음은 어머니의 마음에서 분리되기 시작한다. 노이만(1973)은 이것을 '세상 부모와의 분리'라고 설명하였다. 아동의 정신은 이제 외부세계를 인식하고 탐색하게 되는데, 새로운 세계에 대한 불확실성 때문에 불안을 느끼게 되고 아동은 이를 어머니에게 전가하게 되면서 나쁜 어머니를 만들어낸다. 따라서 모권적 특성으로 미지의 어둡고, 감정적이고 무의식적인 특성을 드러낸다. 정의, 경계, 합리성, 의식적 자각의 남성적 특성은 자아발달과 함께 나중에 발달하게 된다. 모래놀이에서는 피규어 쌍으로 나타날 수 있으며, 상처와 결핍의 특성이 사악하고 유기하는 어머니 혹은 마녀로 나타나거나 죽음과 상실이 탄생과 성장이라는 대극으로 나타나기도 한다.

③ **자기 구성** 만 3세 경이 되면 아동의 마음에 자기가 출현하게 된다. 노이만(1973)은 이 과정을 중심화라고 설명하였다.

(2) 자아발달의 단계
어머니로부터 분리된 이후 자아발달은 독립적인 의식적 기능 수준까지 진행된다. 칼프는 이러한 모래놀이치료 과정을 3단계로 구분하였다.

① **동식물 단계** 이 단계에서는 의식이 싹터서 원시세계로 들어가기 때문에 동물과 식물로 나타난다고 본다. 마음이 의식 세계를 여행하면서 세상을 재경험하게 되며 이를 통해 심리발달이 일어난다. 모래놀이에서는 숲과 정글, 땅, 동물과 식물과 같은 것으로 표현되기도 하고, 많은 피규어들을 모래상자에 쏟아놓거나 복잡하고 혼돈스러운 모습을 보여주기

도 한다. 반대로 황폐하고 생명력 없는 장면으로 표현되기도 한다.

② **투쟁 단계** 자아가 무의식의 어머니 에너지로부터 분리되고 남성적인 의식적 에너지와 동일시하게 됨으로써 남성성과 여성성, 빛과 어둠 간에 양극화가 나타난다. 모래놀이에서는 서로 대립하는 두 세력으로 좋은 편과 나쁜 편 또는 어두운 특징과 밝은 특징의 이미지로 드러난다. 이 단계에서는 전쟁이나 대립의 장면이 많이 나타난다. 중반기로 가면서 전투가 강렬해지고 조직화되면서 보다 균형적인 투쟁이 벌어진다. 영웅이 등장하여 나쁜 쪽과 대항하기도 한다.

③ **집단에 대한 적응** 자아발달의 마지막 단계로 자아 성취에 이르게 되고 의식적 자각들이 점차 통합된다. 모래놀이에서는 투쟁이 끝나고 정신의 원형적 요소가 의식적 수준에서 정착하여 마을이나 동네, 시장 등의 일상생활로 나타나기도 한다. 이 시기에는 질서가 회복되고 자연과 사람 사이의 균형이 잡히기 시작한다. 움직임이나 건설의 특징이 드러나며 자신의 성과 관련된 상징물들이 많이 나타나기도 한다.

3. 원칙, 원리, 특징

1) 모래와 모래상자

모래놀이치료에 사용되는 상자의 크기는 도라 칼프의 규격을 일반적으로 사용하게 된다. 칼프는 한눈에 상자 전체를 조망할 수 있는 크기로

57 cm × 72 cm × 7 cm를 제안하였으며, 나무나 플라스틱 소재를 사용하도록 권한다. 모래상자의 안쪽은 파란색으로 칠하는데, 모래를 팠을 때 파란 부분이 물이나 바다, 호수 등을 나타낼 수 있도록 하기 위해서이다. 모래상자는 일반적으로 받침대 위에 올려놓고 사용하는데 받침대가 상자보다 더 커서 상자 옆에 피규어들을 올려 놓기도 하고 모래를 퍼내기도 한다. 모래는 일반적으로 마른 모래와 젖은 모래를 준비하여 선택할 수 있도록 하며, 마른 모래에 물을 부어 젖은 모래로 만들어 사용하기도 한다.

2) 피규어

피규어는 다양한 표현이 가능하도록 여러 가지를 준비해 놓는다. 대부분의 피규어는 구매가 가능하지만 내담자가 생각하는 이미지에 맞는 피규어가 없는 경우 직접 만들어 사용할 수 있도록 재료들을 구비해 놓는다. 기본적으로 준비하여야 할 피규어 종류는 다음과 같다.

1) 사람: 아기, 아동, 성인 남녀, 신랑/신부, 여러 인종, 젊은 사람/나이 든 사람, 여러 가지 작업을 하는 모습의 사람, 경찰/소방관/구조대원 등
2) 집: 한옥/양옥, 의자/테이블/소파 등 가구, 변기/시계/거울 등 집 안에서 흔히 볼 수 있는 물건, 음식물과 부엌가구
3) 건축물: 집/탑, 종교시설(교회, 절, 사원), 가게, 국내 및 해외 건축물, 전통적 및 신식 건축물
4) 교통수단: 자동차, 배, 기차, 자전거, 비행기, 구급차, 소방차, 구명보트, 들것, 군대 차량, 전차, 군함

5) 군대: 군인, 총, 창, 군용트럭, 군함, 잠수함, 대포, 로켓

6) 동물: 개/소/돼지/닭 등 가축, 호랑이/기린/원숭이/뱀 등의 야생 동물, 악어/고래/상어/물고기/새/곤충/공룡/개구리 등

7) 마술적 동물: 유니콘/페가수스/용 등

8) 특별한 캐릭터: 요정/마법사/난쟁이/마녀/괴물, 영웅과 악당, 동화나 만화 속 인물

9) 원형적 피규어: 신화 속 인물, 왕/여왕/왕자/공주, 모양(정육면체, 원, 정사각형, 삼각형, 피라미드, 해, 달, 별), 보석(유리 구슬, 비즈, 보물 상자, 선물)

10) 그림자와 죽음 관련: 해골, 비석, 관, 뼈, 괴물, 어둡고 무서운 피규어

11) 종교적, 영적 피규어: 예수, 마리아, 부처, 수녀, 목사, 천사, 십자가

12) 날씨 관련: 불, 얼음, 풍차, 물레방아, 우물, 깃발

13) 자연물: 바위, 조개껍질, 나무(산 것과 죽은 것), 관목, 꽃, 풀, 과일, 채소

14) 연결 및 분리 환경: 울타리, 철책, 다리, 길, 교통신호, 전화

15) 만들기 재료: 찰흙, 종이, 실, 풀 등

피규어를 정리하는 선반장은 모래상자 가까이에 둔다. 발판을 두어 아동들이 높은 곳에 있는 피규어를 쉽게 꺼낼 수 있도록 한다.

3) 모래놀이치료의 특성

모래놀이치료의 원리와 장점에 대해서 호마이어와 스위니(Homeyer & Sweeney, 1998)가 다음과 같이 기술하였다.

1) 모래놀이치료는 정서적 문제를 비언어적으로 표현할 수 있도록 돕는다.

2) 모래놀이치료는 운동감각적 특징을 갖는다.

3) 모래놀이치료는 내담자에게 치료적 거리를 제공하여 언어로 표현하기 어려운 문제를 투사적 매개물을 통해 표현할 수 있도록 한다.

4) 치료적 거리는 억압된 감정이 해소될 수 있는 안전한 장소를 마련해 준다.

5) 모래놀이치료는 자연스럽게 경계와 제한을 제공하므로 내담자에게 안전감을 줄 수 있다.

6) 모래놀이치료는 은유를 사용하도록 하며 특별한 방식으로 추상적인 것과 구체적인 것을 연합시켜 알지 못하는 것을 느끼게 해준다.

7) 모래놀이치료는 내담자의 저항을 극복하는 데 효과적이다.

8) 모래놀이치료는 언어 사용이 어려운 내담자에게 효과적인 의사소통 매개체가 될 수 있다.

9) 모래놀이치료는 내담자에게 조절을 경험할 수 있게 해준다.

10) 전이는 모래놀이치료를 통해 효과적으로 전달될 수 있다.

11) 모래놀이치료는 정신내적 문제에 접근을 용이하게 한다.

4) 분석요소

모래상자를 해석하기 위해서는 다음과 같은 요소들을 살펴볼 필요가 있다.

1) 내담자의 발달력과 배경정보: 같은 모래상자라고 할지라도 내담자의 성장과정이나 배경에 따라 다른 의미를 내포할 수 있으므로

아동의 배경정보를 고려하는 것은 매우 중요하다.

2) 회기 내용: 내담자가 모래상자에 대해 언급한 내용, 이야기, 꿈 등은 모래놀이에서 중요한 내용을 제공한다.

3) 치료자의 감정: 치료자가 모래놀이치료에 참여하는 동안 느끼는 감정을 고찰하는 것은 어떠한 투사가 있는지 알게 해준다. 모래상자에 대한 치료자의 감정과 내담자의 감정을 비교해 보는 것도 의미가 있다.

4) 공간: 모래상자를 내담자가 어떻게 사용하는지에 대한 부분으로 텅 빈 장면들은 우울이나 낮은 에너지를 나타내기도 하고 명확함과 냉정함을 나타내기도 한다.

5) 모래의 선택과 사용: 젖은 모래를 사용하는지 마른 모래를 사용하는지, 모래를 만지고 싶어하지 않는지 등은 중요한 정보를 제공한다. 젖은 모래를 사용하는 경우, 환경에 대한 자신의 통제감을 확인하거나 획득하고자 하는 것과 관련이 있다.

6) 피규어의 배열과 모래의 형태: 모래를 사용해서 어떤 모양을 만들었는지, 피규어를 어떤 형태로 배열했는지 관찰해야 한다. 둥근 모양은 여성적인 힘과 감정적 특성을 나타내기도 하며 기하학적 모양은 남성적 힘과 지적인 가치를 드러내기도 한다.

7) 색: 모래놀이치료에서 색깔을 해석하기도 하는데, 붉은색은 삶에 대한 열망으로 표현되기도 하며 우울증의 경우 강한 붉은 색은 보상적 태도로 작용한다. 초록색의 경우 고요하고 성장적인 내적 태도를 나타내기도 한다.

8) 모래상자의 바닥: 푸른 바닥은 일반적으로 물을 나타내지만, 무의식을 나타내기도 한다.

9) 피규어: 어떤 피규어를 어떻게 사용했는지 관찰해야 한다. 특정

피규어를 회피하는 것은 방어의 표시일 수 있다.

10) 공간 내에서 피규어의 배치: 모래상자의 대각선 코너에 피규어를 배치하는 것은 두 피규어가 상자 안에서 가장 먼 거리에 배치되는 것으로 상반되는 특성을 나타낼 수 있다.

11) 피규어와 장면 요소와의 관계: 상자 안의 피규어들 간에 어떠한 연관성이 있는지를 해석하는 것은 중요하다. 아동과 다른 사람과의 관계를 반영하는 것일 수 있으며 혹은 아동의 정신적 측면과 어떻게 연결되는지 살펴볼 수 있다.

12) 역동적이거나 정적인 특성: 모래상자에서 활발한 움직임이 있거나 혹은 움직임을 방해하는 것은 중요한 정보를 제공한다. 방해받는 움직임은 에너지가 차단된 것을 나타낼 수 있다.

13) 의식의 접근: 시공간적으로 멀리 떨어진 요소들은 일상의 삶에서 나타나는 평범한 것보다 의식에서 더 떨어져 있을 수 있다.

14) 상징적 내용: 신화, 상징, 종교, 동화, 꿈의 내용에 대한 해석은 사례별로 특정 작품 안에서 고려되어야 한다. 모든 상징은 긍정적인 측면과 부정적인 측면을 갖고 있기 때문에 특정 사례와 어떻게 관련되는지 살펴보아야 해석이 가능하다.

4. 치료자의 역할

모래놀이치료에서 치료자의 역할은 치료 상황에 존재하는 것 자체이므로 치료자의 태도가 매우 중요하다. 아동의 상징적 작업은 치료자에 의해 공감되고 다시 아동으로 하여금 의식화되도록 한다. 아동이 상자를 만드는 동안 치료자는 허용적이고 수용적인 태도로 관심을 갖고 바라보고 아동의 정신의 흐름을 따라가며 느낄 수 있어야 한다. 즉 아동과 치료자가 동시에 상징적 과정에 참여하게 됨으로써 아동과 치료자 사이의 치료적 유대감을 형성하게 되며 이는 치료의 중요한 요인이 된다. 칼프 (Kalff, 1980)는 '자유롭고 보호된 공간'을 창조하는 치료자의 중요성을 강조하였다.

5. 치료 과정 및 절차

1) 모래놀이치료 소개하기

첫 회기에 치료자는 내담자에게 모래놀이치료에 대해 설명해주게 된다. 보통 청소년 이상의 내담자에게는 "피규어들을 이용해서 모래상자를 만들어 주시면 됩니다."라고 안내한다. 이 때 치료자의 의도나 강요가 드러나지 않게 주의해야 한다. 아동의 경우에는 "이것은 모래상자라고 해. 마른 모래와 젖은 모래 중에 선택할 수 있어. 모래를 파면 바닥에 파란 색깔이 나와서 강이나 바다를 만들 수 있어. 선반에 있는 피규어들을 사용해서 네가 원하는 상자를 만들면 돼."라고 안내한다.

2) 관찰과 기록

치료자는 아동의 행동을 처음부터 관찰하고 기록하게 된다. 아동이 처음과 마지막에 놓는 피규어는 중요하게 여긴다. 아동의 행동뿐 아니라 언어적 반응도 기록한다. 모래상자를 만들면서 아동이 이야기하거나 설명한 것은 모두 기록한다. 그 외에도 피규어를 대하는 태도, 예를 들면 피규어를 조심스럽게 다루는지 거칠게 다루는지, 위치 이동이 잦은지, 모래에 숨기는 행동 등이 나타나는지 등도 기록한다.

완성된 모래상자는 사진으로 기록하는데, 아동이 치료실을 떠난 후에 사진을 찍고 이에 대한 동의를 사전에 구한다.

치료자의 위치는 아동의 반대편이 일반적이며, 모래상자가 완성된 후에 아동의 허락을 구한 뒤 아동의 자리에서 모래상자를 관찰한다. 아동의 시선에서 모래상자를 바라볼 필요가 있기 때문이다.

3) 스토리텔링

모래상자를 완성한 뒤 "모래상자와 관련해서 연상되는 게 있니?", "모래상자에 대한 이야기나 제목을 붙인다면 뭐라고 하면 좋을까?"와 같이 질문을 하여 이야기를 하도록 유도한다.

모래상자에 대한 해석을 제공하지는 않으며 만약 아동이 궁금해한다면 "이것은 무엇을 의미하는 것 같아?"라고 할 수 있다. 피규어에 대해서도 이름이나 성별을 직접적으로 치료자가 언급하지 않아야 한다.

4) 모래놀이 정리하기

아동이 치료실을 떠난 후 치료자는 모래상자의 사진을 찍은 뒤 피규어를 정리한다. 아동에게 정리를 요구하거나 치료실을 떠나지 않은 상황에서 피규어를 정리하지 않는 이유는 모래상자의 이미지가 아동에게 오래 지속되도록 유지해야 하며, 자신의 작품을 누군가가 훼손한다는 느낌을 주지 않기 위해서이다.

6. 치료 효과 및 가능성

모래놀이치료의 효과성에 대한 근거기반(evidence-based) 실천의 기준을 충족시키는 연구들이 시도되고 있다. 로슬러(Roesler, 2019)의 연구에 의하면 모래놀이치료는 다양한 문제를 가진 아동의 임상장면에서 효과성이 입증되고 있다. 외현화 문제와 공격 행동 문제가 있는 아동(Han, Lee, & Suh, 2017), 주의력 문제가 있는 아동(Wang, Hang, Zhang, He, & Wang, 2012), 외상 문제를 지닌 아동(Ramos & de Matta, 2018), 정서와 애착 문제를 보이는 아동(Yang, 2014; Yoo, 2015, Plotkin, 2011) 등 다양한 문제를 가진 아동들을 대상으로 한 연구에서 유의미한 결과를 보고하였다. 특히 모래놀이치료는 비언어적 접근이라는 특성으로 인해 이민자나 난민처럼 언어적 의사소통에 제약을 갖는 내담자에게 적합한 것으로 보고되고 있다.

12

발달놀이치료

발달(development)은 한 인간이 가지고 있는 가능성을 펼쳐가는 과정이다. 따라서 발달은 인간을 비롯한 유기체에게 필요한 과정이며 인간의 생존과 실존을 위해서 공동체 내에서 달성해야 할 과업이다. 이를테면 배의 씨앗에서는 배가, 사과의 씨앗에서는 사과가 자라는 것처럼 인간 역시 각자가 가진 고유한 자기(self)라는 씨앗의 가능성을 펼쳐주는 일이 발달이다. 씨앗의 가능성을 잘 펼치기 위해서는 환경의 역할이 중요하다. 씨앗이 싹을 틔워 잘 자라도록 비도, 바람도, 흙도, 햇볕도, 시간도, 온도와 습도도 적합해야 한다. 그런 환경 속에서 배도, 사과도 풍성하고 먹음직스럽게 자랄 수 있다.

그런 맥락에서 볼 때, 한 명의 인간 아기가 잘 발달하도록 도우려면 그 아기가 갖고 있는 씨앗의 가능성, 즉 유전적 가능성을 잘 살려주는 일이 필요하다. 아기가 자신의 가능성을 잘 펼치도록 최적의 환경이 조성되어야 한다. 그 환경은 대개 부모로 대표된다.

그렇다면 발달놀이치료(developmental play therapy)는 왜 하는가?

발달놀이치료는 무엇이며 어떤 아동에게 적합한가? 놀이치료에 발달이라는 이름을 특별히 덧붙인 이유는 무엇인가? 이 장에서는 발달놀이치료에 대해 자세히 알아봄으로써 놀이치료사로서의 학문적, 실천적 역량을 강화하고자 한다.

1. 개념

발달놀이치료는 애착 이론(Bowlby, 1969), 자아심리학(Mahler, 1975; Stern, 1974), 심리사회적 발달이론(Erikson, 1940), 대상관계이론(Winnicott, 1971) 등을 이론적 기초로 한다(Brody, 1992). 이를 토대로 브로디(Brody)가 창시한 아동심리치료 방법인 발달놀이치료는 아기가 생애 초기 단계에서 부모와 형성해야 했던 애착, 건강한 자아, 심리사회적 건강성 등 관계에 기초한 발달과업들을 치료자-아동 관계에서 재구성하는 데 초점을 맞춘다. 즉 최적의 발달을 돕는 놀이를 통해 아동의 건강한 자아와 자기를 촉진, 확장하는 것을 목표로 둔다.

　발달놀이치료에서는 애착 이론 및 대상관계이론에서의 접촉을 개념적 핵심으로 삼고 있는데, 브로디(Brody, 1978)는 학습지연 초등학교 저학년 아동과 경증의 정신적 어려움을 갖는 아동집단을 통해 접촉을 활용한 구조화된 치료를 실시한 후, 이를 '발달놀이치료'라고 명명하였다. 특히 데스 로리어스(Des Lauriers), 부버(Buber), 치료사인 아들러(Adler)가 발달놀이치료를 발전시키는 데 많은 도움을 주었다(Brody, 1978). 이 치료는 신체적 접촉을 통해 애착, 건강한 자아, 심리사회적 건강성 등을 회복하고 아동의 건강한 발달을 촉진하고자 한다. 치료사는 관계를 재형성하기 위해 신체접촉을 활용한다. 영아의 건강한 발달을 위한 신체접촉과 접촉놀이의 유용성은 다음과 같이 알려져 있다(성영혜 외, 2004).

1) 신체접촉놀이와 영아발달

신체접촉은 영아의 생존에 필수적이다. 출생 후 처음으로 접하게 되는 엄마와의 신체접촉은 특히나 영아가 세상의 신뢰로움을 가늠할 수 있는 토대가 된다. 그뿐만 아니라 영아의 신체, 심리, 사회성 발달의 초석이 된다. 엄마가 영아에게 수유를 할 때, 기저귀를 갈아줄 때, 재울 때, 안아 줄 때 필수적으로 동반되는 신체접촉은 영아가 드러내는 욕구 신호를 엄마가 인식하고 해석하여 적절한 반응과 행동을 하게 되는 주고받음의 관계에서 반드시 동반된다. 하지만 엄마가 영아의 신호를 민감하게 알아차리지 못하거나 신속한 반응을 보이지 않을 경우에는 문제가 발생하기 시작한다.

아동의 발달수준은 발달단계에 따른 아동의 행동과 그에 대한 엄마의 반응 사이의 상호작용의 결과라고 본 말러(Mahler)에 입각해 살펴보면(Greenberg & Mitchell, 1999), 아동의 발달적 어려움은 아동의 행동과 엄마의 반응 사이의 상호작용에 불협화음이 생긴 것이라 해석할 수 있다.

영아의 건강한 발달을 도모하기 위해서 계속적으로, 우선적으로 고려해야 할 사항은 영아의 발달단계를 알고 이해하는 것이다. 영아의 발달단계를 고려해 볼 때 영아의 건강한 성장과 발달을 촉진하는 접근은 바로 접촉이다. 신생아부터 시작된 발달적 욕구 표현들은 월령이 증가하면서 더욱 다양한 접촉방법들을 요청한다. 영아는 구체적인 현실 경험들을 놀이로 표현하기도 한다. 영아에게 가장 중요하고 기본이 되는 놀이의 맥락은 접촉이 근간이 된다.

데스 로리어스(Des Lauriers, 1962)는 신생아가 주체적으로 선택하고 행동하는 감각적 능력은 없을지라도 자아지각은 가능하다고 보았다. 초기 자아의 경험은 신체에 대한 인식으로부터 출발하는데 엄마와 함께 하는 접촉, 놀이, 안아주기, 뽀뽀해주기 등의 애정표현이 영아로 하여금 타인과 자신을 구별하게 한다고 해석했다. 영아는 접촉을 통해 다른 사람과의 경계를 구분하게 되고 점차 신체적 자아에서 심리적 자아로 발달해 나갈 수 있다. 따라서 영아의 신체적 자아의 소중함은 심리적 자아의 소중함으로 연결된다. 엄마를 비롯한 주양육자인 성인은 영아가 발달시킬 심리적 자아의 가치감, 자기 존중감에 막대한 영향력을 줄 수 있다. 발달놀이치료가 신체놀이를 활용하는 것이 바로 이 지점에서 출발한다. 브로디(Brody)는 신체접촉이 치료에 효과적이라고 믿었는데 아동은 접촉을 통해 자기와 타인의 신체를 지각함으로 자신의 심리적 경계도 지각할 수 있게 된다고 파악하였기 때문이다.

2) 신체접촉과 발달놀이치료

발달놀이치료에서는 치료사로 대표되는 성인이 아동과 신체적 접촉을 활용한 놀이를 통해 친밀한 관계를 구성한다. 발달놀이치료는 아동에게 적절한 지지를 통해 발달을 촉진시켜 아동이 잘 형성하지 못해 온 아동의 자아기능을 구축하는 것을 중요한 목표로 삼는다. 따라서 부모-자녀 간 적절한 상호작용이 어려운 경우나 관계를 맺지 못한 경우에 치료현장에서 치료사가 부모 역할을 하여 아동이 건강한 애착관계를 형성하고 사회적 상호작용의 경험을 갖도록 하는 것에 주력한다(우주영, 1996).

발달놀이치료에서는 신체접촉을 이용한 놀이를 통해 아동의 건강한 발달을 도모하는 것을 목표로 삼는다. 감각을 자극하는 신체접촉을 통해서 아동이 자신의 몸이 누구에 의해 접촉되었고, 접촉한다는 것이 무엇인지에 대해 구체적으로 깨닫게 하는 것에 주력한다. 이러한 감각 자극적 접촉을 통해 아동은 접촉한 사람과의 사이에 관계를 형성할 수 있게 된다. 따라서 접촉을 하는 사람은 아동과 긴밀한 관계인 양육자로서의 엄마의 역할과 태도를 취하는 존재로서의 치료사여야 한다. '엄마가 된 치료사'는 부모와 아동이 하는 초기 사회적 상호작용 향상을 위한 놀이, 감각적 자극을 주는 신체접촉 놀이를 통해 자연스럽게 아동의 애착 욕구를 증진시킨다.

3) 영아의 건강한 발달도모를 위한 신체접촉의 효과

(1) 신체접촉으로 인한 생리적 발달 촉진

캥거루 케어 캥거루 케어(Kangaroo care)는 남미에서 병실의 부족으로 인한 미숙아들의 병균 감염을 막기 위해 긴급하게 적용된 방법이었다. 어미 캥거루가 새끼 캥거루를 품고 있는 것처럼 엄마가 미숙아를 24시간 동안 안고 있는 것에서 유래되어 캥거루 케어라 칭한다. 캥거루 케어에서는 피부접촉을 통해 엄마와 아기가 체온을 나누게 되는데, 이때 아기는 마치 엄마 자궁 안에서 있을 때와 같은 편안함과 정서적 안정감을 느낄 수 있다고 한다. 그 결과 역시 괄목할 만한데 캥거루 케어를 받았던 아기는 인큐베이터에 있던 아기의 경우보다 신체, 생리적 발달이 훨씬 원활했으며, 미숙아 사망률 역시 2.4%나 적었을 뿐만 아니라 캥거루 케어를 실시했던 엄마 역시 그렇지 않았던 엄마들에 비해 아기를 향한 유대감이 높았다고 보고되고 있다(성영혜 외, 2004).

마사지 신생아들에게 매일 15분간 마사지를 실시한 후, 아기들은 체중이 증가하고 미주신경이 활성화되면서 위장운동이 활발해져 소화능력이 증가되었다(성영혜 외, 2004). 또한 피부를 접촉하는 것은 면역력을 높여주어 천식, 아토피피부염, 에이즈 등 면역기능 저하로 유발되는 질병들을 예방하고 치료하는 데에 많은 도움이 되었다(성영혜 외, 2004).

(2) 신체접촉으로 인한 두뇌발달 촉진

태어날 때부터 활성화되어 있는 아기의 피부는 촉각 수용기가 있는 최초의 감각기관이기 때문에 건강하고 적절한 접촉은 영아들의 뇌발달을 촉진한다. 영아-엄마 간의 즐거운 상호작용은 영아의 성장하는 뇌 속 수천, 수만 개 세포들의 반응을 일으키게 된다. 뇌세포의 연결은 유전자에 의해 결정되기도 하지만, 어린 시절의 경험에 의해서 결정되기도 한다. 뇌발달은 경험에 의존하기 때문에 뇌가 폭발적으로 발달하는 시기에 영아가 어떤 경험을 했느냐는 영아의 뇌 발달에 상당히 중요한 결과를 초래한다. 영아 두뇌의 성장은 저절로 이루어지는 것이 아니라 접촉이라는 적절한 자극에 의해서 이루어진다. 두뇌는 활성화되어 있지 않으나 접촉을 감지하는 영역은 예외인 상태로 아기가 태어나기 때문이다. 따라서 아기는 접촉이라는 환경적 자극을 바탕으로 아직 활성화되지 않은 두뇌를 발달시킬 수 있다. 피부는 뇌와 같은 외배엽에서 발달하는데 아기의 뇌와 적절한 피부자극 간의 정적 상관관계는 많이 알려져있다(서유헌, 2002). 이렇게 뇌와 피부는 서로 밀접한 관계에 있기 때문에 긍정적인 접촉을 통한 피부감각의 발달이 뇌 발달에도 중대한 영향을 미친다(서유헌, 2002). 하지만 피부에서 촉각을 감지하는 수용체도 나이가 들어감에 따라 둔해지고 그 수도 적어진다. 그러므로 피부에 적절한 자극을 줌으로써 이러한 피부 수용체를 잘 유지하는 것은 뇌에 신선한 자극을 주어 건강뿐만 아니라 정서적인 안정에도 중요한 역할을 하게 된다. 이는 아

동은 물론 성인에게까지 피부접촉이 간과되어서는 안 되는 이유이기도
하다.

(3) 신체접촉으로 인한 스트레스 완화

영아를 부드럽게 쓰다듬는 적절한 접촉은 영아에게 안전, 위로, 안정감
의 의미를 전달한다(Tronick, 1995). 스트레스를 받을 때 엄마와 접촉하
게 한 영아는 스트레스 수준이 감소하였다(Jernberg & Booth, 1999). 하
지만 엄마의 지나친 간질이기, 찌르기 등의 부적절한 신체접촉은 이후
영아의 정서적 행동 문제에 영향을 주었는데 이것이 영아에게 위협의 의
미로 전달되었기 때문이다(Weiss et al., 2001).

(4) 신체접촉으로 인한 긍정적 자기이미지 형성

부드러운 접촉은 영아가 긍정적 자기이미지(self-image)를 갖도록 돕는
다. 접촉을 통해 분비되는 옥시토신 호르몬은 서로의 유대감을 확고히
한다. 또한 접촉을 통해 영아는 자신이 얼마나 가치롭고 사랑스러운 존
재인가를 확인받게 된다. 엄마에 의해 따스하게 어루만져지는 반복적인
체험, 속상할 때 접촉을 통해 안정되는 반복적인 체험은 영아가 점차 스
스로를 진정시킬 수 있게 돕는다. 또한 자신이 "괜찮은 사람"이라는 이
미지를 갖게 한다.

(5) 신체접촉으로 인한 사회성 발달 촉진

신체접촉은 타인과 자신 간의 경계를 알게 하는 데 중요한 역할을 한다.
영아와 엄마가 신체접촉을 통해 서로가 만져짐을 확인하게 되고 영아는
엄마가 자신이 아님을, 즉 경계가 있는 타인임을 알아가게 한다. 자신이
타인과 다름을 알아가면서 영아의 사회성은 발달한다. 물론 사회성의 기

반에 엄마와의 애착 체험이 있다. 따라서 엄마와 따스한 접촉을 통해 안정적인 애착을 형성해가는 것이 중요하다. 타인을 위협이나 위험한 존재로 자각하지 않는 따스한 연결됨의 경험이 영아의 사회성 발달에 필수적이다.

2. 원리 및 목표

발달놀이치료에서 주로 활용하는 방법은 신체적 접촉을 포함한 비언어적 의사소통이다. 발달놀이치료도 치료놀이(Theraplay®)처럼 아동이 치료자의 신체적 존재를 직접 체험하고 타인과 경계가 있는, 분리된 자아를 경험하도록 하는 것이 중요하기 때문에 장난감을 많이 활용하지 않는다. 많은 장난감의 활용이 오히려 아동의 주의를 분산시켜 접촉에 방해가 되기 때문이다(성영혜, 1998).

1) 원리

브로디(Brody, 1995)가 제시하는 발달놀이치료의 원리는 다음과 같다.

첫째, 치료자와의 접촉 경험을 토대로 아동은 자기감(sense of self)을 발달시킬 수 있고 접촉을 제공하는 치료자인 상대방을 비로소 파악할 수 있다.
아동은 치료자와의 접촉을 통해 그 치료자와 관계를 맺게 되는데, 관계를 맺는다는 것은 서로에 대한 존중을 의미한다. 너(Thou)가 도구적 연관이 아닌, '있는 그대로' 소중한 존재임을 자각하는 '나-너(I-Thou)'로의 만남이 시작된다.

둘째, 진정한 의미의 접촉을 체험해 온, 즉 진정한 의미의 접촉을 할 수 있는 능력 있는 성인이 아동을 접촉해야 한다.

접촉하는 성인, 즉 치료자는 접촉을 온전히 체험한 사람이어야 한다. 피상적 만짐이 아닌, 접촉을 통해 존재의 소중함을 온몸으로 전할 수 있는 사람이 치료자가 되어야 한다. 만져지고 만질 수 있는, 그런 느낌이 아동과의 관계 속에서 공유되어야 한다.

셋째, 접촉하는 사람이 되기 위해서는 먼저 접촉받는 것을 배워야 한다.

접촉을 잘 하기 위해서는 치료자 자신이 먼저 접촉을 기꺼이 수용할 수 있어야 한다. 치료자가 학대 등 접촉에 대한 부정적 경험이 있다면 그 부정적 느낌을 해결하는 교정적 체험이 선행되어야 한다. 접촉의 환희를 아동과 서로 공유하기 위해서는 접촉의 의미를 온전히 누릴 수 있는 성인이 발달놀이치료를 해야 한다.

넷째, 접촉을 느끼기 위해서는 아동 스스로가 접촉을 받아들일 수 있어야 한다.

아동이 학대 등의 부정적 경험으로 접촉을 꺼려한다면 치료자는 아동의 경험을 기억하고 민감하고 반응적으로 아동이 접촉에 조금씩 익숙해질 수 있도록 도와야 한다. 아동 역시 접촉에 대한 교정적 체험을 할 수 있도록 하는 것이 발달놀이치료에서 중요하다.

다섯째, 아동은 접촉을 통해 타인에게 보여지고(being seen) 만져지는 체험을 하게 된다.

보여지고 만져지는 체험이란, 소중히 다루어지는 체험을 뜻한다. 발달놀이치료에서 아동은 치료자에 의해 보여지고 만져짐으로써 믿을 만한 성인이 바라보는 자기 자신을 긍정적으로 내면화하게 된다.

여섯째, 치료자는 접촉이 필요한 아동에게 접촉을 통한 관계를 만들어주기 위한 활동을 구성/조직화하고 치료적 관계를 발전시킬 책임을 져야 한다.
"책임(responsibility)은 반응하는(response) 능력(ability)"을 말한다(조용환, 2021). 따라서 치료자는 아동의 행위에 반응할 수 있는 능력을 지닌 사람이어야 한다. 책임을 지기 위해서는 아동을 함부로 평가하거나 비난하지 않는 안전한 환경을 치료자가 구성해주어야 한다. 따라서 치료적 관계를 잘 발전시킬 책임 역시 치료자의 몫이 된다.

2) 목표

발달놀이치료의 목표는, 능력 있는 접촉 제공자인 치료사와 긍정적인 접촉의 체험을 하여 아동이 건강한 성장과 발달을 도모하도록 돕는 것이다. 목표를 달성하기 위해서 치료사는 다음 사항을 주목하여야 한다.

첫째, 치료사는 아동이 자기 자신과 환경에 대해 자각하도록 도와야 한다.

둘째, 아동이 이전에 형성한 자기중심적이고 폐쇄적인 태도에서 벗어나 사람이나 사물과 안전한 관계를 형성하도록 돕는다.

셋째, 아동이 충동을 조절하도록 도와 기쁨과 만족을 얻을 수 있고 현실에 대처하도록 돕는다.

넷째, 아동이 타고난 잠재력을 발휘하도록 돕고 최적의 발달을 도모하도록 한다.

3. 발달놀이치료에 적합한 아동

발달놀이치료는 치료자와 아동 간 접촉을 이용해 생애 초기 단계의 긴밀한 애착관계를 다시 형성하고자 하는 접근이다. 따라서 발달놀이치료는 불안정한 애착을 형성한 영유아는 물론 애착에서 파생된 다양한 어려움을 가진 아동에게 적용될 수 있다(Brody, 1992). 왜냐하면 발달이 지연된 아동들에게 발달놀이치료는 아동을 초기 애착 발달단계의 시기로 돌아가도록 해 아동에게 발달적으로 결핍된 것들을 보완하게 하여 다시 현재의 발달연령에 맞는 아동으로 되돌아올 수 있는 기회를 주기 때문이다(Brody, 1992). 따라서 발달놀이치료는 발달에 어려움을 갖는 아동, 생애 초기의 접촉이 결핍된 아동, 안정애착 형성에 어려움을 겪은 아동에게 효과적이라고 밝혀져 있다.

이 외에도 외현화, 내재화 아동에게 발달놀이치료가 효과적이라고 보고되고 있다(성영혜, 장미경, 1996). 그뿐만 아니라 학대 등의 잘못된 접촉에 길들여진 아동 역시 교정적 경험을 통해 건강한 접촉을 할 수 있다(Brody, 1992). 발달놀이치료가 유아의 사회성 향상을 돕고(김영희 외, 2005), 발달이 늦은 유아의 신체 발달, 사회성 발달, 놀이 행동과 적응 행동에 긍정적인 영향을 주기도 하였다(노병화, 2003; 조혜원, 2005). 또한 지적장애 아동의 사회성 기능에 긍정적인 영향을 미치고 적응 행동 수준 및 대인관계도 긍정적으로 변화시켜 자아인지 및 사회성이 향상되었다는 연구가 있다. 자폐 유아를 대상으로 모자 상호작용의 증진에 발달놀이치료가 적합한지를 살펴본 연구에서는 자폐 유아와 어머니와의 사회적 상호작용이 증가했음이 보고되었다(김현영, 2010).

4. 방법

발달놀이치료에서는 접촉을 통한 '공동주의(joint attention)'를 치료적 방법으로 활용한다. 공동주의는 아동이 어떤 대상이나 사건에 대한 경험을 함께 하기 위해 눈맞춤과 행동을 사용하여 타인과 주의를 공유하는 능력을 말한다(Mundy et al., 1990). 공동주의는 다른 사람의 마음상태를 표상하는 능력을 요구한다. 따라서 공동주의 행동에는 타인이 바라보는 대상을 바라보는 자신의 시선에 대한 확인, 그 대상에 자신의 시선을 맞추는 행위, 서로 간의 눈을 마주치는 행위 등이 포함되는데, 이는 타인과 대상에 대해 함께 주의를 기울일 수 있는 능력과 상태를 말한다(Mundy et al., 1990). 발달놀이치료에서 활용하는 공동주의는 아동과 치료사가 함께 관심을 나누고 주의를 기울여, 서로의 주관이 공유되는 상호주관성을 창조할 수 있도록 돕는다. 상호주관성의 지속적인 교차가 발달놀이치료의 효과를 창출할 수 있다.

발달놀이치료에서는 접촉하는 방법, 즉 공동주의 방법이 특별히 정해져 있지는 않다(Brody, 1997). 아동의 신체에서 지극히 사적이거나 성적인 부분을 제외한 부분의 신체접촉이 가능하지만 아동의 상태를 치료사는 민감하게 살피고 반응할 수 있어야 한다. 아동이 접촉을 안전하게 받아들이고 공동주의를 가능하게 하는 그 포인트를 치료사가 파악해야 하기 때문이다. 접촉과 공동주의를 통해 치료자는 아동의 반응에 근거해 아동과 접촉할 수 있는 방법을 선택하고 접촉놀이를 통해 아동의 발달적 어려움을 해소해간다. 발달에 어려움을 겪는 아동은 공동주의 능력에도 손상이 있기 때문에 치료사의 공동주의에 대한 지속적이고 반복적인 접근이 아동의 건강한 발달을 도모하고 공동주의를 향상시키는 데 도움이 될 수 있다.

브로디(Brody)는 전통적으로 아동과 치료사가 30분 놀이를 한 후, 집단으로 아동과 치료사들이 함께 그룹활동을 하는 30분을 따로 구성하고, 그 외에 10분의 간식 시간을 배치하였다(Brody, 1978). 즉, 치료사와 개별적으로 애착을 형성한 후에 집단 활동에서 자기를 치료한 치료사를 애착대상으로 삼고 더 넓은 관계 속에서 적용하는 'circle time'을 갖도록 고안하였다. 그러나 요즘에는 비용과 시간, 부모 외 치료사와의 애착 형성의 한계에 대한 논의로 인해 많이 활용되지는 않고 있다.

5. 구성 및 단계

1) 구성

발달놀이치료는 신체적 접촉을 중심으로 이루어지기 때문에 치료실은 신체접촉을 원활히 할 수 있는 환경으로 구성되어야 한다. 카펫 혹은 흔들의자, 쿠션, 연필, 종이 등 정형화되지 않으면서 치료사와 아동 간의 접촉을 돕는, 화려하거나 복잡하지 않는 환경 구성이 필요하다.

발달놀이치료에서 많이 하는 활동은 다음과 같다.

안고 흔들기(cradling) 건강한 애착 형성을 위한 신체접촉의 가장 대표적인 방법은 안고 흔들기이다. 치료사는 아동을 안고 흔들의자나 카펫, 담요, 쿠션 등에 앉아서 아동을 안고 눈을 맞추며 부드럽게 말도 하고 노래도 불러준다. 치료사에게 포근히 안김으로써 아동은 안전감과 긴장의 이완을 느낄 수 있고 치료사의 온기도 느낄 수 있게 된다. 때로 치료사가 안아주는 행동은 행동조절이 잘 안 되는 아동에게 도움이 되기도 한다.

노래하기/속삭이기 엄마가 아기에게 해주었던 영아놀이를 치료사가 아동에게 해주는 것으로 아동의 발달적 욕구를 채우는 데 유용하다. 하지만 아동에게 치료사가 지나친 스킨십(예를 들면, 뽀뽀)을 하는 등 경계를 너무 침범하여 아동의 존중감을 침해하지 않도록 치료사는 주의해야 한다.

제한설정 발달적으로 어린 시기의 놀이를 할 때, 아동에게 '되는 것과 되지 않는 것'의 경계를 알도록 돕는 것도 필요하다. 세상의 질서를 알아야 아동이 보다 수용가능한 방식으로 편안하게 자신의 유능감을 발휘할 수 있기 때문이다. 한 예로, 신체접촉의 경계에 대해서 '만질 수 있는 부분과 그렇지 않은 부분'을 아동이 알 수 있도록 친절하게 안내하는 것도 제한설정의 한 측면이다.

2) 단계

발달놀이치료가 이루어지는 단계는 다음과 같이 나눌 수 있다.

① **거리감이 있는 시기** 아동은 치료사에게 접촉을 편안하게 허용하지 않는다. 치료사가 아동에게 안전한 대상이 아니기 때문이다. 따라서 치료사는 아동이 안전감과 신뢰감을 느낄 수 있도록 안전거리를 유지하며 조금씩 아동에게 다가가야 한다.

② **접촉 허용 시기** 치료사에 대한 신뢰가 점차 싹트기 시작하면서 아동과

치료사는 상호작용이 보다 원활해진다. 지속적인 공동주의와 접촉을 통한 놀이가 이루어진다. 서로 동반관계로서 아동과 치료사는 편안함을 느낀다. 이 시기가 지나면서 아동은 관계에 대한 확인과정을 거친다. 그런 맥락에서 아동은 저항 등의 행동을 보일 수 있다. 치료사는 아동을 비난하거나 거부해서는 안 되며 성인의 포용력으로 아동을 보호해야 한다.

③ **분리-개별화의 시기** 아동이 자기감을 갖게 되면서 자신과 치료사를 경계가 있는 타인으로 구별해 나가는 시기이다. 접촉을 넘어 대화의 단계로 나아간다. 언어와 비언어를 통해 자신을 표현하고 소통할 수 있는 단계이다. 이 단계가 되면 아동은 인격적으로 성장하게 되고 분리-개별화된 한 인간으로서 자기감을 얻을 수 있게 된다.

6. 예시

발달놀이치료는 접촉을 통한 건강한 자아인식, 공동주의 등에 초점을 두고 실시된다. 발달놀이치료의 예시를 살펴보면 다음과 같다.

1) 거울놀이(이정은, 2011)

- 준비물: 거울
- 아동에게 거울을 보여주며 모습을 관찰해보도록 한다.
- 치료사는 아동과 함께 신체접촉을 하며 신체 부분 부분에 이름을 붙이며 자기 몸에 대해서 알아간다.

- 아동의 손, 발 등 신체부위 하나씩을 보여준 다음 치료사와 함께 손바닥과 발바닥을 마주댄다.
- 치료사와 아동이 함께 거울이 되어 모방하듯 움직인다.
- 아동이 피하거나 거부하면 잠시 기다린다.
- 치료사가 노래를 흥얼거리며 천천히 다시 아동과의 접촉을 시도한다.
- 아동의 행동을 모방하며 아동과의 신체적 접촉을 반복한다.

2) 카메라놀이(이정은, 2011)

- 손가락으로 카메라 모양을 만든 다음 아동의 소리나 말 등을 따라한다.
- 아동의 행동이나 모습을 따라서 하며 비디오 촬영을 하는 흉내를 낸다.
- 노래를 부르다가 아동과 손을 잡고 '찰칵' 신호에 맞춰 행동을 멈춰보기도 한다.
- 아동이 원하는 포즈를 취하거나 소리를 내도록 한 후 따라 하거나 사진 찍는 흉내를 낸다.
- 아동의 눈을 보고 접촉하며 서로를 격려한다.

3) 눈은 어디 있나? 요기

- 아동을 안고 앉는다.
- 젖 먹이는 자세로 안고 아동과 눈을 맞춘다. 손가락으로 아동의 눈을 가리키며 "눈은 어디 있나? 요기. 코는 어디있나? 요기. 입은 어

디 있나? 요기. 귀는 어디 있을까? 요기." 하며 아동을 부드럽게 흔들며 노래를 불러준다.

– 반복적으로 아동과 접촉을 통해 상호작용한다.

13

치료놀이

치료놀이(Theraplay®)는 한마디로, "안전(safety), 사회개입, 조절, 안정/보안(security)의 체험(Norris & Lender, 2020)"이다. 치료놀이의 효과는 활동에 있지 않다. 활동은 단지 부모–자녀, 치료사–아동 등 사람들 사이의 연결(connect)을 촉진하는 수단이기 때문이다. 치료놀이 원리에 입각한 각 활동을 통해 치료사, 부모, 아동 사이에 전달되는 의미와 공유되는 "관계적" 공명의 가치를 느껴야만 치료놀이가 지향하는 치료놀이의 진정한 효과가 발휘될 수 있다.

그런 맥락에서 치료놀이는 간단하지만 어렵고 단순하지만 복잡하다. 최근에는 치료놀이가 CEBC(California Evidence Based Clearinghouse)[1], SAMHSA(Substance Abuse and Mental Health Service Administration) 등에서 증거기반(evidence-based) 치료로서 효과를 인정받으면서 치료놀

----

1 미국 캘리포니아 주(州)의 연구담당기관. 우리나라의 질병관리청과 같은 기관으로서 증거에 기반한 효과성을 평정한다.

이에 대한 세간의 관심은 더욱 높아졌다. 이 장에서는 치료놀이의 역사, 이론적 배경, 원리, 특징, 절차와 가능성에 대해 알아봄으로써 치료놀이에 대한 이해를 도모할 수 있다.

1. 역사

치료놀이는 건강한 부모-자녀 관계를 모델로 한 심리치료이다(신현정, 2009; Jernberg & Booth, 1999; Lindaman & Hong, 2020). 치료놀이의 뿌리는 미국 시카고(Chicago)의 헤드스타트(Head Start) 운동으로 거슬러 올라간다. 헤드스타트 운동은 빈곤층 아동의 학교 부적응을 개선하고자 시작된 프로젝트로서 학교 부적응의 원인이 불충분한 교육적 상황 노출이라고 판단한 전문가들이 이들의 복지를 개선하기 위해 실시한 국가 프로젝트였다. 빈곤층 아동에게 조기교육을 실시하여 빈곤층과 비빈곤층 사이의 교육격차를 줄이고자 야심 차게 출발한 헤드스타트 운동이었지만 시작 의도와 달리 아동의 학교 부적응은 크게 개선되지 않았다(Jernberg & Booth, 1999). 이에 헤드스타트 프로젝트의 책임자였던 앤 전버그(Ann Jernberg)는 그 이유와 상황을 면밀히 분석해야 했고, 그 결과 아동의 어려움이 비단 가정의 경제적 상황에서만 야기되지 않았음을 알게 된다. 빈곤이라는 환경보다 오히려 이들이 처한 정서, 관계적 어려움이 더 심각하다는 것을 깨달은 전버그는 아동의 심리적, 관계적, 행동적 어려움 극복에 도움이 되는 방법을 찾기 위해 고심하게 되었다. 그러다가 1967년 전버그는 친구인 필리스 부스(Phyllis Booth)와 함께 치료놀이(Theraplay®)를 만들게 된다(Booth & Jernberg, 2011). 이렇게 창설된 치료놀이는 치료(Therapy)와 놀이(Play)를 합친 고유명사로, 놀이의 치료적인 힘을 바탕으로 치료놀이 원리와 그 의미의 고유성을 결합한, 독특하고 역동적이며 매력적인 심리치료이다. 그리고 50여 년이 지난 지금까지 '관계중심의 상호작용' 증진 치료로서 그 위상을 이어가고 있다.

전버그와 부스는 인간의 행복이 건강한 부모-자녀 관계에서 기인한다는 것에 대한 믿음을 바탕으로 부모-자녀의 상호작용을 관찰하고, 그들 간에 드러난 상호작용의 '건강성'에 주목한다. 치료놀이 치료사들은 건강한 부모-자녀 관계에서 발견되는 치료놀이의 정신(sprit)을 아동의 상황과 맥락에 맞게 최적화하여 면대면 놀이를 통해 아동, 부모와 함께 상호작용하며 구현한다. 이 과정 속에서 아동의 어려움은 해소되고 관계가 회복되는 것으로 나타난다.

심리치료란 결국 어려움을 겪는 아동의 뇌를 바꾸는 과정으로서 체험 의존적인 뇌를 바꾸기 위해서는 시간성이 필요하다(Perry & Szalavitz, 2011). 뇌 또한 몸이기 때문에 뇌를 바꾸는 일은 '몸틀'[2]을 바꾸는 일이기도 하다(Merleau-Ponty, 2002). 단순하고 반복적인 상호작용을 통해 이루어지는 치료놀이 체험을 하는 시간 동안, 아동의 몸과 뇌는 변화한다(Perry & Szalavitz, 2011). 결국 치료놀이를 통해 아동이 변화하는 과정은 "단순하고 반복적(Perry & Szalavitz, 2011)"인 건강한 상호작용에 기초해 아동의 체험을 바꾸고 그 체험에 의존해 뇌가 달라지는 것을 의미한다. 단순하고 쉬워 보이는 치료놀이 상호작용이 그토록 강력한 효과를 내는 이유는 치료놀이의 관계적 힘, 복잡다단한 맥락에서 치료놀이의 원리와 의미를 잘 구현해내는 치료사의 전문적 능력과 태도에 있다. 따라서 치료놀이가 아동, 청소년의 심리치료로서 제대로 실현되기 위해서는

----

2   프랑스 철학자 메를로 퐁티가 주장한 개념으로 『지각의 현상학』(Merleau-Ponty, 2002) 참조 바람.

단순한 기법의 적용을 넘어선, 치료놀이 패러다임[3]을 실천하는 치료놀이 치료사의 '몸틀'의 변화까지 수반되어야 한다.

1990년대 이후로 뇌과학 연구가 활발해지자, 그동안 입소문으로 퍼지던 치료놀이의 효과성이 과학적으로 증명되었고(CEBC, www.cebc4cw.org; SAMHSA, 2014) 전 세계에 치료놀이의 붐이 일어났다. 치료놀이는 현재 유럽, 아메리카, 아시아, 아프리카 대륙에 걸쳐 전 세계 47개국 이상에서 활발히 사용되고 있는데, 외연은 더 커지고 내면은 질적으로 깊어지는 추세다(www.theraplay.org). 미국 시카고에 치료놀이 본부를 두고 각국은 긴밀한 연계 속에 치료놀이의 발전과 전 세계 아동, 청소년 및 그 가족의 행복과 안녕을 위해 노력하고 있다. 치료놀이는 각국의 트레이너를 중심으로 유기적으로 연결되어 있다. 2021년 현재, 치료놀이협회(alliance)가 결성된 국가로는 한국과 핀란드가 있다. 치료놀이의 발전을 위해 전세계가 한국에 거는 기대는 크다.[4]

2. 이론적 배경

실천이 힘을 갖기 위해서는 실천의 근거를 설명하는 이론적 근거가 뒷

---

3   쿤(Kuhn)은 패러다임(paradigm)을 관념적, 존재적, 인지적 신념 체제라고 하였다. 따라서 패러다임을 바꾸는 일은 '개종'에 버금가는 어려운 일이기도 하다(조용환, 1999).

4   치료놀이 치료사 자격증은 미국 시카고의 치료놀이 본부에서 부여하는 국제 자격증으로, 치료놀이 치료사가 자격을 획득하는 과정에서 공인 트레이너와 공인 수퍼바이저와 함께 수퍼비전, 시험 등 국제적 승인을 거쳐야 하므로 한국을 넘어 전 세계에서 통용, 인정받는다. 치료놀이(Theraplay®) 서비스마크는 법적으로 보호를 받고 있으며 치료놀이 치료사의 책임과 의무, 효과성을 담보하기 위해서 엄격하게 관리되고 있다. 자세한 사항은 한국치료놀이협회(www.theraplay.kr) 참조.

받침되어야 한다. 치료놀이는 이론적 뿌리와 배경이 탄탄하다. 1960년대 부모-자녀 간 정서적 유대인 애착에 대한 관심이 커지면서 건강한 부모-자녀를 기초로 하는 치료놀이는 애착 이론을 대표하는 실천방법으로 인식되게 되었다. 그 역사적 뿌리는 부스와 존 볼비(John Bowlby)의 만남에서 비롯되었는데, 치료놀이는 볼비의 애착 이론뿐만 아니라 대상관계이론, 자기심리학, 뇌과학을 기반으로 한 다미주신경이론, 상호주관성을 강조하는 현상학까지 포괄하는 깊고 넓은 이론적 배경을 갖게 되었다. 치료놀이의 심연을 흐르고 있는 이론적 바탕은 치료놀이를 통해 아동, 청소년과 그 가족의 변화를 돕는 치료사의 신념인 동시에 효과를 지지하는 틀이기도 하다.

치료놀이의 배경이론들은 다음과 같다.

1) 애착 이론

애착 이론(attachment theory)은 치료놀이에서는 근간이 되는 이론으로, 건강한 부모-자녀 간 상호작용을 모델로 한다. 애착은 "생애 초기에 양육자(부모)와 영아 간 형성하는 정서적 유대(Bowlby, 1969)"이다. 부모-자녀 간에 구성된 정서적 유대인 애착은 인간관계의 원형이 된다. 따라서 애착 패턴은 잘 변하기 어렵다. 에인스워스(Ainsworth et al., 1978)에 따르면, 애착 패턴은 안정애착, 불안정애착으로 나뉜다. 그리고 불안정애착은 다시 회피 애착/저항애착/비조직화된 애착으로 구분할 수 있다. 치료놀이는 불안정애착의 패턴을 갖는 부모-자녀가 안정애착의 패턴으로 재형성할 수 있도록 돕는다. 그것이 가능한 까닭은 불협화음을 일으키는 근거를 찾아 자녀의 행동의 이유를 발견하고 부모가 자녀의 행동을 이해하도록, 또 부모 자신이 자신의 내면과 행동을 알 수 있도록 하여 부모와 아동이 건강한 관계를 형성하고 대인관계에서 질적인 상호작용을 증진시키는 일에 주력하고 있기 때문이다.

이때 습관이 된, 즉 체-화(体-化)[5]되어 너무 익숙해진 관계와 행동, 상호작용의 패턴이 바뀌어야 하지만 인간의 내적작동모델(internal working model) 때문에 패턴이 쉽게 바뀌지 않는다. 따라서 치료놀이는 부모와 아동의 내적작동모델을 바꾸고 인간관계의 원형인 애착 패턴을 긍정적으로 바꾸는 일에 관여한다. 이는 부모의 참여가 치료놀이에서 중요한 이유이기도 하다.

2) 대상관계이론 및 자아심리학, 자기심리학

자아심리학을 비롯해 대상관계이론, 자기심리학을 연구해 온 학자들에 따르면 부모의 관여와 애정, 관심 등이 없다면 아동은 건강하게 성장, 발달할 수 없다. 아동이 건강하게 성장하고 발달할 수 있도록 하기 위해서 부모는 아동으로 하여금 "분리-개별화(Separation-Individuation)(Mahler, 1968)"를 하도록 돕고 "보듬어주는 환경(holding environment)(Winnicott, 1971)"을 조성해주어야 한다. 이 이론들은 아동발달에서 부모의 역할, 정서적 연결, 주체로서 아동의 홀로서기, 건강한 관계의 중요성에 관한 관점을 치료놀이에 제공해 준다.

3) 신경과학이론(뇌과학이론)

치료놀이에서 신경과학이론, 즉 신경생물학 등의 역할은 크다. 특히 댄

....
5 '체-화'는 지속적으로 자신의 몸을 변화시켜가는 과정이라는 시간을 수반한 동사형을 의미합니다.

시걸(Dan Siegel)의 인내의 창, 스티븐 포지스(Stephen Porges)의 다미주 신경이론, 브루스 페리(Bruce Perry)의 신경순차적 모델 등은 아동의 행동과 변화에 대한 치료놀이 행위의 근거를 뒷받침하는 이론들이다. 간략히 그 이론들을 알아보기로 하자.

(1) 인내의 창(Window of Tolerance)

치료놀이에서는 아동의 각성 수준을 파악해서 아동이 안전한 관계 안에서 감각을 통합하여 최적의 각성 수준을 유지할 수 있도록 돕는다. 그러기 위해서 치료사는 우선적으로 아동의 각성수준이 어떠한지를 알아야 한다.

시걸(Siegel, 2012)은 '인내의 창(Window of Tolerance)'이라는 개념을 통해 사람(아동)마다 각성수준이 다를 수 있음을 주장한다. 각기 다른 인내의 창은 세 수준으로 구분할 수 있는데 과각성(Hyperarousal)과 저각성(Hypoarousal)의 사이에 최적의 각성이 있다. 외부 감각적 자극에 의해 각성 수준이 금방 올라가는 경우를 과각성된 상태라고 하고 자극에 반응을 제대로 하지 않는(할 수 없는) 경우를 저각성된 상태라고 하며, 과각성과 저각성 사이에 있는, 최적의 각성을 느낄 수 있는 안전한 영역을 '인내의 창'이라고 부른다. 인내의 창의 범위가 좁으면 아동은 자극이 주어질 때 과각성 혹은 저각성 상태가 되기 쉽다. 만약 아동이 과각성 혹은 저각성 상태가 되어 '인내의 창'이라는 안전한 범위의 경계를 넘어가게 되면 아동의 자율신경계는 교감신경계와 부교감신경계를 활성화시킨다. 대개 과각성이 되면 교감신경계의 영향으로 투쟁(fight)-도피(flight) 반응을 일으켜 분노나 공황상태에 빠져 흥분하기 쉽다. 반면에 아동이 저각성 상태가 되면 부교감신경계가 발동되고 경직되거나 해리를 일으켜 마비의 상태로까지 가게 된다.

치료놀이에서는 아동이 안전의 범위에 머물러 있게 하고, 지나치게 힘

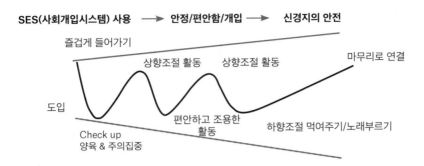

SES(사회개입시스템) 사용 ⟶ 안정/편안함/개입 ⟶ 신경지의 안전

즐겁게 들어가기

마무리로 연결

상향조절 활동   상향조절 활동

도입

편안하고 조용한
활동

하향조절 먹여주기/노래부르기

Check up
양육 & 주의집중

▶ **치료놀이 회기 내 '인내의 창' 확장 방식(Norris & Lender, 2020)**

든 상황에 처하는 것을 막기 위해 아동의 용인범위를 확장시켜 '인내의 창'
을 넓히는 것에 주목한다. 즉 '인내의 창' 안에서 아동이 주어진 자극에 의
해 쉽게 분노하거나 위축되지 않도록 심리적, 행동적 안전감을 형성하도
록 돕는다(신현정, 2019). 아동은 치료사와의 공동조절을 통해 '인내의 창'
안에서 최적의 각성 수준을 유지할 수 있다. 쉽게 과각성되는 아동은 각성
을 낮추는 안정, 진정을 촉진하는 상호작용을 통해 안전감을 느낄 수 있다.
반면에 위축되고 무기력한 아동은 각성 수준을 높이는 치료놀이 상호작용
을 통해 안전감을 느끼는 범위를 넓힐 수 있다. 이러한 지속적, 반복적인
치료놀이의 상호작용 과정을 통해 아동의 인내의 창은 확장될 수 있다.

(2) 다미주신경이론(polyvagal theory)

인간의 신경은 크게 자율신경(autonomic nervous system)과 중추신경
(central nervous system)으로 나뉜다. 자율신경은 또한 교감신경(sympa-
thetic nerve)과 부교감신경(parasympathetic nerve)으로 구성된다. 신경
계들은 다양한 역할과 기능을 하는데 그중에서도 교감신경은 스트레스
를 받았을 때 흥분을 일으키고 부교감신경은 진정시키고 차분해지도록
돕는 역할을 한다. 따라서 불안이나 과잉행동, 충동성 등은 대개 교감신

경이 지배적일 때 드러나는 현상이고 우울이나 무기력은 부교감신경의 영향이 우세할 때 나타난다.

한편, 포지스(Porges, 2001)는 신경생리학적 실험과 연구결과를 통해 포유류에게 있는 미주신경이 하나가 아니라는 것을 발표했다. 포지스(Porges)는 우리의 몸은 타인의 얼굴 표정, 목소리, 눈빛, 자세 등을 통해 얼굴 근육과 심장 사이를 오가며 주변 환경이 '안전한지'를 직감하는 신경지(neuroception)가 있다고 밝혀냈다. 신경지를 통해 우리 몸이 안전하지 않다고 느끼면 인간은 생존하기 위해 '투쟁-도피' 반응을 하거나 혹은 '얼어붙거나 죽은 듯' 행동하게 된다. 하지만 안전하다고 지각할 경우 인간의 사회개입시스템(Social Engage System)이 활성화된다. 신경지에 의한 안전감의 확인은 눈 깜빡임, 얼굴 근육, 중이(middle ear), 저작근, 후두와 인두의 근육 등을 비롯한 감각이나 비언어적 것들에 의해 이루어진다(Porges, 2009). 이때 사회개입시스템이 활성화되면, 인간은 편안함과 행복감, 타인과의 사회적 상호작용을 증진하게 된다.

이렇게 다미주신경이론은 인간의 건강한 상호작용에 대한 방향성을 제시할 뿐만 아니라 그 행위의 의미와 이유를 과학적으로 뒷받침함으로써 치료놀이에 힘을 실어주고 있다. 특히 치료놀이의 대면적 눈맞춤, 다감각적 접근, 안전감을 주는 관계추구의 접근은 치료놀이가 사회개입시스템을 활성화시키는 데 도움이 된다는 것을 보여준다.

(3) 신경순차적 뇌발달(neurosequential model)

개체발생이 계통발생을 반복하는 것과 마찬가지로 인간의 뇌 역시 발달, 성장하는 과정에서 계통발생의 과정을 거친다. 페리는 이러한 뇌의 발달과정을 신경순차적 발달이라고 칭한다(Perry & Szalavitz, 2011). 신경순차적 발달은 다음과 같은 구조를 갖는다.

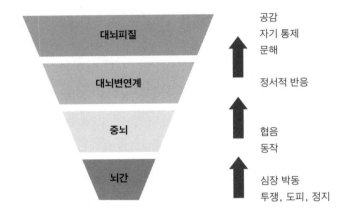

▶ 뇌의 신경순차적 발달(Perry & Szalavitz, 2011)

인간이 가진 뇌는 파충류의 뇌, 포유류의 뇌, 인간의 뇌로 구분된다고 할 만큼 다층적 구조를 갖는다. 이 중 파충류의 뇌, 포유류의 뇌라고 불리는 영역으로 구성된 하위뇌는 심장박동, 체온, 본능적이고 무의식적인 행동을 관할한다. 하위뇌는 인간의 생명에 원초적인 역할을 한다. 한편 인간은 감정과 기억에 관여하는 변연계를 갖고 있는데, 이는 포유류의 뇌라고 할 수 있다. 변연계는 감정의 뇌인 만큼 포유류가 감정을 공유하고 상호작용할 수 있도록 하는 데 큰 기여를 한다. 상위뇌인 인간의 뇌는 집행기능을 수행하는 이성적 뇌이다.

뇌는 이렇게 다층적 분석이 가능하지만 사실상 한 인간이 잘 살고 잘 기능하기 위해서는 뇌의 상하, 좌우가 통합되어야 한다. 상위뇌는 하위뇌에 의존하여 발달하고 통합되어야 한다. 그래야만 인간이 건강한 성장과 발달을 이룰 수 있다. 만약 트라우마를 체험한 사람이 어떤 맥락에서 트라우마적 상황을 지각하게 되었다고 상상해 보자. 그 사람이 자신도 "어쩔 수 없는" 감정에 압도되면, 아무리 논리적이고 똑똑한 사람이라고 해도 이성적 판단은 불가능하다. 즉, 판단뿐만 아니라 적절한 행동도 할 수 없게 된다.

　뇌의 신경순차적 발달을 중요시하는 치료놀이는 인간의 상위뇌를 탄탄하게 지원하는 하위뇌의 상향식(bottom-up) 발달을 지지한다. 상향식 발달을 지원하기 위해 치료놀이는 다양한 감각, 행동, 대면적 상호작용을 통한 언어 이전의 우뇌와 감각운동적 하위뇌의 활성화, 감정의 공유와 공명을 이루고자 한다. 치료놀이는 이러한 대면적 상호작용을 통해 상향식 심리치료를 수행하는 중요한 기법이다.

4) 현상학

단순해 보이는 치료놀이지만 치료사의 고도의 훈련과 학습이 필요한 이유는 맥락과 상황에 따른 적용의 어려움 때문이다. 치료놀이는 장난감을 필요로 하지 않기 때문에 몸을 활용한 직접적 상호작용을 주로 한다. 장난감 대신 면대면의 신체접촉을 통해 주요한 상호주관성(primary inter-subjectivity)의 발달을 도모한다. 로션, 솜공 등의 물질이 치료놀이에서 사용되기도 하지만 대개 이 물질은 신체접촉을 통해 다양한 상호작용을 하는 중요한 매개가 된다. 상호작용(interaction)이라는 "행위의 교환(inter-action), 행위와 반응의 이어짐(action-reaction-action), 상황 안에서의 주체와 타자 사이의 지속적인 교차(신현정, 2021)"는 아동이라는 주체가 그 대상을 어떻게 인식하느냐에 따라 달라지며 그에 따라 행동의 의미도 달라진다. 이를테면, 치료사가 로션을 발라주는 행위를 어떤 아동은 자신을 보살피는 '배려의 행동'으로 받아들이는 데 반해, 어떤 아동은 그것을 자신을 통제하는 '강압의 행동'으로 해석하기도 한다(신현정, 2009). 아동이 그 로션(바르는 행동)에 대해 어떻게 체험해 왔는지가 현상의 의미를 나타낸다. 어떤 물질이나 행위에 대한 아동의 수용과 거부는 과거로부터 형성되어 온 아동의 몸과 관계를 반영한다. 아동의 몸과 관계는 치료놀이를 하는 시공간 안에서 변환될 수 있다. 그러기 위해서 치료놀이에서는 치료 사와 아동 간 조율, 공동조절이 일어나는 '함께 있음(being with)'의 순간 들을 중요시한다. 즉, 정서적 공명이 풍성해지는 '상호주관성(intersubjec-tivity)'을 강조한다. 주체-주체가 서로 진정으로 만나는 순간이 많아질수록 양자(부모-자녀, 치료사-아동) 간의 관계가 더 깊어질 수 있기 때문이다.

3. 원리

건강한 부모-자녀 관계를 모델로 한 치료놀이의 원리는 구조(structure), 개입(engagement), 양육(nurture), 도전(challenge)이다. 여기에 즐거움 (playfulness)의 요소도 가미된다. 원리를 구체적으로 알아보도록 하자.

1) 구조

구조(structure)는 '안전감'을 토대로 아동으로 하여금 세상에 질서가 있음을 체득하도록 돕는 원리이다. 질서가 있음을 알면 아동은 세상과 상황을 예측할 수 있게 된다. 예측은 불안을 감소시키고 안전감을 느끼도록 돕는다. 불안할수록 인간은 자신을 보호하기 위해 조정/조절하려 안간힘을 쓰기 때문에 과잉행동하거나 부주의하거나 산만한 과각성의 모습을 드러낸다. 따라서 치료사는 아동의 불안을 낮추고 안정된 상태에서 잘 적응할 수 있도록 세상이 안전하고, 믿을만하다는 것을 아동에게 확인시켜 주어야 한다. 따라서 아동의 안전함의 범위인 각성 수준을 알고 그 수준으로부터 아동이 안전해지도록 '공동조절(co-regulation)'하는 일이 필요하며 공동조절을 통해 아동이 편안해지는 '최적의 각성상태(optimal arousal)'에 도달하도록 돕는 일이 중요하다. 이런 모든 상황에 치료사는 '책임(take charge of)을 진다'. 상황을 책임지고 아동이 안전하게 느끼도록 돕기 위해서 치료사는 아동의 관점에서 상황을 이해할 수 있도록 친절한 안내(guide)와 제한설정도 해야 한다. 아동의 애착 패턴과 공동조절을 생각하기 전에 치료사는 무엇보다 먼저 아동이 안전감을 느끼도록 하는 방법을 찾아주어야 한다(Norris & Lender, 2020).

2) 개입

개입(engagement)은 아동과 치료사 혹은 아동과 부모가 '조율(attunement)', '함께 있음(being with)'을 구현하는 원리이다. 어떤 존재와 함께 있는 것이 참 좋다면 상호작용은 기쁜 일이 된다. 치료놀이에서는 '접촉을 통한 신체놀이'를 통해 '즐거움을 공유'하고 함께 서로의 '존재감을 확인'하며 서로 간에 '만남의 순간(moment of encounter/meeting)'을 많이 만들어 내려고 노력한다. 이러한 공유된 즐거움과 조율을 통해 치료사는 아동과 부모가 긍정적 관계를 만들어갈 수 있도록 돕고 아동이 가진 부정적 내적작동모델을 교정할 수 있게 된다.

3) 양육

양육(nurture)은 아동이 자신의 '소중함, 존재감' 등을 확인할 수 있도록 부모나 치료사가 제공하는 행위이다. 따라서 양육은 아동이 스스로 하는 것이 아니라 성인이라는 어른에 의해서 이루어질 수 있다. 아동은 양육을 통해 자신이 얼마나 괜찮은 존재인지, 사랑받고 있는지를 확인하게 된다. 아동은 스트레스를 받는 상황에서도 양육을 통해 자신의 감정을 가라앉히고 자신을 사랑하는 방법을 배우게 된다.

4) 도전

도전(challenge)은 발달수준에 맞는 '협력적 놀이'를 통해 아동이 '성취감, 유능감'을 형성해 나가는 것을 의미한다. 도전에는 '숙달(mastery)'을 이루어가는 과정도 중요하다. 숙달을 위해서는 아동이 무언가를 성취할 수 있도록 돕는 부모나 치료사의 지지가 필요하다. 치료놀이에서는 숙달과 성취를 위한 유능감이 지나친 경쟁을 통해 달성되는 것을 원하지 않는다. 아동이 할 수 있는 발달적 범위 안에서 치료사 혹은 부모와의 협력적 상호작용을 통해 아동이 성취와 유능감을 느낄 수 있도록 부모와 치료사는 아동을 격려하고 지지한다.

5) 즐거움

이런 모든 원리에는 놀이 및 상호작용의 즐거움(playfulness)이 포함되어야 한다.

4. 특징

부스와 전버그(Booth & Jernberg, 2011)에 따르면, 치료놀이에서는 '관계'

가 치료의 주요 초점이다. 건강한 부모-자녀 관계를 모델로 하는 치료놀이에서는 다른 치료법과 구분되는 특징을 다음과 같이 소개하고 있다(Booth & Jernberg, 2011).

1) 상호작용적이며 관계에 기초를 둔다

치료놀이의 상호작용에서는 거울신경을 통한 '모방'과 '공명'을 강조한다. 이러한 특징은 치료사, 부모, 아동 간 일치된 행동과 감정을 이입하고 교류할 수 있는 중요한 순간들을 만드는 일과 연관된다. 관계를 향한 상호작용은 상호작용하는 주체들의 얼굴 표정, 목소리의 톤과 리듬, 몸짓 등이 서로 조화되고 일치될 때 더욱 활성화될 수 있다. 치료놀이에서는 비언어적인 것을 중요하게 여기며 사회개입시스템을 열리게 하는 얼굴 표정, 목소리 운율 체계를 강조한다. 그러므로 치료사들은 공감을 전하는 본질적 요소로서 목소리와 표정, 자세, 제스처 등을 잘 활용해야 한다(Norris & Lender, 2020).

2) 직접적이며 '지금-여기'의 체험을 제공한다

치료놀이는 가상놀이(pretend play)보다는 주체와 주체 간, 즉 아동과 치료사 혹은 부모 간의 상호작용이 더 직접적으로 드러나는 '지금-여기(here-now)'의 체험을 중요시한다. 따라서 정형화된 장난감보다는 몸을 기반으로 신문지, 로션, 솜공 등의 간단한 물질(도구)들이 상호작용에 주로 사용된다. 이러한 물질들은 얼굴-얼굴의 상호작용을 돕는 수단이 됨은 물론 치료사의 계획하에 다양한 행위를 제공할 수 있는 교정적 체험의 중요 매개가 되기도 한다. 그런데 치료놀이에서는 물질 자체보다 물질을 통한 주체 간의 연결이 더 중요하다. '지금-여기'에서 상호작용하는 치료사는 아동이 과거에 어떤 사람이었고 어떤 어려움을 갖고 있었는지 등의 문제에 대한 원인과 결과를 분석하고 진단하기보다는, 접촉을 통해 아동이 현재 상호작용하는 긍정적 체험의 확장에 주력한다.

3) 성인이 책임진다

치료놀이는 '구조'를 강조한다. 구조는 기본적으로 아동에게 '안전감'을 제공함으로써 아동이 그 세계 안에서 편안하고 자유롭도록 성인이 책임을 져 주는 것을 의미한다. 그러기 위해서는 아동이 각성을 조절하도록 돕고 자극 수준도 적절히 조정할 수 있는 안전한 환경을 구성해야 한다. 따라서 아동이 따를 수 있는 적절한 안내와 제한설정은 필요하다. 더불어 서로에게 경계(boundary)가 있음도 깨달을 수 있도록 하는 상호작용도 필요하다. 돌봄을 받는 체험이 안전하고 즐거운 것이라는 사실을 아동이 불편하지 않게 확신할 수 있도록 치료놀이 상호작용은 지속적, 반복적으로 이루어져야 한다. 부모 역시 치료사와 아동 간 상호작용을 통해 알게 된 체험을 내면화하도록 돕는 일이 필요한데 이를 위해서는 부모를 위한 치료사의 안전한 지지가 필요하다.

4) 반응적, 조율적, 공감적, 반영적이다

위니콧(Winnicott, 1971)은 "충분히 좋은 어머니(good enough mother)"란 거울처럼 자녀의 몸짓, 감정, 행동에 대해 반응하고 반영하는 "보듬어주는 환경(holding environment)"을 제공할 수 있는 어머니라고 말했다. 따라서 치료놀이에서 치료사는 아동의 몸짓, 감정, 행동을 반응적

(responsive), 조율적(attuned), 공감적(empathic), 반영적(reflective)으로 보듬어주는 환경을 제공해야 한다. 따라서 치료놀이를 하는 동안 치료사와 부모는 아동의 몸짓과 감정을 민감하게 알아차리고 공감하며 조율하기 위해 노력한다.

5) 전언어적, 사회정서적인 우뇌 수준의 발달에 초점화되어 있다

3세가 되면 인간의 두뇌가 기본적인 구조를 갖추기 때문에 인간에게 생애 초기의 체험은 매우 중요하다. 3세가 될 때까지 인간은 감각운동적 상호작용을 통해 엄마(양육자)와 애착을 형성하고 그 과정에서 자기조절을 배운다. 치료놀이는 이러한 생애 초기의 상호작용에 초점을 두고 언어 이전의, 즉 분석과 언어가 활성화되기 이전의 감각운동적 상호작용을 중요시하며, 좌뇌 발달 이전의 우뇌적인 발달에 집중한다. 이는 맥락과 감각적, 공감적 상호작용을 중시하는 치료놀이 활동의 근거가 된다.

6) 다감각적이다

치료놀이에서는 관계를 기본으로 다양한 감각을 활용하여 상호작용하는데, 감각운동적 상호작용을 통해 애착도 형성되기 때문에(Krueger, 2002) 감각운동은 치료놀이 상호작용에서 매우 중요하다. 몸이 자극을 수용하고 반응하는 방식과 정도는 관계를 맺고 타인과 의사소통하는 데 필수적이다. 치료놀이에서는 아동마다 각기 다른 감각의 정도를 파악하여 아동에게 최적의 각성을 가져오는 다감각적 상호작용을 통해 관계 안에서 아동이 안전하게 감각을 통합하도록 돕는다. 이러한 상호작용을 통해 아동은 청각, 시각, 촉각적 자극을 관계 안에서 통합하고 발달시켜 나갈 수 있다.

기 즐겁다

스턴(Stern, 1974)에 따르면 어렸을 때부터 즐거운 놀이를 많이 할수록
아동은 긍정적 각성을 더 많이 경험하게 된다. 과학이 발달하면서 치료
놀이의 즐거운 몸놀이가 도파민, 오피오이드, 엔돌핀[6] 등의 호르몬 방출
을 촉진한다는 것이 알려졌다(Booth & Jernberg, 2011). 치료놀이를 통해
아동이 즐거움을 경험하면 아동의 두뇌구조가 최적화될 뿐만 아니라 여
러 신경전달물질을 통해 아동의 신체적, 정서적, 관계적, 행동적 어려움
의 개선과 긍정적 발달 및 성장을 도모할 수 있게 된다.

▎ 5. 절차

치료놀이를 하게 되는 아동은 여타의 상담이나 심리치료처럼 초기면접
단계를 거치게 된다. 즉, 아동의 발달상태, 주호소, 부모의 양육과 관련
된 다양한 상태를 점검받게 된다. 여기에 더하여 치료놀이는 독특한 검
사를 하나 더 하게 되는데 그것이 바로 MIM(Marschak Interaction Meth-
od)이다. 이렇게 치료놀이에서는 특별한 사정(assessment) 도구인 MIM
을 실시하고, MIM 부모 피드백 및 부모 회기를 거쳐 부모와 아동이 함께

....

6   도파민은 쾌락(즐거움)을 일으키는 화학물질이고 오피오이드는 스트레스나 위협에 대응할 수 있도록 마
    음을 진정시키고 긴장을 완화시키며 새 시냅스를 형성하고 두뇌구조를 최적화하는 엔돌핀으로 역시 진
    통효과가 있다(Perry & Szalavitz, 2011).

치료놀이 회기에 참여하는 것을 기본으로 한다. MIM[7]에 대해서는 좀 더 구체적으로 알아보기로 하자.

1) MIM(Marschak Interaction Method)

치료놀이에서는 아동의 내적작동모델 및 관계의 원형을 파악하기 위해 부모-자녀 상호작용 검사를 실시한다. MIM은 치료놀이 창시자인 전버그의 어머니인 마리안 마샥(Marianne Marschak)이 창안한 것으로 전버그가 구조, 개입, 양육, 도전의 원리에 맞게 최적화하여 만든 부모-자녀 상호작용 및 관계를 파악하기에 탁월한 도구이다. 따라서 치료놀이에서는 MIM을 회기 시작 전에 실시하고 MIM에 근거해 부모-자녀의 상호작용을 면밀히 분석함으로써 부모, 자녀의 강점과 욕구를 찾는다. 충족이 필요한 아동과 부모의 욕구는 MIM에 근거해 치료놀이 목표로 반영되고 각 회기 목표로 세분화되어 정해진다.

대개 8~10개의 과제를 기반으로 하는 MIM은 연령에 따라 다르게 시행될 수 있다. 반구조화된 MIM은 숙련된 치료사의 분석과 부모의 반영적 기능을 활성화시키는 과정을 통해 치료놀이 전에 (거의) 필수적으로 활용된다.

2) 치료놀이 회기

각 회기는 아동의 욕구 충족과 성장에 초점을 두어 구성된다. 회기에 부모의 참여는 중요하다. 부모는 회기 동안 치료놀이의 원리인 구조, 개입,

....

7 MIM의 구체적인 시행 방법과 과제의 항목 등 자세한 사항은 한국치료놀이협회(www.theraplay.kr) 참조.

양육, 도전에 입각한 상호작용을 치료사, 아동과 더불어 체험하면서 이를 습득하여 집에서도 그 원리를 적용하려 노력해야 한다.

회기에서는 아동의 '인내의 창' 안에서 최적의 각성을 바탕으로 건강하게 상호작용하는 방식을 부모가 이해하게 하고, 다양한 감각적 놀이를 통해 각성 수준을 확장하며, 관계 안에서 감각을 통합하도록 돕는다. 주로 우뇌에 맞춰진 놀이를 하기 때문에 치료놀이에서는 언어를 많이 사용하지는 않는다. 치료놀이 상호작용의 예시는 다음과 같다(신현정, 2009).

▶ 손탑 쌓기(구조)

치료자와 아동이 마주 앉는다. → 치료자가 먼저 한 손을(손등이 위로 오게 해서) 아동과의 사이 허공에 놓는다. → 아동이 치료자 손 위에 자신의 손을 얹는다. → 다시 치료자가 아동의 손 위에 치료자의 손을 얹는다. → 여러 번 반복해서 한다. → 치료자가 '아래로'라고 방향을 바꾸라는 신호를 말한다. → 아동이 손을 아래로 쌓아 내려가도록 한다. → '위로', '아래로'를 반복하면서 손탑을 쌓아 올린다.

▶ 소리 나는 몸(개입)

아동과 치료자가 마주 앉거나 치료자가 아동을 안는다. → 치료자와 아동의 눈높이를 맞춘 후 아동의 손을 잡고 아동의 손가락을 치료자의 코에 가져다 대고 살짝 누르게 한다. → 치료자가 '삐삐' 하는 소리를 낸다. 아동이 턱을 누르면 다른 소리를 낸다. 신체부위에 따라 다른 소리를 내면서 아동의 즐거움을 유도한다. → 치료자도 아동의 코나 턱, 뺨 등을 누르면서 상호작용한다.

▶ 로션 놀이(양육)

치료자와 아동이 마주 앉는다. → 치료자가 아동의 손을 부드럽게 잡고 자신의 손가락에 로션을 묻혀 아동의 손톱 위 혹은 손등에 그림을 그린다. → 아동의 손에 묻은 로션을 부드럽게 마사지한다(치료자는 로션을 바르거나 그림을 그려 줄 때 아동이 소중한 자신을 느낄 수 있도록 정성껏 다루어주어야 한다). → 미끌미끌하게 로션이 묻은 손을 아동과 치료자가 서로 잡고 힘을 주어 당겨본다. → 치료자가 뒤로 넘어지면 아동에게 손을 뻗어 잡아달라는 시늉을 함으로써 아동의 상호작용을 유도할 수도 있다.

▶ 신문지 펀치(도전)

치료자가 아동으로 하여금 주먹을 쥐게 하고 알통이 나왔는지를 만져본다. → 치료자가 신문지를 팽팽하게 잡는다. → 치료자가 신호(하나, 둘, 셋)를 주면 아동은 신문지의 가운데를 주먹으로 힘껏 뚫는다. → 두 장, 세 장 등으로 수를 조절하면서 함께 아동의 유능감을 키워나간다.

치료놀이는 구조, 개입, 양육, 도전의 원리에 입각한 놀이형식의 상호작용을 통해 아동의 안전감, 함께 있음, 소중함, 성취의 과정을 체험하게 돕는다. 이런 일련의 과정을 통해 아동은 '인내의 창'을 확장하고 긍정적 관계를 형성하며 정서적, 행동적 어려움을 해소할 수 있다.

3) 치료놀이 추후 회기

일반적으로 아동의 변화는 사후 MIM을 통해 파악할 수 있다. 아동과 부모가 긍정적 변화로 치료사와의 만남을 종결하면 치료사와 부모는 협의하에 몇 주 혹은 몇 달 간격으로 추후(follow-up) 회기를 진행해 아동의 성장과 발달을 확인할 수도 있다.

6. 치료놀이의 가능성

건강한 부모-자녀 관계를 기초로 하기 때문에 치료놀이에서는 인간의 기본적 상호작용의 바람직한 지향을 치료놀이의 원리에서 찾는다. 단순하고 반복적이며 쉬워 보이는 치료놀이를 치료사들이 어렵고 심오하며 효과적이라고 하는 이유는 매 상황마다 다른 실존적 상호작용을 치료사가 그대로 맞닥뜨려야 하기 때문이다. 치료놀이 원리에 따라 상호작용을 한다는 것에는 변함이 없지만 아동의 욕구를 개별화하여 아동에게 최적의 상호작용을 조율적으로 시도하는 것이 치료놀이 치료사에게는 중요하기 때문에 무한의 상호작용 양태는 치료놀이 치료사에게 어려운 시험이기도 하고 가능성이기도 하다. 치료놀이에서 대표적으로 만나는 세 부류의 아동을 통해 치료놀이의 가능성을 살펴보기로 하자.

1) 발달지연 아동과의 가능성

발달에 어려움을 겪는 아동은 대개 걸음과 언어가 늦고 눈맞춤이 안 되며 타인과의 상호작용이 원활하지 않음이 주호소로 대두된다. 이 아동들은 후천적 양육에 의해 어려움이 나타나게 되었는지 혹은 신경학적 요소에 의해 선천적 어려움을 갖게 되었는지에 따라 치료놀이 효과성의 발현 정도와 시기가 다를 수 있다. 물론 결정적 시기가 지나지 않은 연령, 어린 아동의 경우 최적의 상호작용을 통해 아동의 두뇌 발달을 촉진하고 도모할 수 있다는 측면에서도 치료놀이는 특히 유용하다.

　발달지연 아동이 겪는 제한적이고 반복적인 관심, 사회적 상호작용의 제한 등은 치료놀이를 통해 차근차근 변화시킬 수 있다. 단순하고 반복적이며 즐거운 치료놀이를 통해 아동의 제한적이고 반복적인 관심을 치료사, 엄마, 아동이 함께 공유하고 확장하도록 돕는다. 이들 주체 사이에서 치료사는 치료놀이 상호작용을 통한 '만남의 순간'을 계속 만들어 줌으로써 아동이 자기 안에 갇혀있던 상황을 벗어나 사회적 상호작용을 확장할 수 있도록 돕는다.

2) 정서·행동의 어려움을 겪는 아동과의 가능성

정서적, 행동적 어려움을 겪는 아동 역시 타인과의 관계에서 어려움을 겪는다. 이 아동들은 사회적 상황을 정의하고 해석하는 방식이 타인과 다를 수 있다. 가령 타인이 자신을 보고 웃는 상황을 친밀감의 표현이라 보지 않고 비웃음이라고 해석한다면 이후에 취하는 행동이 달라질 수 있다. 아동은 자신이 형성한 '내적작동모델'에 입각해 상황과 타인의 행동을 해석하고 이에 근거해 상호작용하기 때문에 자신에 대한 긍정적 모습을 내면화하지 않은 아동일수록 타인과의 관계에서 어려움을 가지게 된다. 이런 아동에게 치료놀이는 긍정적 자기상을 형성하고, 보다 소통된 방식으로 상호작용하도록 '지금-여기'에서 아동과 놀이를 통해 상호작용한다. 치료사, 부모가 비춰주는 긍정적 자기상이 내면화되면 아동은 보다 조율적이고 소통적인 방식으로 정서·행동의 어려움을 해소해 나갈 수 있게 된다.

3) 외상을 겪은 아동과의 가능성

치료놀이 초창기 시절에는 학대 등의 외상(trauma)을 겪은 아동은 치료놀이에 적합하지 않다고 보고되었다. 하지만 거듭된 연구 결과, 치료놀이가 외상을 가진 아동에게 매우 효과적임이 드러나게 되었다. 그 근거로 외상을 가진 아동은 손상이나 결핍을 경험했던 연령에 맞는 접근이 지속적 관계와 더불어 실행되어야 하는데(Perry & Szalavitz, 2011), 치료놀이가 이에 부합하는 치료법이기 때문이다. 특히 복합외상이라 불리는 어릴 적 받은 관계적 외상, 부정적 아동기 경험(Adverse Childhood Experiences)의 폐해는 성인이 된 이후에도 영향을 미쳐 신체적 건강에 악영향을 끼치고 심혈관 질환 등의 치명적 병으로 이어지기도 한다(The Theraplay Institute, 2021). 외상에 대해 연구한 학자들이 말하듯, 외상을 겪은 아동의 거부 행동은 공격성이라기보다는 익숙하지 않은 것에 대한 두려움일 가능성이 더 크다. 이에 치료사는 일반적인 접근보다는 외상을 겪은 아동 개개인의 히스토리와 맥락에 맞는 개별화된 상호작용에 더 주력해야 한다.

14

부모자녀 놀이치료

1. 역사

부모자녀 놀이치료(Filial Therapy 또는 Child Parent Relationship Therapy: CPRT)는 지난 50년간 다양한 사회적, 정서적, 행동적 어려움을 보이는 아동과 가족을 위한 효과적인 개입 방법으로 활용되어 왔다. 아동의 문제를 해결하는 방법으로 주양육자를 통해 아동의 심리사회적으로 건강한 발달을 돕고 가족 기능을 강화한다. 부모자녀 놀이치료는 부모가 아동에게 직접 놀이치료를 실시할 수 있도록 치료자가 부모를 훈련시켜 아동의 주호소 문제를 개선시키는 것뿐만 아니라 부모-자녀 관계와 가족 관계를 강화시키는 것을 목표로 한다(VanFleet, 2014).

부모자녀 놀이치료의 기원은 프로이트가 1900년대 초반에 5세 남아를 치료하기 위해 아버지에게 아들의 놀이에 어떻게 반응해야 하는지 설명해 치료를 성공적으로 이끈 한스의 사례로, 이는 부모와 아동의 상호작용을 통해 아동을 치료한 것이었다. 1940년대~1950년대에 바루크(Baruch)는 부모-자녀 관계 개선을 위해 액슬린(Axline)의 놀이치료 회기 이후 가정에서 실시하는 회기에 대해 보고한 바 있고, 푹스(Fuchs)도 칼 로저스(Carl Rogers)의 도움을 받아 부적응 문제를 가진 딸을 치료한 사례를 보고하기도 하였다(Landreth & Bratton, 2006). 1960년대에 와서 루이스 거니(Louise Guerney)와 버나드 거니(Bernard Guerney)는 체계적으로 부모를 훈련시키는 부모자녀 놀이치료(Filial Therapy)를 개발하였다. 부모자녀 놀이치료는 주로 3~12세 아동을 대상으로 하며, 사회적, 정서적, 행동적 문제를 가진 아동을 위한 치료기법으로 부모가 자녀와 가정에서 아동중심 놀이치료를 진행하여 놀이치료와 양육기술이 통합될 수 있도록 돕는다(Guerney, 1991, 2000, 2003; Guerney & Ryan, 2013). 거니는 처음에는 부모-자녀 집단을 주 1회(2시간)씩 1년간 실시하여 효과를 거두었으며, 이후에는 6개월 동안 실시하여 유사한 결과를 얻었다(VanFleet, 1994). 이후 아동중심 놀이치료사인 랜드레스(Landreth)가 주 1회(2시간)씩 10회기 모델(CPRT)을 개발하여 다양한 어려움을 가진 아동의 부모자녀 쌍에게 실시하여 효과성을 검증하였다.

부모자녀 놀이치료는 아동의 다양한 사회적, 정서적, 행동적 문제에 적용 가능한데, 우울, 불안, 외상 사건에 대한 반응, 위축, 형제자매와의 갈등, 또래와의 갈등, 공격성, 주의력결핍, 반항적 행동, 학교 부적응, 유뇨증/유분증, 강박적 행동, 학대, 애착 문제 등에 효과적이다. 그리고 부모자녀 놀이치료는 예방적인 접근법으로도 매우 유용한데, 아동의 친사회성 발달, 부모-자녀 관계 강화, 부모를 위한 효과적인 양육 코칭 제공, 부모와 치료자가 함께 작업하는 능력 기르기에 효과적이다.

2. 이론적 배경

부모자녀 놀이치료는 놀이치료 전문가가 부모를 치료의 동반자로 훈련시켜 아동에게 직접 놀이치료를 실시하는 접근 방법이다(Landreth & Bratton, 2006). 가족치료의 형태로 의학적/전문가 모델이 아니라 심리교육적 모델을 기초로 하며, 부모가 아동에게 직접 아동중심 놀이치료를 시행하도록 치료자가 부모를 훈련시키고 교육시키는 통합적인 형태를 띠고 있다(VanFleet, 2012).

부모자녀 놀이치료는 통합적인 모델로, 정신역동, 인간중심, 대인관계, 행동주의, 발달이론, 인지주의, 가족체계 접근을 기초로 한다(Guerney & Ryan, 2013). 각 이론적 접근에 대해 살펴보면 다음과 같다.

정신역동이론 부모자녀 놀이치료에서는 무의식과 방어기제의 중요성 및 자기이해와 성장을 강조한다. 아동은 놀이를 통해 불안이나 소망과 같은 내적인 세계를 표현하고 놀이의 상징과 의미에 대해 작업한다.

인간중심이론 부모자녀 놀이치료에서는 수용, 진실성, 공감을 통해 자기개념을 강화하고자 하였다. 아동은 부모와 비지시적이고 아동중심적인 놀이회기를 통해 긍정적 관심을 받게 되고 부모도 치료자로부터 안전하고 수용적인 환경을 경험하게 된다. 치료자의 깊은 공감은 부모가 아동과의 작업에 효과적으로 개입하도록 동기화하며, 이해와 수용은 부모가 만족스러운 가족 생활을 영위할 수 있도록 돕는다.

행동주의 부모자녀 놀이치료에서는 행동주의의 실제적 방법을 차용하고 있는데, 직접적인 교육을 제공할 뿐만 아니라 아동과의 놀이회기에서 제한설정을 하거나 파괴적 행동에 대한 결과를 경험하게 하는 것도 포함된다. 부모는 양육에 대한 균형 잡힌 인식을 배우게 되고 치료자는 강화, 조형, 다양한 학습 방법을 사용하여 부모에게 아동을 다루는 기법을 교육시킨다(VanFleet, 2009).

대인관계이론 부모자녀 놀이치료에서 개인의 행동은 대인관계 경험에 의해 영향을 받는다고 전제하는데, 설리반(Sullivan, 1947)은 대인관계 이론 모델을 제안하며, 한 사람의 행동은 다른 사람의 행동과 반응에 의해 영향을 받는다고 설명한다. 부모자녀 관계는 상호적이라는 관점에서 부모와 자녀 간의 작용-반작용의 형태를 변화시키기 위해 노력한다.

인지치료 부모자녀 놀이치료에서는 행동하고 느끼는 것은 생각에 영향을 받는다고 전제한다. 비지시적 놀이치료(상상 놀이를 통해)가 아동이 자신, 타인, 세상에 대한 생각을 변화시킨다고 믿으며, 부모-자녀 놀이에서 나타나는 주제에 대해 치료자는 어떻게 다루고 정리해야 하는지를 도와준다. 놀이 과정 중에 부모 자신의 애착 문제가 드러나게 되기도 하며 치료자는 부모와의 토의를 통해 이런 문제를 해결해 나가게 된다(Bi-Fulco & Thomas, 2012).

발달수준 및 애착 이론 아동의 발달수준과 애착 경험은 아동의 감정과 행동에 깊이 영향을 미친다. 놀이치료에서 나타난 아동의 놀이는 아동의 발달수준을 반영하기 때문에 치료자는 부모에게 놀이에서 나타나는 아동의 발달 특성을 안내하여 아동을 수용하고 현실적 기대를 갖도록 돕는다. 애착 이슈는 놀이에서 자연스럽게 나타나며, 치료자는 아동이 건강한 애착을 형성할 수 있도록 부모와 아동 놀이에 대해 논의하게 된다.

가족체계이론 부모자녀 놀이치료에서 내담자는 아동도 아니고 부모도 아니다. 즉, 치료 대상은 특정인이 아니라 바로 관계가 된다. 가족 구성원 중에서 한 명이 변화하면 가족 체계 전체에 영향을 미치게 된다. 부모자녀 놀이치료는 한 명의 부모와 한 명의 아동이 진행하지만 가족 체계 안의 모든 수준에서 변화를 가져올 수 있다(Topham & VanFleet, 2011).

3. 특징

부모자녀 놀이치료의 핵심은 부모에게 아동중심 놀이치료를 가르쳐주어 부모-자녀 관계를 증진시키는 것이다. 대부분의 부모교육 프로그램에서는 자녀의 문제 행동을 효과적으로 교정하기 위한 기술을 가르친다. 하지만 부모자녀 놀이치료에서는 부모-자녀 관계를 돈독히 하고 긍정적 관계를 증진시키는 것에 초점을 둔다. 그리고 언어적 기법을 사용하여 문제를 해결하기보다는 놀이를 활용하여 자녀와 의사소통 하는 방법을 배우게 된다. 놀이를 통해 아동은 욕구, 바람, 감정, 소망, 환상, 경험이나 생각 등을 표현하고 부모는 놀이를 통해 아동을 이해하게 된다. 아동은 상징 놀이를 통해 안전하게 자신의 내면을 표현하게 되며, 부모는 아동 놀이의 의미에 민감해지기 위해 노력할 필요가 있다. 아동 놀이의 의미에 민감해지고 그러한 메시지를 이해하는 것은 중요하지만, 아동 놀이의 의미에 지나치게 몰두하거나 의미를 파악하는 것에만 집중해서는 안 된다. 자연스럽게 나타나는 놀이의 의미와 메시지를 이해함으로써 아동의 세계를 이해하는 것이 중요하다.

부모자녀 놀이치료는 아동중심 놀이치료와 마찬가지로 아동이 놀이를 이끌고 부모는 따라간다. 특별한 놀이시간 동안에는 부모가 놀이를 제안하거나 선택하는 것이 아니라 아동이 이끌도록 허용하며 책임감도 느낄 수 있도록 기회를 제공한다. 그리고 부모자녀 놀이치료는 다른 부모교육과 달리 아동의 행동교정에 집중하지 않으며, 아동과의 관계 개선을 통해 자연스럽게 아동의 문제 행동이 변화될 것을 기대한다. 부모자녀 놀이치료에서는 제한된 범위 내에서 아동의 선택을 존중하며 그에 대한 책임감을 갖게 한다. 그리고 부모는 아동과의 놀이치료 회기를 진행하면서 치료자의 교육과 슈퍼비전을 받게 된다. 치료자는 부모를 적극적으로 촉진하고 지지하는 역할을 하게 된다. 대부분의 부모교육 프로그램은 아동의 문제 행동과 과거의 관계 경험에 초점을 두고 있으나, 부모자녀 놀이치료는 현재의 관계에 초점을 두고 미래에 아동이 어떠한 사람이 될지에 집중한다.

부모자녀 놀이치료의 핵심적인 원칙을 정리해보면 다음과 같다 (Landreth & Bratton, 2006; VanFleet, 2012).

- 놀이는 아동을 더 깊이 이해할 수 있는 핵심적인 방법으로, 아동발달에서 놀이의 중요성을 강조한다.
- 아동은 자신의 감정을 상징적인 놀이를 통해 표현할 수 있다.
- 부모자녀 놀이에서는 아동이 이끌고 부모가 따라간다.
- 부모는 자녀를 변화시키는 주체가 될 수 있다.
- 내담자는 개인이 아니라 관계이다.
- 공감은 변화와 성장의 핵심이다.
- 부모가 이해하고 있다는 것을 아동에게 전달한다.

- 부모는 필요할 때 제한설정을 해야 한다.
- 치료에는 가족 전체가 포함된다.
- 부모에게 심리교육 훈련을 실시한다.
- 부모는 아동과의 놀이회기에 대한 실시간 슈퍼비전을 통해 실질적인 지원과 지속적인 교육을 받는다.
- 치료 과정은 협력적이다.

4. 치료목표

부모자녀 놀이치료는 아동, 부모(또는 양육자), 아동-부모의 관계 모두에서 개선을 목표로 한다. 부모에게 자녀와의 관계가 가지는 중요성에 대해 안내하고 아동을 무엇이든 될 수 있는 가능성 있는 존재로 인식하게 한다. 부모는 아동의 타고난 성장과 향상 욕구를 촉진하는 환경을 제공하여 아동 스스로 자기 치유의 힘을 발휘할 수 있도록 돕는다. 궁극적으로는 가족 간 유대감을 증진시키고 신뢰와 안전을 느끼게 돕는다. 부모자녀 놀이치료에서 부모를 위한 치료적 목표는 다음과 같다.

- 부모가 아동발달에 대해 이해하기
- 부모가 자신의 자녀에 대한 이해 높이기
- 부모가 놀이와 정서의 중요성을 인식하기
- 아동에 대한 부모의 좌절감을 감소시키기
- 더 좋은 양육 환경을 제공해주기 위해 부모의 양육기술을 다양하게 향상시키기

- 부모의 양육 능력에 대한 자신감을 증진시키기
- 부모가 자녀와 대화의 문을 열고 유지하기
- 부모와 팀으로 함께 작업하기
- 자녀에 대한 부모의 온정 및 신뢰감 증진하기
- 부모가 아동 및 양육 관련 문제를 다룰 때 비위협적인 분위기를 제공하기
- 안정애착을 증진시키기
- 아동의 사회적, 정서적, 지적, 행동적, 신체적, 영적 발달을 도모할 수 있는 열려 있고 화합하는 가족 분위기 만들기

다음으로 아동을 위한 치료적 목표는 아동중심 놀이치료의 치료적 목표와 유사한데, 자세히 살펴보면 다음과 같다.

- 아동이 자신의 감정을 충분히 그리고 건설적으로 인식하고 표현하기
- 아동이 자신의 이야기를 충분히 하고 경청 받을 기회를 제공하기
- 아동이 효과적으로 문제를 해결할 수 있는 능력과 대처 기술을 개발하기
- 아동의 자아존중감과 자기유능감을 향상시키기
- 아동이 부모를 신뢰하기
- 아동의 부적응적 행동과 현재 문제를 감소시키기
- 아동의 친사회적 행동과 적극성을 향상시키기

부모자녀 놀이치료는 아동의 문제 행동을 빠르게 수정하거나 고치는 것에 초점을 두지 않고 부모 자녀 관계를 증진하고 부모가 아동의 변화를 위한 동반자 역할을 하도록 한다. 부모자녀 놀이치료의 전체적인 목

표는 부모-자녀 간의 긍정적 상호작용, 애착, 관계를 증진시키고, 미래의 문제를 독립적이고 성공적으로 해결할 수 있도록 가족 간 상호작용, 대처, 문제 해결 기술을 증진시킴으로써 아동의 어려움을 개선하도록 돕는 데 있다.

5. 치료자의 역할

부모자녀 놀이치료에서는 다른 놀이치료와 달리 치료자가 아동과 놀이치료를 진행하지 않으며, 부모가 아동의 변화를 위한 치료자 역할을 하게 된다. 치료자는 부모가 아동을 놀이치료할 수 있도록 훈련시키고 감독하는 일을 하게 된다. 치료자가 부모를 훈련시키기 위해서는 아동을 치료한 경험이 많아야 하고, 부모가 편안하게 느낄 수 있도록 지지적인 환경을 제공해주어야 한다. 부모자녀 놀이치료에서 치료자의 역할을 정리하자면 다음과 같다(Landreth & Bratton, 2006).

(1) 치료자는 자신에 대한 충분한 이해와 통찰력이 필요하다.
(2) 치료자는 부모를 훈련시킬 때 따뜻함과 배려를 갖추어야 한다. 따뜻함과 배려는 부모로 하여금 자신의 감정과 생각을 표현할 수 있도록 해주고 자신감을 높여준다.
(3) 치료자는 미래 지향적인 모습을 갖추어야 한다. 부모가 과거의 문제에 얽매이지 않도록 과거에 어떠했는지가 아니라 미래에 어떠할지에 대해 초점을 맞추도록 해야 한다.
(4) 치료자는 부모에 대해 인내할 수 있어야 한다. 부모가 자신의 불

완전함을 기꺼이 수용하고 자신의 완전하지 않음을 용서할 줄 알
도록 부모의 불완전함을 수용해줄 인내심이 있어야 한다. 치료자
는 자신이 충분하다는 감정에 대해 어떤 위협감도 없이 자신의
한계를 인정하고 수용하는 개인적 안정감이 있어야 한다.

(5) 치료자는 유머 감각이 있어야 한다. 유머는 배움을 즐겁게 만들
어준다.

(6) 치료자는 부모에게 아동중심 놀이치료 방법을 가르쳐주어야 한다.

6. 아동중심 놀이치료

부모자녀 놀이치료에서 치료자의 가장 중요한 역할은 부모가 자녀에게
아동중심 놀이치료를 실시할 수 있도록 방법을 가르쳐주는 것이다. 2장
에 아동중심 놀이치료에 대해 다루고 있으니 이번 장에서는 간략하게 소
개하고자 한다. 우선 아동중심 놀이치료의 원리에 대해 안내하면 다음과
같다(Axline, 1969).

• 놀이치료사는 아동과 가능한 빨리 라포를 형성하고 따뜻하고 편안한
  관계를 형성해야 한다.
• 놀이치료사는 아동을 그 자체로 수용한다.
• 놀이치료사는 아동이 자유롭게 자신의 감정을 표현하도록 허용적인
  관계를 맺어야 한다.
• 놀이치료사는 아동이 자신의 행동에 대한 통찰을 얻을 수 있도록 아동
  이 표현하는 감정을 인식하고 반영해주도록 노력해야 한다.

- 놀이치료사는 아동에게 기회가 주어진다면 아동이 자신의 문제를 충분히 해결할 능력이 있다는 것을 인정한다. 선택과 변화에 대한 책임은 아동 본인에게 있다.
- 놀이치료사는 아동에게 어떤 행동이나 대화도 지시하지 않는다. 아동이 이끄는 대로 따라간다.
- 놀이치료사는 아동이 관계에서 책임져야 할 상황이나 현실감을 가져야 할 때와 같이 필요할 때에만 제한설정을 한다.

부모자녀 놀이치료에서 아동중심 모델을 적용하는 이유는 부모에게 가르치기가 상대적으로 용이하고, 공감하기와 제한설정과 같은 중요한 기술을 놀이회기뿐 아니라 가정에서도 쉽게 적용할 수 있으며, 비지시적 특성이 자녀 양육에서 부모의 조율 능력을 향상시키고 안정애착을 형성하도록 돕기 때문이다(Bifulco & Thomas, 2012; Ryan, 2007).

1) 아동중심 놀이치료를 위한 놀잇감 선택

가정에서 부모가 아동중심 놀이치료를 실시하기 위해서는 다양한 장난감이 필요한데, 선택의 기준은 다음과 같다. 첫째, 아동에게 안전한가, 둘째, 아동의 감정과 다양한 주제를 표현하도록 촉진시키는가, 셋째, 아동의 상상력과 투사를 허락하는가.

우선 놀잇감은 감정 표현을 촉진시킬 수 있어야 한다. 보드게임처럼 정해진 규칙이 있어서 부모가 아동에게 지시할 가능성이 높은 놀잇감은 피해야 한다. 아동이 분노, 공격성과 같은 감정을 표현할 수 있고 의사소통이 가능한 장난감이 필요하다. 그리고 양육 주제를 표현할 수 있는 놀잇감(소꿉놀이, 인형들, 가족인형들, 가구, 손인형 등)이 필요하며, 숙달, 경쟁, 협력에 대한 주제도 표현할 수 있는 놀잇감(블럭, 카드, 장난감 돈 등)도 필요하다. 병원놀이, 가면, 다양한 역할 놀이를 할 수 있는 옷들도 필요할 수 있다. 그 외에 고무찰흙, 지점토, 모래, 종이, 크레파스, 마커, 물감 등도 표현을 장려할 수 있다.

▶ **놀이치료실에 필요한 놀잇감 목록(VanFleet, 2011)**

가족 및 양육 주제 놀잇감	공격 주제 놀잇감
- 가족인형 - 집, 가구 - 가족 손인형, 동물 손인형 - 아기인형 - 아기 젖병 - 옷, 옷감, 모자 - 물놀이를 위한 통 - 소꿉놀이	- 군인인형 - 공룡 - 보보인형 - 장난감 총 - 장난감 칼 - 공격적인 모습을 한 인형이나 손인형(용, 악어, 상어, 늑대 등)
표현 및 구조 주제 놀잇감	**그 외 다양한 용도로 사용되는 놀잇감**
- 크레파스, 마커, 종이 - 칠판, 화이트보드 - 블록, 플레이도우, 찰흙 - 작은 모래 상자, 피규어 - 전화기, 핸드폰 - 거울 - 마스킹 테이프 - 마술봉 - 가면 - 장난감 벽돌 - 스카프	- 장난감 돈 - 카드 - 병원놀이 - 자동차·트럭·경찰차·스쿨버스·응급차· 소방차 장난감 등

7. 치료 과정 및 절차

부모자녀 놀이치료의 과정은 다음과 같다(Bratton & Landreth, 2020; Landreth & Bratton, 2006; VanFleet, 2014).

1) 아동 및 가족 평가

부모자녀 놀이치료를 추천하기 전에 아동과 가족에 대한 평가가 매우 중요하다. 치료자는 평가를 통해 내담자의 욕구를 파악하고 추천되는 치료를 결정하게 된다.

평가의 첫 과정으로 첫 회기에 부모만 만나서 초기 면접을 실시한다. 치료자는 부모가 내원하게 된 이유에 대해 듣고, 주호소 문제를 탐색하며, 아동의 발달력과 가족력을 파악한다. 치료자는 행동평가척도나 설문지를 사용하여 사전평가를 진행한다. 아동의 신체적, 사회적, 정서적, 인지적 발달에 대해 전반적인 상태를 확인하는 것이 필요하다.

두 번째 회기에서는 부모와 자녀의 상호작용을 평가해야 하며, 가족이 함께 놀이하는 것을 관찰하거나 녹화하여 분석한다. 상호작용시에는 각 부모와 아동의 상호작용, 형제자매와 부모의 상호작용, 누가 상호작용을 주도하거나 통제하는지, 부모의 언어적 혹은 비언어적 정서 표현의 정도, 아동의 주의집중, 언어 능력, 신체적 조절 능력 등에 대해 확인한다.

세 번째 회기에서는 부모만 방문하여 두 번째 회기에서 시행했던 가족놀이에 대해 이야기 나눈다. 부모는 가족놀이 활동에서의 모습이 실제 가정에서의 모습과 유사한지 혹은 다른지에 대해 설명하고 치료자는 관찰한 것에 대해 공유한다. 부모가 걱정하는 부분이나 치료가 필요한 부분에 대해 간략하게 안내해준다.

마지막으로 부모자녀 놀이치료가 추천되는 경우, 치료자는 부모에게 현재의 어려움에 대처하기 위해 부모자녀 놀이치료가 갖는 이점에 대해 설명하고, 아동의 건강한 발달을 위해 놀이의 중요성에 대해 강조한다. 그리고 부모자녀 놀이치료의 과정에 대해 안내한다(부모 훈련, 부모의 초기 놀이회기, 치료자에게 놀이회기 슈퍼비전 받기, 가정에서 놀이회기 진행하기, 기술을 일반화하기, 종결하기). 부모자녀 놀이치료를 위해서는 부모가 많은 노력을 기울어야 하며, 가정에서 매주(또는 격주로) 놀이회기를 진행해야 한다는 것을 안내한다.

2) 부모 훈련 단계

평가회기 이후, 부모는 놀이치료 회기를 수행하기 위한 기술을 배워야 한다. 부모 훈련 단계는 간략한 강의, 놀이회기 시연하기, 모델링하기, 역할극하기, 기술 훈련하기, 피드백하기, 강화하기로 구성된다.

(1) 간략한 강의
부모자녀 놀이치료사는 놀이치료 회기에서 사용되는 기술들을 부모에게 간략한 강의로 안내한다.

① **구조화하기** 구조화는 아동에게 놀이치료의 구조를 안내하는 것으로 잠재적인 문제를 예방하는 효과를 가진다. 구조를 제공함으로써 아동은 상대적으로 자유롭게 놀이치료 회기에서 활동할 수 있게 된다. 하지만 아동이 구조를 따르지 않을 때 부모는 권위 있는 태도로 아동이 구조를

지키도록 안내해야 한다. 구조화를 통해 아동은 특별한 놀이시간과 일상 생활을 구별할 수 있게 된다.

구조화 예시로는 다음과 같은 것들이 있다.

- 놀이치료 시작하기: 아동에게 놀이치료를 시작하기 전에 "○○야, 우리는 이곳에서 특별한 놀이시간을 가질 거야. 특별한 놀이시간 동안 네가 원하는 여러 가지 방법으로 놀이할 수 있어. 만약 안 되는 것이 있으면 알려줄게."라고 안내한다.
- 화장실 가기: 부모는 아동이 놀이회기를 시작하기 전에 화장실을 다녀오도록 하여 놀이회기가 방해받지 않도록 한다. 만약 아동이 놀이회기 중 화장실에 가고 싶어 한다면 한 번만 허락한다.
- 놀이치료 마치기: 부모는 아동에게 놀이치료 종료 전에 2번 알림을 해준다. 놀이치료 종료 5분 전에 "○○야, 특별한 놀이시간이 5분 남았다."라고 안내하고, 종료 1분전에 "○○야, 특별한 놀이시간이 1분 남았어."라고 안내한다. 놀이회기가 거의 끝났을 때, 부모는 확고하지만 즐거운 목소리로 "○○야, 이제 마칠 시간이야."라고 안내한다.

② **공감적 경청하기** 치료자는 부모에게 공감적 경청하기를 가르쳐야 한다. 공감적 경청하기는 부모가 아동의 감정과 욕구를 수용하는 것으로 이를 통해 아동은 자신이 민감하게 이해받고 있음을 느끼게 된다. 공감적 경청을 통해 부모가 아동에게 관심을 가지고 있음을 보여주고, 부모의 의도나 감정에 대해 아동이 명확히 이해하도록 도우며, 아동에게 자신의 감정을 분명하게 명명할 수 있도록 하고, 부모가 아동이 표현하는 어떠한 감정도 수용하면서 자신도 스스로를 수용할 수 있게 한다.

③ **아동중심 상상놀이** 대부분의 부모는 아동과 놀이를 하고 있지만, 대부분 지시적인 방식으로 놀이하거나, 놀이를 통해 무언가를 가르치려고 하거나, 부모가 선호하는 놀이를 한다. 예를 들면, 부모가 보드게임을 좋아하면(혹은 아동과 놀이하기에 보드게임이 편하다고 생각하면) 아동이 원하는 것과 상관없이 보드게임을 선택하기도 하고, 블록 놀이를 할 때도 색깔을 알려주거나 뭔가를 만드는 방법을 알려주려고 한다. 아동중심 상상놀이는 아동이 영화감독이 되어 자신이 할 역할이나 부모가 할 역할을 결정하고 아동의 지시에 따라 놀이를 진행하는 것이다. 부모는 아동에게 자신이 어떤 역할을 해야 하는지 질문하기보다 놀이에 집중하며 참여하면서 아동과의 언어적, 비언어적 상호작용 통해 어떤 역할을 해야 하는지 알 수 있다. 부모가 이런 방식을 습득하면, 아동의 신호를 민감하게 이해할 수 있게 되고 아동의 상상 놀이에 편안하게 참여할 수 있게 된다.

④ **행동 반영하기, 내용 반영하기, 감정 반영하기, 제한설정하기 기술** 이 기술들에 대한 상세한 내용은 8장 '놀이치료사의 태도'에서 상세히 다루고 있으니, 8장을 참고하기 바란다.

⑤ **제한설정하기에 대한 추가적 안내사항** 부모들은 특히 제한설정하기 방법을 어려워한다. 양육에 어려움을 겪는 부모들은 어떨 때는 비난과 폭언을 하면서 제한을 했다가 또 어떤 경우에는 전혀 제한설정을 하지 않는다. 이러한 비일관적인 제한설정을 가능한 한 일관적으로 만드는 것이 치료목표이기도 하다. 제한설정은 아동에게 경계를 설정해주기 때문에 안정감을 느낄 수 있게 한다.

제한설정에는 다음과 같은 특성이 있다. 첫째, 제한설정은 아동에게 책임감을 배울 수 있게 한다. 둘째, 놀이회기 동안 최소한의 제한설정을 실시함으로써 아동이 자유롭게 감정을 표현할 수 있도록 돕는다. 셋째, 제한은 아동의 안전, 타인의 안전, 장난감이나 놀잇감을 보호하기 위해 설정한다. 넷째, 제한을 하는 이유는 일관적인 양육 환경을 제공하기 위함이며, 아동의 경계를 시험하는 행동을 줄일 수 있다.

제한설정하는 기술은 초기에 치료자가 부모에게 가르쳐준다. 부모자녀 놀이회기 동안 아동이 제한을 어겼을 때 아동이 경험하는 결과는 동일해야 한다. 두 번의 자기 수정 기회를 준 후에도 제한을 어겼을 때는 아동이 놀이치료실을 떠나거나 놀이회기가 끝나게 된다. 제한설정은 최소한으로 하지만 이를 통해 부모의 권위를 재확립시키게 된다. 제한설정을 하는 경우는 다음과 같다. 첫째, 아동이 유리, 창문, 카메라 등에 뭔가를 던질 때, 둘째, 크레파스로 벽, 바닥, 가구 등을 칠할 때, 셋째, 날카로운 물건으로 보보인형을 찌르거나 던질 때, 넷째, 놀이회기 중에 화장실을 가려할 때(놀이회기 중에는 한 번만 화장실에 갈 수 있다), 다섯째, 총이나 다트를 다른 사람에게 겨누거나 쏘거나 던질 때, 여섯째, 장난감을 부술 때, 일곱째, 부모가 개별적으로 설정한 제한을 어길 때(예를 들면, 방에서 뛰어서는 안 되거나 물을 바닥에 뿌려서는 안 되는 등).

(2) 놀이회기 시연과 모델링하기

부모가 자녀와 놀이회기를 진행하는 방법을 명확히 이해하기 위해서 치료자는 아동과 놀이회기를 시연하고 그 모습을 부모는 관찰한다. 관찰은 일방경이 있는 관찰실에서 하는 것이 좋으나, 일방경이 구비되어 있지 않은 곳에서는 놀이치료실 문을 열어놓고 밖에 앉아서 관찰하거나 놀이치료실에 카메라를 설치하여 촬영하는 것을 다른 방에서 관찰할 수 있다. 만약 이러한 상황이 가능하지 않다면, 놀이치료실 구석에 의자를 두고 관찰할 수도 있다.

데모회기를 마치고 나서 치료자는 부모와 놀이회기에 대해 논의하게 되는데, 아동에게 어떻게 반응해야 하는지에 대해 알려주고 4가지 기술을 어떻게 사용하면 좋은지 설명한다.

(3) 역할극하기, 기술 훈련하기, 피드백하기, 강화하기 단계

치료자는 아동 역할을 하고 부모는 치료자 역할을 하며 놀이회기를 훈련한다. 이 역할극을 통해 각 기술을 훈련하게 되며, 치료자는 세심하게 부모의 반응에 대해 피드백한다. 치료자는 부모에게 도전이 될 만한 상황을 주고 이것을 잘 해결해가는 경험을 하게 하는데, 구성은 4가지 기술 연습(구조화하기, 공감적 경청하기, 아동중심 상상놀이하기, 제한설정하기), 놀이치료 시작하기, 공격적 놀이 상황 연습, 화장실 가기, 놀이치료 마치기 등으로 이루어진다. 그리고 각 가정에서 어려움을 겪는 주제에 대해 연습해볼 수 있도록 준비한다. 여러 회기 동안 역할극을 진행하게 되는데, 각 부모의 이해도에 따라 회기 수는 조정될 수 있다.

3) 부모의 초기 놀이회기(1~2회기)

부모 훈련 단계가 완료된 후 치료자는 부모와 아동이 함께하는 첫 놀이회기를 준비한다. 가족 놀이회기나 데모회기에서 아동이 공격적으로 놀이한다면, 치료자는 부모에게 효과적으로 제한을 설정할 수 있는 방법과 아동의 공격적 놀이 주제를 공감적으로 경청하는 방법을 안내해야 한다. 아동의 잠재적인 행동들에 대해 의논하고 준비하지만, 부모자녀 놀이 첫 회기에서 아동의 행동을 모두 예견할 수는 없다. 첫 놀이회기에서 어려움을 경험한다면 5분 경고("5분 후에 놀이가 끝날 거야.")를 하거나 놀이회기를 일찍 마치는 방법을 선택할 수 있다고 안내해야 한다. 치료자는 부모에게 놀이회기를 관찰하고 있으며 만약 도움이 필요하다면 언제든 개입할 수 있음을 설명하고 안심시켜야 한다. 그리고 치료자는 부모에게 부모 훈련을 통해 부모의 양육 기술이 향상되었음을 강조하고 자신감을 갖도록 격려해야 한다.

부모가 아동과 진행하는 첫 놀이회기는 20분 동안 진행하고 이후 회기들은 30분씩 진행한다. 가능한 한 놀이회기들은 치료자의 관찰하에서 진행하고 곧바로 슈퍼비전을 실시하는 것이 효과적이다. 치료자는 부모가 배운 기술들을 적절히 사용하는지 관찰하여 슈퍼비전하며, 아동의 행동이나 말에 어떻게 반응해야 하는지 함께 논의한다. 다른 부모들과 함께 놀이회기를 관찰할 때는 충고나 비판은 삼가야 하며, 놀이회기에 대한 부모의 이야기에 공감적으로 경청해야 한다. 아동과 놀이회기를 갖고 그것에 대해 이야기 나누는 것 자체가 학습의 과정이며 도움이 된다. 그러고 나서 치료자는 각 기술에 대한 세부적인 피드백을 주고 향상된 부분에 대해 강화해준다.

4) 부모의 이후 놀이회기(3회기 이후)

부모와 자녀의 놀이회기가 3회기나 4회기가 되면 아동 놀이에서 다양한 주제가 나타나게 된다. 1~2회기에는 일반적으로 탐색 놀이가 나타나지만, 3회기 이후가 되면 치료적으로 의미 있는 주제가 나타나게 된다. 1~2회기에서 아동은 놀이회기의 비판단적이고 허용적인 분위기를 느끼게 되면서 깊은 감정이나 갈등을 표현하게 된다. 놀이 주제는 일반적으로 실제 생활과 관련된 주제로, 예를 들면 공격성, 양육, 숙달, 통제, 힘, 선과 악, 가족관계, 또래관계 등이 있다. 아동의 놀이에 대한 해석은 아동과 가족의 삶의 맥락을 고려해서 해석해야 하며, 일대일 방식의 해석은 유의해야 한다(예를 들면, 야생동물은 공격성, 소꿉놀이는 양육). 놀이 주제는 아동 놀이에서 반복적으로 나타나고, 강하게 표현되며, 맥락을 고려해서 해석될 수 있다. 그리고 아동놀이의 의미는 항상 명확하지는 않을 수 있기 때문에 놀이의 의미를 가설 또는 가정으로 설정해서 살펴보는 것이 적절하다. 특히 부모자녀 놀이치료에서 부모가 자녀의 모든 놀이 주제를 이해하는 것이 필수적인 것은 아니라는 점도 기억해야 한다.

5) 가정 놀이회기 진행하기

상담센터에서 부모자녀 놀이회기 훈련을 진행한 후에 가정에서 놀이회기를 진행하게 된다. 가정에서 놀이회기를 진행하기 위해서 놀잇감을 준비해야 하며, 놀잇감은 놀잇감 목록(302쪽 참조)을 참고하여 준비한다. 준비한 놀잇감은 평상시에는 사용하지 않도록 하며 박스에 넣어서 창고나 찬장에 넣어두어야 한다. 그리고 가정 놀이회기를 실시할 장소와 시간을 결정해야 하는데 가능한 방해를 덜 받는 시간과 공간으로 정해야 한다. 가정에서 실시할 때는 공간적 제약이 있기 때문에, 특별한 놀이공간을 만들기 위해 두 사람이 함께 놀이 활동을 할 수 있을 만한 크기의 매트를 사용할 수 있다. 놀이회기는 30분을 추천하며 규칙적으로 진행되어 예측 가능하도록 하는 것이 필요하다. 가능한 한 주변의 방해를 받지 않도록 독립적인 공간이거나 둘만 있을 수 있는 시간대를 추천한다. 전화가 울리지 않도록 해놓고 아이가 좋아하는 활동이나 TV 프로그램이 하지 않는 시간에 배치하는 것이 효율적이다. 가정 놀이회기는 10회기 정도 진행하는 것을 추천한다.

▶ **가정 놀이회기 진행에서 해야 할 것과 하지 말아야 할 것(Landreth & Bratton, 2006)**

해야 할 것

- 활동할 곳을 만들어 주어라(놀이 영역 준비하기, 놀잇감을 일관성 있게 전시하기, 특별한 놀이시간임을 안내하기, 아동이 결정하고 선택할 수 있음을 알려주기).
- 아동이 이끌게 하라.
- 부모는 아동의 놀이를 따라가라.
- 아동의 놀이에 말로 따라가라(행동 반영하기).
- 아동의 감정을 반영하라.
- 확고하고 일관성 있게 제한설정을 하라.
- 아동의 노력을 격려하라.
- 적극적으로 이야기하라.

하지 말아야 할 것

- 비판하지 마라.
- 칭찬하지 마라.
- 질문하지 마라.
- 놀이회기를 방해하지 마라.
- 가르치려고 하지 마라.
- 설교하지 마라.
- 새로운 행동을 하려고 시도하지 마라.
- 수동적이거나 조용히 있어서는 안 된다.

---

6) 가정 놀이회기와 기술의 일반화하기

가정 놀이회기를 진행할 때 치료자가 해야 할 일은 다음과 같다. 첫째, 부모가 놀이회기 동안 지금까지 배운 기술을 잘 사용하는지 살펴볼 것, 둘째, 아동과 부모의 이슈에 대해 논의할 것, 셋째, 치료목표가 달성되는지에 대해 모니터링할 것, 넷째, 가정 생활에서 놀이기술이 일반화되어 사용될 수 있도록 할 것, 다섯째, 부가적인 양육훈련을 제공할 것.

치료자는 부모를 일주일 또는 이주일에 한 번 정도 만나서 슈퍼비전해야 한다. 놀이회기를 진행하면서 경험하는 다양한 어려움에 대해 이야기 나누고, 놀이기술을 사용하는 것의 장점과 단점에 대해 토의한다. 그리고 놀이 주제의 가능한 의미와 해결방안에 대해 논의한다. 예를 들면, 부모자녀 관계에 어려움이 있어 보이는 놀이의 경우에 부모와 관련된 이슈를 탐색해보고 관계 개선을 위한 방법을 논의한다.

치료자는 가정 놀이회기가 진행된 후에 부모가 사용한 놀이기술이 일상으로 일반화되도록 촉진해야 한다. 공감적 경청을 일상에서 적용하도록 부모에게 과제를 내서, 아동이 속상한 일을 경험했거나 분노의 감정을 느꼈을 때 허용적인 분위기에서 아동의 이야기를 듣고 공감해주도록 안내할 수 있다. 제한설정하기 기술 또한 일상에서 적용하도록 과제를 내서 아동이 일상생활에서 자신의 행동에 책임을 지고 결과를 수용하도록 할 수 있다.

부가적인 양육기술 훈련을 위해 아동발달 단계에 대한 설명을 하여 부모가 아동에 대한 현실적인 기대를 가지도록 하거나 아동의 긍정적 행동 증가를 위한 강화 방법을 교육할 수 있다.

7) 부모자녀 놀이치료 종결하기

부모와 치료자는 치료의 종결에 대해 함께 논의해야 한다. 종결을 위해 치료자와 부모는 부모자녀 놀이치료를 통한 진전을 평가하고 남은 문제를 확인한다. 치료자는 부모자녀 놀이회기를 직접 관찰하여 놀이회기의 질적인 부분을 평가하고 부모자녀의 관계, 부모의 양육기술, 놀이 주제, 아동의 문제행동 등을 살펴본다. 이 관찰 회기의 평가에서 추가적인 문제가 발견된다면 놀이회기를 추가로 진행할 수 있다. 종결 평가를 위해 설문지를 작성하거나 부모자녀 놀이평가를 진행하여 진전을 확인한다. 사전평가와 종결평가(사후 평가)를 비교하여 부모와 진전을 확인하는 것도 도움이 된다. 종결이 결정되었다면 부모에게 추후 치료자의 슈퍼비전 없이도 놀이회기를 진행할 수 있음을 안내하며, 아동이 성장해가면서 특별한 놀이시간을 계속적으로 원할 수 있고 완전히 성장한 후에는 특별한 놀이시간에 대한 흥미가 사라질 것이라고 설명한다. 가족의 필요에 따라 한 달에 한 번 혹은 두 달에 한 번 정도 추가적인 슈퍼비전이 필요할 수 있으며 이후에는 전화 슈퍼비전도 가능하다.

8. 치료 효과 및 가능성

부모자녀 놀이치료 연구는 1960년대 거니를 시작으로 최근까지 이어지고 있다. 거니(Guerney, 1964)가 학회지에 부모자녀 놀이치료를 소개하자 심리학 단체에서는 회의적인 시각으로 비판하며 치료의 효과성에 대해 의문을 제기하였다. 하지만 그 후 거니와 동료들(Andronico & Guerney, 1969; Stover & Guerney, 1967)은 부모가 자녀에게 완벽하게 비지시적인 놀이회기를 실시한 논문을 저널에 게재하며 가능성을 증명하였다. 시울락(Sywulak, 1977)은 32명의 부모를 대상으로(대기자 통제 실시) 2개월 간 치료를 실시하였으며 다양한 문제(공격성, 위축 등)를 가진 아동에게 부모자녀 놀이치료가 효과가 있었음을 확인하였다. 센수(Sensue, 1981)는 3년의 추적(follow-up) 연구에서 통제집단에 비해 실험집단에서 부모의 양육 수용과 자녀의 적응이 개선되었음이 밝혔다.

부모자녀 놀이치료 연구는 북미를 넘어서 한국, 중국, 영국, 남아프리카 등의 다양한 문화권에서 연구가 진행되었다. 그리고 이혼가정(Bratton & Landreth, 1995), 만성적인 질환(Glazer-Waldman, 1991; Tew,

1997), 성학대 아동(Costas & Landreth, 1999), 학습장애 아동(Kale & Landreth, 1999), 가정 폭력 아동(Barabash, 2003; Smith, 2000)과 부모를 대상으로도 연구가 진행되어 효과성이 입증되었다. 그뿐만 아니라 농인 어머니와 농인이 아닌 자녀의 상호작용 증진을 위해 부모자녀 놀이치료를 실시하여 효과가 있음을 확인하였다(Ashori & Karimnejad, 2021). 그리고 개별 놀이치료와 부모자녀 놀이치료 연구에 대한 메타 분석(Bratton et al., 2005)에서 개별/부모자녀 놀이치료를 실시하는 것이 통제집단과 비교하여 치료적 효과가 유의미하게 높았을 뿐만 아니라, 개별 놀이치료보다 부모자녀 놀이치료가 더 효과적인 것으로 나타났다.

15

부모상담

놀이치료에서 부모상담은 무척 중요하다. 부모는 놀이치료에서 아동의 변화를 촉진할 수 있는 치료적 동맹의 주체이기 때문이다. 따라서 부모 역시 상담을 통해 아동의 변화를 지원할 좋은 환경이 되어야 한다. 부모가 좋은 환경으로 재구성되는 데에는 부모 역시 도움이 필요한 존재라는 지각이 선행되어야 하는데 그것 또한 부모상담을 통해 가능하다. 아동은 발달하는 과정에 있기 때문에 "충분히 좋은(good-enough)(Winnicott, 1971)" 부모-됨[1]이 아동의 건강한 성장과 발달에 큰 영향을 미친다. 아동의 세계로서, 또 환경으로서의 부모 역할은 예로부터 강조되어 왔다. 왜냐하면 유전적으로 생물학적 부모로부터 영향을 받은 아동이라 할지라도 그 이후의 부모-됨(parenting), 부모 지지가 아동의 행복과 신체적, 심리적 건강에 크게 관여하기 때문이다.

놀이치료를 하게 된 아동에게 부모의 역할과 부모-됨은 심리, 행동,

....

1 '부모-됨'은 지속적으로 부모가 되어가는 과정이라는 시간을 수반한 동사형을 의미한다.

발달적 어려움을 갖고 있는 아동의 교정적 체험에 더욱 중요하다. 아동의 변화를 위해서는 아동을 키우면서 일상생활을 아동과 함께 살아내는 부모의 변화 역시 이루어져야 하는 경우가 많기 때문이다. 하지만 부모의 변화는 그렇게 쉽지 않다. 우선 부모의 변화가 어려운 이유는 부모가 자녀 키우는 방식이 사실상 부모의 부모, 즉 원가족에 의해 전수되어 왔기 때문이다. 무의식적으로 전수된 양육방식은 습관이 되어 전반성적으로 표현된다. '세대 간 전이'를 통해 굳어진 부모의 양육방식은 다음 세대로 전달되고 고착되며 확고해진다(신현정, 이은영, 2016). 따라서 아동을 키우는 부모는 어느 누구 할 것 없이 자신이 자녀를 키우는 방식과 가치관, 태도에 대해 자주 성찰해야 한다. 이것은 부모상담을 통해 가능하다.

한편, 발달적으로 어린 연령과 상태의 아동이 놀이치료를 하게 될 때 아동은 스스로 자신의 어려움을 호소하지 못 하는 경우가 많다. 놀이가 언어와 마찬가지인 아동은 놀이로 자신의 감정과 의사를 표현할 수는 있어도 어른처럼 세련된 언어로 자신의 어려움을 표현하기는 어렵다. 따라서 언어 외로 드러나는 아동의 다양한 표현 양태는 주로 어린이집이나 유치원, 학교의 교사 등 타인의 보고로 부모에게 알려지거나, 또래 아동과의 비교 혹은 의사의 진단으로 밝혀지고, 이에 자녀의 어려움을 알게 된 부모는 아동을 놀이치료로 데려온다.

부모와 함께 놀이치료실에 온 아동은 다양한 사정(査定)의 시간을 갖는다. 치료사가 아동의 인구학적 배경을 묻고 아동의 발달을 조사하는 과정에서 부모의 보고는 매우 중요하다. 부모는 원가족인 조부모와의 관계, 아동을 바라보는 부모의 관점, 아동을 양육해 온 부모의 태도 및 가치관 등을 치료사에게 알려준다. 그 과정에서 치료사는 아동이 갖는 어려움 중의 상당 부분이 부모와 관련되어 있다는 것을 실제적, 이론적으로 알게 된다. 따라서 놀이치료를 통해 아동이 변화되기 위해서는 부모의 변화 역시 동반되어야 한다. 그런 맥락에서 부모상담은 반드시 필요하다. 부모상담이 동반되어야 부모의 변화 역시 촉진될 수 있기 때문이다. 부모와 함께 힘을 합쳐야 아동에게 긍정적 환경을 제공할 수 있다는 치료사의 치료적 동맹과 치료적 믿음이 부모를 부모상담으로 잘 안내할 수 있게 만든다.

부모상담이 높은 성과를 내기 위해서는 치료사의 기법보다 치료사가 맺는 관계가 더 중요하다(Mahoney, 1991). 따라서 부모상담을 할 때, 치료적 기법과 기능도 중요하지만 놀이치료의 기법을 뛰어넘는 상담관계의 보편성과 심층성에 주목하고 치료적 관계를 성찰하면서 그 관계를 돈독히 만들어 나가도록 치료사들은 노력해야 한다.

▌ 1. 정의

부모상담(parent counseling)의 기원은 프로이트(Freud)로 올라간다. 프로이트는 말 공포증이 있었던 꼬마 한스의 상황을 부모와 의논하면서 한스의 어려움을 해석하고 극복하는 데 부모의 관여를 적극적으로 활용하였다. 한스의 이야기는 부모가 아동의 어려움을 이해하고 돕는 데 중요한 역할을 한다는 것을 증명한 역사적 기록으로 남아있다.

다시 말하지만 아동은 혼자 상담하러 오지 않는다. 발달적 특성상 자신의 어려움을 언어로 정확히 표현하기도 어려울 뿐만 아니라 어려움의 실체를 잘 모른다. 하지만 아동이 겪는 어려움의 상당 부분은 부모와 연결되어 있으며, 부모상담을 통한 부모의 변화는 놀이치료의 효과를 증진시킬 뿐만 아니라 치료 기간 단축에도 영향을 준다(김광웅, 김화란, 2006).

그렇다면 부모상담은 무엇인가? 부모를 상담하는 것을 부모상담이라고 한다면 부모의 무엇을, 어떻게, 왜, 누가 상담하는가? 먼저, 부모상담의 정의를 명확히 하는 것이 치료사들에게 도움이 될 것이다.

상담은 도움을 필요로 하는 사람인 내담자에게 전문적 지식과 기능을 가진 상담자가 내담자 자신과 환경에 대한 이해를 증진시키기 위해 수행된다(서울대학교 교육연구소, 1995). 상담은 내담자가 합리적, 현실적, 효율적 행동양식을 수행할 수 있게 하거나 의사결정을 내릴 수 있도록 전문가인 상담자가 원조하는 활동(서울대학교 교육연구소, 1995)이기 때문에 부모상담은 부모가 아동 양육과 관련된 의사결정을 내릴 수 있도록 하거나, 아동양육과 관련된 합리적, 현실적, 효율적 행동양식을 수행할 수 있도록 돕는 일이라 할 수 있다.

부모상담은 부모를 상담하는 것이기 때문에 부모가 아닌 사람은 부모상담의 대상이 될 수 없다. 부모는 내담 아동의 발달 및 건강한 성장을 돕는 중요한 환경이다. 따라서 부모상담에는 부모가 아동에게 적절한 환경이 되는 방법을 배우는 과정, 부모와 치료사가 같이 의논하는 과정이 포함된다.

부모상담에서는 주로 아동 양육과 관련된 내용을 다룬다. 하지만 부모의 양육태도와 양육효능감이 현재 부모가 처한 상황에 따라 달라질 수도 있다. 이를테면 실직, 빈곤, 대인관계 등 어려움을 겪고 있다면 부모는 아동의 부모이기 이전에 한 인간으로서 힘든 상황에 처해 있어 아동을 잘 양육하기 어려울 수 있다. 그리고 그러한 고통은 고스란히 아동에게 전달된다. 그러므로 고통과 아픔 속에 처해 있는 부모라면 부모-됨과는 별개로 한 개인으로서 성인상담이 필요하다. 왜냐하면 부모이기 이전에 한 인간으로서 성인이 행복하게 살기 위해 필요한 상담이라는 전문적인 조력은 놀이치료에서의 부모상담이 담기에는 그 범위가 너무 방대하기 때문이다. 따라서 이 책에서는 부모상담을 부모가 자녀인 아동의 건강한 발달과 성장을 위해 부모-됨의 역할과 태도를 배우고, 아동을 이해하는 치료사와 맺는 '치료적 동맹'이라고 한정 짓기로 한다. 따라서 놀이치료에서의 부모상담은 자녀를 이해하고 자녀를 잘 양육하기 위해, 또한 자녀의 어려움을 해소하는 데 도움이 되는 부모의 역할을 이해하고 실천하기 위한 방편으로 활용될 수 있다.

2. 필요성

놀이치료에서 부모상담이 지닌 위력이 크다보니 부모상담의 필요성도 치료사와 부모 간에 공유되어야 한다. 놀이치료의 기법에 따라, 원리에 따라 부모상담의 내용과 방법은 차이가 날 수 있겠으나 놀이치료에서 부모의 영향력은 막강하다. 영향력이 클수록 필요성도 절실한데, 부모상담이 효과적이기 위해서 부모와 치료사가 좋은 관계를 맺어야 한다.

부모상담의 필요성과, 부모와 치료사가 치료적 동맹을 맺어야 하는 이유를 치료놀이에서는 다음과 같이 설명한다(Booth & Jernberg, 2011).

첫째, 부모가 아동을 더 잘 이해하도록 돕기 위해서이다.
아동이 발달적, 심리적, 행동적 어려움을 보이면 부모는 아동을 '문제'라고 보기 쉽다. 부모나 외부인들은 아동이 보이는, 소위 "문제행동"이라고 칭해지는 것들의 의미를 이해하지 못 하고 통상적으로 그 문제를 고치려고만 한다. 문제를 가진 아동은 부모의 눈에 문제아동이 되고 만다.

부모가 아동을 더 잘 이해하도록 하기 위해서는 부모가 아동의 관점에서 상황을 바라보는 일이 필요하다. 만약 아동이 쉽게 화를 내고 화가 날 때 옆에 있는 물건을 던지거나 사람을 발로 찬다고 가정해보면 부모는 대개 아동을 혼낸다거나 "나쁜 짓"이라고 화를 낼 수 있다. 이때 부모는 자녀가 그런 행동을 하게 된 이유를 공감하고 감정을 수용하면서도 행동을 교정하는 방향으로 나가야 한다. 즉, 무조건 부모의 관점에서 자녀를 평가하기보다는 자녀가 그런 행동을 하게 된 맥락과 감정을 이해한 후, 그다음 행동으로 이어나갈 수 있도록 치료자는 도와야 한다. 부모가 자녀를 더 긍정적, 공감적으로 이해하도록 돕기 위한 부모상담이 필요하다.

둘째, 부모 자신이 자신을 이해하도록 돕기 위해서이다.

부모는 자녀의 행동에 무의식적으로 반응한다. 따라서 자녀와의 상호작용은 비반성적으로 유발되기 때문에 자녀의 행동에 부모 자신이 왜 그렇게 행동했는지 자세히 느끼거나 생각하지 못할 때가 많다. 그렇게 유발된 상호작용은 관계의 악화를 가져와서 부모가 자녀를 양육하는 데 어려움을 갖게 한다. 그런 행동을 하는 자녀를 이해하지 못하거나 심지어는 부모 자신이 자녀의 행동에 왜 그런 감정과 행동을 하는지 이해하기 어려운 경우도 많다. 무의식적으로 저지른 자신의 행동을 돌이켜보며 부모는 때때로 후회하기도 한다. 따라서 부모상담에서는 부모 자신이 자녀에게 한 행동을 들여다보게 할 필요가 있다. 부모가 갖는 생각, 감정, 행동은 왜 그러했는지 자신을 비판만 하지 말고 차근차근 상담자와 더불어 자신이 느끼는 감정, 생각, 행동을 이해하는 일이 필요하다. 이런 부모의 행동은 자신이 양육받은 방식을 그대로 답습하는 경우가 많다. 그러므로 부모상담에서는 놀이치료를 하는 부모가 자신에 대해 다각도로 이해하여 좀 더 올바른 자녀양육의 가치관을 가지고 행위할 수 있도록 주력한다. 구체적으로는 부모가 어렸을 때부터 결핍되었던 욕구가 무엇인지를 알아차리도록 돕는다. 치료사는 그 욕구가 자녀를 양육하는 데 어떻게 표출되는지 부모가 성찰하도록 돕고 교정적 체험을 할 수 있도록 지지한다. 또한 부부 간의 갈등이 있을 경우, 아동 양육에 미칠 수 있는 영향을 부모가 올바로 지각할 수 있도록 돕는다.

셋째, 부모가 자녀를 양육하는 방법을 배우고 익혀서 집에서 적용하도록 돕는다.
부모가 실제 양육에서 자녀를 어떻게 대해야 할지 모르는 경우, 놀이치료의 방법에 따라 부모가 직접 치료실에 들어와서 아동과 상호작용하는 방법을 치료사에게 배우기도 한다. 치료놀이가 대표적인 예인데, 치료놀이에서는 부모가 치료사로부터 아이와 상호작용하는 방법을 배워 부모가 집에서도 그 원리를 적용해 부모-자녀 관계를 긍정적으로 변화시킨다. 이러한 바탕에는 부모와 치료사 간의 신뢰를 중심으로 함께 '치료적 동맹'을 맺는 일이 중요하다. 즉, 지지와 신뢰 속에서 아동이 어려움을 극복하고 더 나은 발달과 성장을 이루어나갈 수 있도록 함께 협력해야 한다. 이를 위해 치료사는 부모에게 때로는 과제를 내주기도 하고, 부모가 아동에게 공감하도록 치료사가 아동에게 했던 상호작용을 부모에게 해 보기도 한다. 그 이유는 부모가 아동이 되어봄으로써 아동이 그 상호작용을 어떻게 느끼는지 그 마음을 공감하고 이해하도록 하기 위해서이다. 이렇게 부모상담은 놀이치료에서 꼭 필요하며 치료사와 부모의 협력은 굉장히 중요하다.

부모와 치료사 간의 협력이 중요한 까닭은 이러한 동맹이 놀이치료 효과와도 직결되기 때문이다. 놀이치료의 효과를 위해서 치료자가 부모에게 바라는 것들을 살펴보면 다음과 같다(김광웅, 김화란, 2006).

① 자녀가 좋아질 것이라는 확고한 믿음.

② 치료자를 전적으로 신뢰하는 것.

③ 정해진 놀이치료 시간에 오는 것.

④ 자녀의 문제를 치료사에게만 맡긴다는 생각이 아니라 아동-치료자-부모 간 이루어지는 적극적인 협조.

⑤ 부모와 함께 놀이치료를 받으러 오고 가는 시간의 즐거움.

⑥ 자녀를 머리로 이해하는 것이 아니라 가슴으로 이해하고 수용하는 것.

⑦ 놀이치료 과정 중 치료자가 제안한 것을 수용하여 변화를 시도하는 것.

⑧ 부모 혼자 치료의 종결을 결정하지 않고 반드시 치료자와 자녀인 아동과 상의하여 결정하는 것.

⑨ 놀이치료 과정 중 가족 및 아동에게 문제가 생긴 경우에 치료자와 함께 의논하는 것.

⑩ 치료 종결 후에도 필요한 경우, 아동의 문제를 치료사와 나누는 것.

3. 과정

놀이치료에서 부모상담은 회기별 부모상담(각 회기 후 부모상담)과 따로 부모만 독립적으로 시간을 잡아서 하는 독립된 부모상담의 형태로 나눌 수 있다. 치료사들은 회기별 부모상담과 독립된 부모상담을 병행하는 경우가 많았는데 그 비율은 90% 이상으로 나타났다(조미영, 김광웅, 2016).

놀이치료 시기에 따라 부모상담이 이루어지는 양상은 다소 다르다. 치료 초기의 부모상담은 대개 라포 형성, 사례개념화를 통한 아동의 주호소 문제와 이슈 확인, 부모의 어려움 파악 등에 활용된다.

중기에는 놀이치료 과정에서 일어나는 갈등, 학교나 집에서의 변화, 부모의 양육태도와 행동의 변화를 위한 노력 등을 중심으로 교정적 체험을 이루어가는 과정을 중점적으로 다루고 있다.

후기에는 아동의 심리정서행동 변화의 훈습과 체득, 부모 역할과 기능에 대해 강화된 역량의 유지와 발전, 종결 후 추후지도에 대한 내용을 중심으로 이루어진다.

좀 더 구체적으로 부모상담의 과정을 알아보면 아동은 부모와 함께 놀이치료기관을 내원해 치료사를 만나고 놀이치료의 과정을 체험하게 된다. 그때 부모는 놀이치료를 하는 내내 아동과 치료사와 함께 동반자로서 존재하게 된다. 놀이치료에서 부모상담 과정은 다음과 같은 내용을 포함한다.

1) 아동의 주호소에 대한 공유

놀이치료에 아동이 오면, 부모는 아동의 양육사에 대해서 여러 가지를 공유한다. 부모는 아동의 임신, 출산부터 병치레, 가족구성원과의 역동, 교육기관에서 아동의 모습 등등에 대한 사항을 전반적으로 나눈다. 치료사는 아동의 주호소에 대한 부모의 기대를 명확히 이해함으로써 외부의 시선을 넘어 자신이 보는 자녀에 대한 관점을 좀 더 구조화할 수 있다.

심리검사와 부모-자녀 상호작용에 대한 다각도의 결과를 통해 부모는 아동이 가진 사회정서적 어려움, 발달적 어려움, 행동적 어려움을 보다 구체적으로 알 수 있게 된다. 놀이치료 과정에서의 중요한 동반자인 부모는 자녀의 건강과 행복을 위해 더 좋은 부모가 되고 자녀의 어려움을 돕기 위해 부모상담을 하게 된다.

2) 과정 의논

아동이 가진 어려움의 정도 및 부모의 협조에 따라 놀이치료의 효과와 기간이 달라질 수 있다. 같은 주호소를 가진 것처럼 보이는 아동도 엄밀히 말하면 모두 다르기 때문이다. 각기 다른 가정의 상황 속에서 아동 역시 다른 성격, 다른 기질을 갖기 때문에 놀이치료에 소요되는 시간을 치료사가 일괄적으로 한정해서 미리 이야기하기는 어렵다. 더군다나 아동의 주호소는 사람들, 특히 아동에게 중요한 타인과의 관계적 역동에 따라 달라질 수 있기 때문에 아동에게 영향을 미치는 부모의 역할과 태도는 놀이치료의 과정에서도 무척 중요하다. 중요함에 대한 부모의 인식과 지각, 반성, 실천이 치료사와 함께 놀이치료 과정 내내 공유되어야 한다.

예를 들어 살펴보자. 부모의 양육방식과 상호작용이 발달에 직접적으로 영향을 미치는 치료놀이의 경우에는 부모가 치료실에 치료사와 함께 들어와서 자녀와 치료사의 상호작용을 직접 관찰하고 부모도 아동과 함께 상호작용할 기회를 갖는다. 즉 치료사와 더불어 부모는 치료실에서 상호작용을 직접 체험하고 습득하는 시간을 갖는다. 한편 아동중심 놀이치료의 경우, 치료사와 아동 간에 이루어지는 놀이치료 상황을 부모가 관찰하지 않으며, 자녀가 치료사와 함께 한 작업에 대해 부모에게 자세히 알려주지도 않는다. 오히려 놀이치료에서 무슨 일이 있었는지 자녀에게 물어보지 않도록 치료사는 부모에게 부탁한다. 아동중심 놀이치료에서는 아동의 건강한 자아를 성장시키기 위해 도움이 되는 부모의 태도와 역할을 중심으로 부모상담을 진행한다.

치료사는 부모상담 과정에서 바람직한 부모로서의 태도와 역할을 부모가 알아차려(aware)가는지, 부모가 실천해가고 있는지 확인해야 한다. 이를 돕기 위해 치료사는 부모로 하여금 자녀에 대한 자신의 기존 관점을 돌아보고 성찰하도록 도와야 한다. 부모가 어떤 행동을 하기에 앞서 '잠깐 멈춰서서' 아동을 관찰하고 아동의 관점에서 행동을 이해하려고 노력하도록 치료사가 모델링하고 지지해야 한다. 그 과정에서 부모가 하는 성찰, 반성, 난점 등을 치료사와 나눌 수 있도록 격려해야 한다. 더불어 아동의 작은 변화(긍정적이든, 부정적이든)에도 부모가 주목하는 힘을 키울 수 있도록 도와주며 치료사와 변화에 대해 공유하도록 요청해야 한다.

치료사는 부모의 불안도 잘 다뤄주어야 한다. 부모가 놀이치료의 과정을 예측할 수 있도록 놀이치료의 동반자인 부모에게 알려주어야 한다. 그리고 부모의 의견과 관점이 정말 중요하다는 부모 존중의 마음과 태도도 치료사는 표현해야 한다. 자녀가 겪게 되는 놀이치료의 과정에서 부모가 해야 할 일, 부모의 협조, 변화가 올 때의 불편한 점 등을 친절하게 알려줌으로써 부모가 겪는 일이 놀이치료의 과정에서 자연스러운 일이라는 것을 확인하고 예측할 수 있도록 도와야 한다.

3) 부모상담에서 배운 내용을 가정에서 적용하고 관찰한 것에 대한 피드백

치료사와의 상호작용은 아동의 내적작동모델을 교정해 나가는 과정이며, 자신의 심리적, 행동적 어려움을 표현하고 감각과 감정을 알아차려 자아를 강화시켜 나가는 과정이기 때문에 아동의 변화는 치료실에서의 변화에만 국한되지 않는다. 아동의 변화는 집이나 학교 등의 다양한 장소에서도 나타난다. 이 과정에서 아동은 놀이치료실에서 치료사를 통해 확인한 자신이 정말 괜찮은 사람인지, 긍정적 변화가 일어나고 있는지 여러 가지 형태로 자신과 타인을 시험하고 실험하며 자신의 정체성을 구축해 나간다. 부모는 이러한 아동의 심리, 행동에 관심을 갖고 아동이 긍정적으로 자신의 정체성을 구성해 나가도록 도와야 한다. 이 과정에 부모는 부모상담을 통해 함께 해야 한다. 변화를 겪는 아동에게 적절한 부모의 도움은 무엇인지 살피고 아동에게 관심을 갖고 관찰하며 상호작용해야 한다. 가정에서의 적용 노력이 아동의 변화를 더욱 긍정적으로 만들 수 있다. 치료사는 부모에게 적절한 피드백을 줌으로써 부모가 자신의 행동을 이해하고 아동에게 더 적절하게 상호작용할 수 있도록 도울 수 있다.

4. 기법

자녀를 양육하고 자녀를 이해하는 데 더 큰 유능감과 효능감을 갖고 부모 역할을 하도록 돕기 위해서 부모상담은 어떤 기법을 통해 이루어져야 하는가? 부모상담이 중요하다면 부모상담은 어떤 방식으로 무슨 내용을 중심으로 해야 하는가? 부모상담의 방법 중 자녀의 긍정적 양육과 발달에 도움을 주는 기법을 살펴보기로 하자.

1) 안정성의 순환

안정성의 순환(Circle Of Security: COS)은 부모의 민감성을 강조하면서 애착의 '세대 간 전이'에 관심을 갖는다. COS는 심리치료, 부모상담, 부모교육에 두루 활용하는데, 이는 부모로 하여금 자녀에 대한 민감성을 키우고, 키워진 민감성을 실제 양육에 적용하도록 돕는 기법이라 할 수 있다.

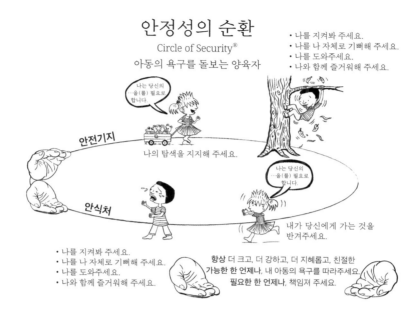

안정성의 순환
Circle of Security®
아동의 욕구를 돌보는 양육자

• 나를 지켜봐 주세요.
• 나를 나 자체로 기뻐해 주세요.
• 나를 도와주세요.
• 나와 함께 즐거워해 주세요.

나는 당신의
…을(를) 필요로
합니다.

안전기지

나의 탐색을 지지해 주세요.

나는 당신의
…을(를) 필요로
합니다.

안식처

내가 당신에게 가는 것을
반겨주세요.

• 나를 지켜봐 주세요.
• 나를 나 자체로 기뻐해 주세요.
• 나를 도와주세요.
• 나와 함께 즐거워해 주세요.

항상 더 크고, 더 강하고, 더 지혜롭고, 친절한
가능한 한 언제나, 내 아동의 욕구를 따라주세요.
필요한 한 언제나, 책임져 주세요.

▶ **안정성의 순환도식**

출처: © 2018 Circle of Security International, Inc.

　　COS는 부모-자녀 간 안정애착을 만들어가는 방향성을 제공한다 (Powell et al, 2018). 따라서 치료자는 부모가 안정애착 형성이라는 부모의 역량을 강화하도록 다음 사항에 주목해서 실행해야 한다(Powell et al, 2018).

① **부모의 긍정적 의도(Positive Intentionality)를 수용하고 활용할 것**　부모가 자녀를 양육하면서 자녀에게 행한 행동이 어떻든 간에 그 행동 대부분은 긍정적 의도를 가지고 한 부모의 행동이라는 것을 수용해야 한다. 비록 부모로서 역할을 수행하는 데 어려움을 갖고 있었다 하더라도 부모가 자신의 무능함과 무기력을 확인하는 데 머물게 한다면 자녀의 성장을 위한 역량 강화가 이루어지지 않는다. 따라서 치료사는 자녀에 대한 부모의

긍정적 의도를 수용하고 이를 적극적으로 활용해야 한다.

② **부모에게 구체적인 로드맵을 제공할 것** 위 그림에서 보여주듯, COS에서
는 부모-자녀 사이의 애착에 포함되는 세 가지 체계(애착, 탐험, 양육)를
중시한다. 그러므로 부모상담에서도 세 가지 체계의 기본적 개념에 근거
한 로드맵을 제시해야 한다. 애착은 안식처(safe haven)를 지칭하는 순
환의 아랫부분으로, 자녀가 안정적인 보살핌을 요청하는 상황을 가리킨
다. 한편 탐험은 안전기지(secure base)인 순환의 윗부분으로, 자녀가 탐
색을 통해 자신감을 얻으며 역량을 얻기 위해 안전기지에서 떠나가는 상
황을 말한다. 양육은 부모의 태도로서 항상 자녀에게 더 크고, 더 강하
고, 더 지혜롭고 친절한 존재인 부모가 되어야 함을 말한다. 부모는 자녀
의 욕구(need)에 가능한 한 언제든지(whenever possible), 필요할 때는
언제나(whenever necessary) 상황을 책임져야 한다. 반복적인 상황에서
책임지는 부모의 일관성은 아동의 긍정적 변화에 도움을 준다.

③ **관찰하고 추론, 성찰하는 부모의 능력을 길러줄 것** 부모-자녀 간 상호작용
에 대한 비디오를 찍고 그것을 부모가 볼 수 있도록 하여 COS에 대한 부
모들의 관찰 능력을 향상시켜야 한다. 부모가 자녀의 행동에 편견을 갖
고 있는지 성찰하도록 하고, 아동의 행동에 대한 묘사와 더불어 부모 자
신이 한 행동과 자녀의 행동의 의미를 정확히 추론할 수 있도록 돕는다.
COS에서는 다른 부모들과의 집단 활동을 통해 다른 부모들의 생각을 듣
고 관찰하며 공감하도록 장려한다. 이런 과정에서 부모는 자녀를 양육하
는 데 어려움을 겪는 다른 부모들로부터 도움을 얻을 수 있기 때문이다.
하지만 부모들의 집단 활동은 조심스럽게 접근해야 하는데, 때로 이런
집단 활동이 부모의 수치심과 방어를 불러일으킬 수도 있다.

④ **부모들과 심도 있는 대화를 진행할 것** 치료사는 자녀와 함께 한 비디오 영상을 보며 부모가 무엇을 느끼고 배웠는지, 다른 부모들과의 집단 활동에서는 무엇을 배웠는지 심도 깊은 대화를 진행해야 한다. 부모가 자신의 원가족과의 상호작용으로부터 시작된, 몸에 배어있는 내적작동모델을 이해한다면, 앞으로 자녀와 더 나은 관계 형성을 할 수 있다는 점을 부모가 이해하도록 돕는다.

2) 뇌의 통합적 접근

시겔(Siegel)에 따르면 아동의 건강한 발달을 위해서는 아동에게 전뇌 (whole brain)적으로 접근해야 한다. 아동이 전뇌를 잘 활용해야 신체, 감정, 인지가 모두 통합적으로 잘 발달할 수 있기 때문이다. 아동이 전뇌를 잘 발달시킬 수 있도록 돕는 데 부모의 역할은 매우 중요하다. 놀이치료를 하러 오는 아동의 상당수는 전뇌가 잘 발달하는 데 장해요인을 갖고 있어 감정을 느끼고 표현하는 데, 신체를 조절하고 타인과 상호작용하는데, 다양한 측면을 생각하는 데 어려움을 겪는다. 이는 부모가 아동의 전뇌를 잘 활용할 수 있도록 돕는 통합적 접근을 치료사로부터 배워야 함을 의미한다. 아동의 몸과 마음은 별개가 아니며 뇌 역시 낱낱의 정보로 세계를 받아들이는 것이 아니라 경험에 근거해 '와락' 세계를 지각한다 (Merleau-Ponty, 2002). 뇌의 통합적 접근에 대해서 알아보도록 하자.

아동의 뇌는 2~3세가 되면 성인의 90%에 해당하는 구조적 형태를 갖게 되지만(Perry & Szalavitz, 2011) 연령이 증가하면서 좀 더 세련되고 완성된 뇌의 가지치기 과정을 겪게 된다. 아동의 뇌 역시 뇌줄기, 변연계로 구성된 하위뇌와 대뇌피질로 이루어진 상위뇌로 나눌 수 있고, 대뇌는 좌뇌와 우뇌로도 구분된다. 좌뇌는 논리적, 언어적, 선형적, 분석적인

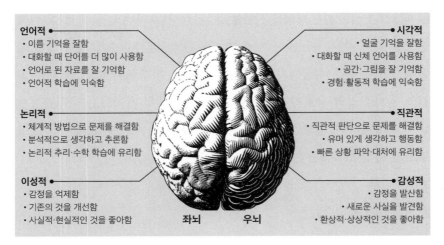

▶ **좌뇌와 우뇌의 특성**

것을 관장하고, 우뇌는 맥락적, 공감적, 직관적, 상상적인 것을 관할한다. 전뇌적 접근이 필요한 이유는 뇌의 편파적, 편중적 발달이 타인과의 상호작용에 어려움을 초래할 뿐만 아니라 아동 스스로도 소통되지 않는, 조절할 수 없는 자신 때문에 세상을 행복하게 살 수 없게 만들기 때문이다.

휴즈(Hughes, 2017)에 따르면, 자녀의 발달에 도움이 된다는 것을 부모가 알더라도 부모가 민감하고 조율된 양육을 제공하는 것이 쉽지는 않다. 엄밀히 말하면, 양육할 때 부모는 스트레스를 받는 상황이 많기 때문에 아무리 민감하고 공감적인 부모라 해도 화가 나거나 두려움이 몰아쳐서 또는 피로해져서 자녀를 돌볼 능력을 상실하기도 하는 것이다.

때로 "정서적/본능적" 핵심(Panksepp, 1998)인 변연계, 즉 하위뇌가 활성화되어 좌절이나 스트레스 상태에 있을 때, 부모는 자기-조절, 자기-인식, 공감을 위한 상위뇌의 인지적 능력을 억누르게 된다(Hughes, 2017). 시겔(Siegel, 2010)은 이에 대해 "mindful(마음이 가득 찬)"인 것이 아니라 "mindless(마음이 없는)" 상태가 되었다고 말한다. 이렇게 두뇌의 하부와 상부가 연결되지 못하거나 풀어지는 현상은 부모와 자녀 사이를 더 원초적인 상태로, 즉 감정도 행동도 조절하지 못하는 상태로 만들어 관계를 잘 맺지 못하도록 한다. 이에 휴즈(Hughes, 2017)는 부모가 아동의 전뇌적 접근을 위해 부모로서 해야 할 역할인 양육(parenting)에 대해 다음과 같이 알려준다.

부모는 양육을 위해 5가지 영역을 활성화시켜야 한다.

① 부모 접근 시스템(Parental Approach system): 부모가 방어적이 되지 않고 자녀를 가까이 할 수 있게 만든다.

② 부모 보상 시스템(Parental Reward system): 부모가 자녀를 양육하는 데에서 즐거움을 경험하는 것이 가능하도록 만든다.

③ 부모 자녀 읽기 시스템(Parental Child Reading system): 부모가 자녀 내면의 주관적 경험을 이해하고 공감할 능력을 지지해준다.

④ 부모 의미 만들기 시스템(Parental Meaning Making system): 부모가 부모됨에 대한 이야기나 작동하는 내러티브를 만들도록 허락한다.

⑤ 부모 집행 시스템(Parental Executive system): 보다 상위의 두뇌 영역으로 부모가 하위의 자동적 두뇌과정을 조절하도록 돕는다. 집행 시스템은 부모가 자신의 감정, 행동을 모니터하도록 돕고 자녀와의 조율 혹은 조율되지 못한 상태도 모니터하도록 돕는다.

놀이치료를 하러 처음 치료실에 올 때 대개의 부모는 자녀의 행동적 어려움에 초점을 두곤 한다. 일부 부모는 자녀와 경험하고 있는 관계적 어려움을 우선 이해하려 하지 않고 "문제를 고치려고"만 든다. 치료사는 부모로 하여금 양육할 때 관계적 관점에 입각해 자신이 행동하는 것의 의미가 무엇인지 살피게 하고, 자녀와 자신 사이에 공유되는 주관성(상호주관성)을 들여다보지 않았던 것에 대해 교정적으로 접근한다. 구체적으로 말하면, 부모의 행동적 관점(잘못한 것과 어떻게 행동했는지에만 초점을 두는)으로부터, 친밀한 유대와 상호적 이해가 핵심이 되는 관계적 관점(그들의 행동이 의미하는 것을 이해하는, 혹은 상호주관적 접근)에 초점을 두도록 한다. 부모의 역할과 양육은 근본적으로 자녀와 부모 간의 상호적 관계임을 치료사는 강조해야 한다. 이때 치료사는 부모가 비난을 받는다거나 수치스러운 느낌을 갖지 않도록 치료사와 동맹 관계에 있음을 주지시키며, 친밀함과 신뢰감 속에서 함께 부모의 변화를 만들어 나가야 한다.

5. 부모상담을 하는 놀이치료사의 태도

앞서 말했지만, 자녀가 놀이치료를 하게 되는 부모의 마음은 편하지만은 않다. '혹시 내가 잘못해서 자녀가 어려움을 갖게 된 것은 아닐까'하고 죄책감을 갖거나 수치심을 갖는 부모가 많다. 때로는 자신감을 잃고 우울감에 빠지기도 한다. 그럴 때 부모는 문제를 해결할 능력도 희망도 잃고 타인에게 도움을 청할 용기도 잃게 된다. 따라서 놀이치료를 하러 오는 부모에게 상담을 통해 부모가 양육을 잘 할 수 있도록, 아동의 건강한 성장과 발달을 위해 힘을 내도록 치료사가 돕는 일은 무척 중요하다. 실제로 부모상담을 한 경우에 놀이치료의 효과가 더 높았는데(조미영, 김광웅, 2016) 놀이치료를 하는 부모가 부모상담을 병행하는 것도 그런 이유에서이다.

이때 치료사에게 요청되는 태도와 자세가 있다. 치료적 동맹을 맺어야 하는 부모-치료사 사이에 어떤 일들이 일어나야 할까? 동반자로서 치료사가 부모에게 가져야 할 태도, 자세와 기법으로 가장 중요한 것은 공감과 이해이다.

1] 공감

공감(empathy)이란 "감정(pathy)에 들어가는 것(em)"으로 감정이입이라고도 한다. 공감은 정확하게 감정(pathy)에 일치하는 것(sym)인 동정(sympathy)이 아니기 때문에 부모의 감정을 경험하면서도 부모의 감정을 관찰할 수 있어야 한다. 감정을 공유하지 못하면 치료도 없기 때문에(Shore, 2009) 부모상담에서도 감정의 교류, 공감은 중요하다.

공감을 하면 부모는 자신의 감정을 느끼고 들여다보는 것이 훨씬 수월해진다. 부모가 인지적인 측면을 더 강조하거나 자신의 어려움 때문에 감정을 느끼고 표현하는 것이 쉽지 않다면 치료사의 역할은 더 커져야 한다. 그런 부모가 자녀의 감정을 느끼고 자녀 입장에서 자녀의 욕구를 파악하기는 불가능하기 때문이다. 따라서 부모가 자녀의 감정을 느끼고 행동의 의미를 알도록 돕기 위해서는 부모가 먼저 치료사로부터 공감받는 체험을 해보는 것이 중요하다.

공감을 받으면 부모는 자신을 덜 방어하게 된다. 방어는 자신이 공격받을 때 스스로를 보호하기 위해, 대개 무의식적으로 나타내는 기제이기 때문에 부모가 자신이 공격받는다고 느끼지 않으면 자신을 드러내고 도움을 요청하는 일이 훨씬 편해진다.

치료사는 부모상담의 과정에서 부모의 상황과 입장을 공감하면서 부모와 치료적인 동맹을 맺어나가야 한다. 놀이치료 후에는 결국 부모가 자녀를 키우고 아동과 양질의 상호작용을 해야 하기 때문에 부모가 치료사의 공감을 통해 부모 자신도 자녀를 공감하는 법을 배워 나가야 한다. 그 과정에서 부모의 성찰은 무척 중요하다.

2) 이해

공감을 통해 치료사는 부모를 이해해야 한다. 이해(understand)란 그 사람의 관점에서 보고 듣고 느끼는 것에서부터 출발한다. 그래야 그 사람이 한 행동의 맥락과 동기, 의미가 보인다. 부모상담 역시 부모의 관점, 맥락, 행동의 동기와 의미를 공유하는 것에서부터 시작되어야 한다. 진정한 의미는 그 사람의 안에, "속에(under) 서는 것(stand)"이기 때문이다(조용환, 2021).

그러나 이해가 전적인 동의를 뜻하지는 않는다. 공감이 타인과 반드시 일치되어야만 느낄 수 있는 감정이 아닌 것처럼 이해가 전적인 동의나 무조건적 허용을 의미하는 것은 아니다. 하지만 이해는 타인을 수용하고 받아들이는, 상담에서 반드시 요청되는 과정이며 기법이다. 이해받는 부모는 자신을 더이상 방어하지 않기 때문이다. 방어는 공격받았을 때 자신을 보호하기 위해 자신도 모르게 튀어나오는 기제이기 때문에 인간이라면 누구든 공격받는 상황에서 자신을 보호하려 방어할 수밖에 없다. 따라서 부모 스스로 자신을 보호하는 감정, 생각, 행동을 하지 않도록 치료사가 그 상황을 안전하게 구조화해주어야 한다.

상황을 안전하게 구조화하는 일은 부모를 이해하는 일이며, 부모가 스스로 방어하지 않도록 치료자가 부모를 보호해주는 것이다. 보호를 받아본 적이 없는 부모일수록 더욱 자신을 방어하려 할 것이며 치료자의 수용을 진심으로 받아들이지 않을 수 있다. 보호받아 본 적이 없기에 오히려 저항이 더 세질 수도 있다. 어떤 부모는 자신이 고수하는 생각, 행동, 감정을 해체하고 싶어하지 않는다. 그런 부모에게 자신을 내려놓는 일, 즉 자신이 옳다고 지켜왔던 것에 대한 해체는 곧 자신이 "없어지는" 일이므로 '자기부정'과 '수치심'을 느낄 수도 있다. 따라서 치료사가 부모를 비난하지 않고 보호한다는 느낌이 부모에게 강렬하게 일어나야 한다. 하지만 부모가 감정을 느끼지 못한다거나 놀이치료에 대한 저항이 세다면 자녀를 위한 부모상담 외에 부모의 어려움을 해소하기 위한 개인상담을 받아볼 것을 제안할 수도 있다.

부모가 아동의 긍정적 발달과 성장을 도모하는 동반자로서 치료자와 더불어 치료적 동맹을 맺을 수 있도록 치료자는 놀이치료 기간 내내 부모를 이해하려는 노력을 지속적으로 해나가야 한다.

참고문헌

곽영숙 (2000). 놀이정신치료. **소아청소년정신의학, 12**(2), 161-178.

권윤정 (2017). 분노조절과 규칙수용에 문제를 보이는 ADHD 아동의 놀이치료 사례:
　　게임놀이의 활용. **아동교육, 26**(3), 65-81.

김계현 (1997). **상담심리학**. 학지사.

김광웅, 김화란 (2006). **놀이로 이해하는 우리 아이: 처음 만나는 놀이치료**,
　　숙명여자대학교출판국.

김광웅, 유미숙, 유재령 (2004). **놀이치료학**. 학지사.

김영희, 류진아, 송현정 (2005). **집단발달놀이치료**. 학지사.

김유숙 (2008). **아동과 청소년 심리치료**. 학지사.

김지안, 권경인 (2019). 아동상담자의 도덕적 정체성이 윤리적 실천행동에 미치는 영향:
　　자기통제력과 도덕적 용기의 이중매개효과. **한국놀이치료학회지, 22**(4), 403-424.

김현영 (2010). **자폐성 아동의 애착증진을 위한 부모-자녀 발달놀이치료 프로그램 개발**.
　　인제대학교 박사학위논문.

남수미, 손명희(2011). 게임 놀이프로그램이 주의력 결핍 아동의 주의력에 미치는 영향.
　　한국놀이치료학회지, 15(1), 57-75.

노병화 (2003). **발달놀이치료가 발달지체 유아의 사회적 상호작용에 미치는 효과**. 대구대학교
　　교육대학원 석사학위논문.

박성옥, 김윤희 (2020). **게임놀이치료: 이론·관찰·사례**. 창지사.

박현경 (2006). 갈등 해결 교재교구를 활용한 게임놀이 경험이 유아의 정서지능에 미치는 효과.
　　미래유아교육학회지, 13(4), 1-21.

서울대학교 교육연구소 (1995). **교육학용어사전**. 하우동설.

서유헌 (2002). **뇌와 인간**. 한국뇌과학심포지엄, 12-17.

성영혜 (1998). 아동의 문제행동과 모성을 중심으로 한 치료적 놀이. **아시아여성연구, 37**, 101-
　　125.

성영혜, 유한규, 이상희, 김수정 (2002). **치료놀이 III**, 형설출판사.

성영혜, 이창미, 김연진, 김유진, 신현정 (2004). **치료놀이를 통한 영아보육**, 시그마프레스.

성영혜, 장미경 (1996). 발달놀이치료의 임상적 의의에 대한 고찰. **생활과학연구지, 11**(2), 229-
　　239.

송영혜, 박진희 (2000). 게임 놀이치료가 시설아동의 적응행동에 미치는 효과.
　　한국놀이치료학회지, 4(1), 103-117.

신숙재, 이영미, 한정원 (2000). **아동중심놀이치료**. 동서문화원.

신현정 (2009). **치료놀이의 이해와 적용**. 학지사.

신현정 (2019). 집단치료놀이를 통한 아동의 사회적 상호작용 탐색: 감정과 행동에 대한 뇌신경학적 해석을 중심으로. **발달지원연구, 8**(3), 1-22.

신현정 (2021). 발달지연 청소년의 치료놀이 상호작용에 관한 현상학적 사례연구. **발달지원연구, 10**(3), 135-161.

신현정, 이은영 (2016). 아동상담가인 어머니가 체험한 양육에서의 '세대 간 전이', **정서·행동장애연구, 32**(4), 205-231.

우주영 (1996). **부모-자녀 초기 상호작용모델을 적용한 놀이치료효과에 관한 사례연구**. 숙명여자대학교 석사학위논문.

유미숙 (1997). **놀이치료의 이론과 실제**. 상조사.

유미숙, 이영애, 박현아 (2021). **놀이치료 관찰 및 실습**. 학지사.

유미숙, 이영애, 진미경 (2010). **보드게임을 활용한 아동심리치료**. 시그마프레스.

유재령 (2006). 내용분석을 통한 아동상담자의 주요 윤리적 딜레마 상황과 대처행위. **한국아동학회지, 27**(2), 127-151.

유재령 (2007). 아동상담자 윤리강령에 나타난 기본 윤리영역 연구. **한국놀이치료학회지, 10**(1), 1-18.

유재령, 김광웅 (2006a). 아동상담자의 주요 윤리적 딜레마 상황과 대처행위. **한국아동학회지, 27**(2), 127-151.

유재령, 김광웅 (2006b). 아동상담자의 윤리적 실천행동 척도 개발. **한국심리학회지: 상담 및 심리치료, 18**(2), 373-398.

이경옥 (2021). **보드게임을 활용한 게임 놀이치료의 실제**. 시그마프레스.

이순행, 최해훈, 박혜근, 윤진영, 최은실 (2018). **놀이치료 1: 이론과 기법편**, 학지사.

이승희 (1998). 자존감 낮은 아동의 구조화된 집단 게임 놀이치료 효과. **놀이치료연구, 2**(2), 87-109.

이은경, 이양희 (2006). 아동용 정서경험척도의 신뢰도 및 타당도 검증: 긍정적 정서와 부정적 정서를 중심으로. **한국심리학회지: 발달, 19**(4), 93-115.

이정은 (2011). **발달놀이치료 기법을 이용한 부모놀이치료 프로그램이 다문화가정의 어머니-자녀 상호작용과 유아기 자녀의 사회성 증진에 미치는 효과**. 남서울대학교 대학원 석사학위논문.

이희승 (1990). **엣센스 국어사전**. 민중서림.

임사라 (2008). **내 생각은 누가 해줘**. 비룡소.

장미경 (2017). **분석심리학적 모래놀이치료**. 학지사.

장정은 (2015). 놀이치료의 정신분석적 주제와 문학치료적 함축. **문학치료연구, 37**(0), 291-318.

장정은 (2021). **정신분석적으로 상담하기**. 학지사.

정혜자 (2008). **어린이 마음 치료**. 교양인.

조미영, 김광웅 (2016). 놀이치료 진행단계에 따른 부모상담 내용 연구. **열린부모교육연구, 8**(3), 59-85.

조용환 (1999). **질적 연구: 방법과 사례**. 교육과학사.

조용환 (2021). **교육다운 교육**. 바른북스.

조혜원 (2005). **치료적 집단 놀이가 발달지체아의 사회적 행동에 미치는 영향**. 대구대학교 석사학위논문.

한은미, 이영철, 박근필 (2018). 보드게임을 활용한 연산전략이 중도 지적장애 학생의 덧셈과 뺄셈 능력에 미치는 영향. **특수교육재활과학연구, 57**(3), 77-96.

홍지영, 유정이, 김진희 (2018). 청소년상담자의 상담기록 생성, 관리, 폐기에 대한 질적 연구. **한국청소년연구, 29**(1), 61-92.

Adler, A. (1956). *The individual psychology of Alfred Adler*. In H. Ansbacher & R. Ansbacher (Eds.), New York, NY: Basic Books.

Ainsworth, M. D. S., Blehar, M. C., Waters, E., & Wall, S. (1978). *Patterns of attachment: A psychological study of the strange situation*. Hillsdale, NJ: Erlbaum.

Allan, J. (1997). Jungian play psychotherapy. In K. O'Connor & L. M. Braverman (Eds.), *Play therapy theory and practice: A comparative presentation* (pp. 100-130). New York, NY: Wiley.

Allen, F. (1942). *Psychotherapy with children*. New York, NY: Norton.

Altman, N., Briggs, Richard., Frankel, J., Gensler, D., & Pantone, P. (2002). *Relational child psychotherapy*. New York: Other Press.

American Counseling Association. (2014). *ACA code of ehtics and standards of practice*. Alexandria, VA: Author.

American Psychological Association. (2017). *Ethical Principles of Psychologist and Code of Conduct*. Washington D.C: Author.

Ammann, R. (1991). *Healing and transformation in sandplay*. La Salle: Open Court.

Anderson, J. & Richards, N. (1995, October). Play therapy in the real world: Coping with managed care, challenging children, skeptical colleagues, time, and space constraints. *Paper presented at the First Annual Conference of the Iowa Association of Play Therapy*. Iowa City, IA.

Andronico, M. P. & Guerney, B. G., Jr. (1969). A psychotherapeutic aide in a Head Start program. *Children, 76*(1), 14-22.

Ashby, J., Kottman, T., & Martin, J. (2004). *Play therapy with young perfectionists*. *International Journal of Play Therapy, 13*(1), 35-55.

Ashori, M. & Karimnejad R. (2021). The effect of filial therapy on the interaction of deaf mothers with their hearing children. *International Journal of Play Therapy,*

30(3), 195-205.

Association for Play Therapy. (1997). Play therapy definition. *Association for Play Therapy Newsletter, 16*(2), 4.

Association for Play Therapy. (2001). *Voluntarily Play Therapy Practice Guidelines*.

Axline, V. M. (1947). *Play therapy: The inner dynamics of childhood*. Boston, MA: Houghton Mifflin.

Axline, V. M. (1947). *Play therapy: The inner dynamics of childhood*. Cambridge, MA: Houghton Mifflin.

Axline, V. M. (1969). *Play therapy* (Rev. ed.). New York, NY: Ballantine Books.

Babette, C. (2008). **따로 따로 행복하게**[*Two of everything*]. (고정아 역). 보림. (원서는 1997년 출간).

Baggerly, J. (2003). Play therapy with homeless children: Perspectives and procedures. *International Journal of Play Therapy, 12*(2), 129-152.

Baggerly, J. (2004). The Effects of Child-Centered Group Play Therapy on Self-Concept, Depression, and Anxiety of Children Who Are Homeless. *International Journal of Play Therapy, 13*(2), 31.

Barabash, K. J. (2003). *Developmental Filial Therapy: Process-Outcome Research on Strengthening Parent-Child Relationships through Play in a Setting for Victims of Domestic Violence*. Unpublished doctoral dissertation, University of Victoria, Victoria, British Columbia.

Barrish, H. H., Saunders, M. & Wolf, M. (1968). Good behavior game: effects of individual contingencies for group consequences on disruptive behavior in a classroom. *Journal of Applied Behaviorl Analysis, 2*(2), 119-124.

Bay-Hinitz, A. K., Peterson, R. F., & Quilitch, H. R. (1994). Cooperative games: A way to modify aggressive and cooperative behaviors in young children. *Journal of Applied Behavior Analysis, 27*(3), 435-446.

Beck, A. (1976). *Cognitive therapy and the emotional disorders*. New York, NY: International Universities Press.

Beiser, H. R. (1979). Formal games in diagnosis and therapy. *Journal of Child Psychiatry, 18*, 480-490.

Bellinson, J. (2000). Shut up and move: The uses of board games in child psychotherapy. *Journal of Infant, Child, and Adolescent Psychotherapy, 1*(2), 23-41.

Bellinson, J. (2008). **보드 게임을 활용한 아동 심리치료**[*Children's Use of Board Games in Psychotherapy*]. (유미숙, 진미경, 이영애 역). 시그마프레스. (원서는 2002년 출간).

Bellinson, J. (2013). Games children play: Boardgames in psychodynamic psychotherapy. *Child and adolescent psychiatric clinics of North America, 22*(2),

283-293.

Benedict, H. (2006). Object relations play therapy. In C. Schaefer & H. Kaduson (Eds.), *Contemporary play therapy: Theory, research, and practice*(pp. 3-27). New York, NY: Guilford.

Berg, B. (1989). Cognitive play therapy for children of divorce. In P. A. Keller & S. R. Herman, *Innovations in clinical practice*(vol 8, pp. 143-173). Sarasota, F. I.: Professional Resoirce Exchange.

Berlin, I. N. (1986). The use of competitive games in play therapy. Therapeutic use of games with a fine motor component. In C. E. Schaefer & S. E. Reid (Eds.), *Game play: Therapeutic use of childhood games*(pp. 197-214). New York: Wiley.

Bettelheim, B. (1972). *Play and Education. School Review, 81,* 1-13.

Bifulco, A., & Thomas, G. (2012). Understanding Adult Attachment in Family Relationships: Research, *Assessment and Intervention*. London, England: Routledge.

Bixler, R. (1949). Limits are therapy. *Journal of Consulting Psychology, 13,* 1-11.

Blom, R. (2006). *The handbook of gestalt therapy: Practical guidelines for child therapists*. London: Jessica Kingsley Publishers Ltd.

Blundon, J. & Schaefer, C. (2009). The use of group play therapy for children with social skills deficits. In H. Kaduson & C. Schaefer (Eds.), *Short-term play therapy for children*(2nd ed., pp. 336-376). New York, NY: Guilford.

Booth, P. & Lindaman, S. (2000). Theraplay for enhancing attachment in adopted children. In H. Kaduson & C. Schaefer (Eds.), *Short-term play therapy for children*(pp. 228-255). New York, NY: Guilford.

Booth, P. B. & Jernberg, A. (2011). **치료놀이 3판**[*Theraplay: Helping parents and children build better relationship through attachment - Based play 3rd ed.*]. (윤미원, 김윤경, 신현정, 전은희, 김유진 역). 학지사. (원서는 2010년 출간).

Bow, J. N. & Goldberg, T. E. (1986). Therapeutic use of games with a fine motor component. In C. E. Schaefer & S. E. Reid (Eds.), *Game play: Therapeutic use of childhood games*(pp. 243-255). New York: Wiley.

Bow, J. N. & Quinnell, F. A. (2001). Therapeutic uses of fine motor games. In C. E. Schaefer & S. E. Reid (Eds.), *Game play: Therapeutic use of childhood games*(2nd ed., pp. 130-145). New York: Wiley.

Bowlby, J. (1969). *Attachment and loss: Attachment*(Vol. 1). New York: Basic Books.

Bowlby, J. (1976). *The making and breaking of affectional bonds. II. some principles of psychotherapy*. Maudsley Lecture at the Royal College of psychiatry.

Bradway, K. (1979). Sandplay in psychotherapy. *Art Psychotherapy, 6*(2), 85-93.

Brandt, M. (2001). An investigation of the efficacy of play therapy with young children (Doctoral dissertation, University of North Texas, 1999). *Dissertation Abstracts International, 61*(7), 2603A.

Bratton, S. C. Ray, D., Rhine, T., & Jones, L. (2005). The efficacy of play therapy with children: A meta-analytic review of treatment outcries. *Professional Psychology: Research and Practice, 36*(4), 376-390.

Bratton, S. & Landreth, G. (1995). Filial therapy with single parents: Effects on parental acceptance, empathy, and stress. *International Journal of Play Therapy, 4*(1), 61-80.

Bratton, S. & Landreth, G.(2020). *Child parent relationship therapy (CPRT) Treatment manual: An evidence-based 10-session filial therapy model*. New York, NY:Routledge.

Briesmeister, J. (1997). Play therapy with depressed children. In H. Kaduson, D. Cangelosi, D. & Schaefer, C. (Eds.), *The playing cure: Individual play therapy for specific childhood problems*(pp. 3-28). Northvale, NJ: Jason Aronson.

Brody, V. A. (1978). Developmental play: A relationship focused program for children. *Journal of Welfare, 57*(9) 591-599.

Brody, V. A. (1992). The Dialogue of Touch: Developmental Play Therapy. *International Journal of Play Therapy, 1*(1), 21-30.

Brody, V. A. (1995). *The Dialogue of Touch: Developmental Play Therapy*. Developmental Play Training Association.

Brody, V. A. (1997). *The dialogue of touch: Developmental play therapy*. North vale, N. J.: Jason & Aronson Inc.

Buber, M. (2018). **나와 너**[*Ich und Du*]. (표재명 역). 문예출판사. (원서는 1923년 출간).

Bullock, R. (2006). The crisis of death in schools. In N. B. Webb (Ed.), *Play therapy with children in crisis: Individual, group, and family treatment*(3rd ed., pp. 270-293). New York, NY: Guilford.

Cabaniss, D., Cherrry, S., Douglas. C. J., & Schwartz, A. R. (2016). *Psychodynamic Psychotherapy: A Clinical Manual*. Wiley-Blackwell.

Cangelosi, D. (1997). Play therapy for children from divorced and separated families. In H. Kaduson, D. Cangelosi, & C. Schaefer (Eds.), *The playing cure: Individual play therapy for specific childhood problems*(pp. 119-142). Northvale, NJ: Jason Aronson.

Carden, M. (2005). The contribution made by play therapy to a child suffering from post traumatic stress disorder. *British Journal of Play Therapy, 1*(2), 12-19.

Carden, M. (2009). Understanding Lisa: A play therapy intervention with a child diagnosed on the autistic spectrum who presented with self-harming behaviors. *British Journal of Play Therapy, 5*, 54-62.

Carey, L. (1990). Sandplay therapy with a troubled child. *Arts in Psychotherapy, 17,* 197-209.

Carroll, F. (2016). *Gestalt therapy for children and adolescents.* unpublished workshop materials at Solvang in U. S.

Cavett, A. M. (2010). *Structured play-based interventions for engaging children and adolescents in therapy.* West Conshohocken, PA: Infinity Press.

Chethick, M. (2000). *Techniques of child therapy-psychodynamics strateges.* New York: Guildford Press.

Cheung, M. (2006). *Therapeutic Games And Guided Imagery: Tools for Professionals Working with Children and Adolescent.* Oxford University Press.

Clark, B. & Schoech, D. (1994). A Computer-Assisted Therapeutic model for children and adolescents: Initial development and comments. *Computers in Human Service, 11*(1-2). 121-140.

Clarkson, P. (1989). *Gestalt Counseling in Action.* London: SAGE.

Cook, J. A. (1997). Play therapy for selective mutism. In H. Kaduson, D. Cangelosi, & C. Schaefer (Eds.), *The playing cure: Individual play therapy for specific childhood problems*(pp. 83-115). Northvale, NJ: Jason Aronson.

Corey, G., Cory, M. S., & Callanan, P. (1998). Issues and Ethics in the Helping Professions (5th ed.). Pacific Grove, CA: Brooks/Cole Publishing Company.

Corey, G. Corey, M. S., & Callanan, P. (2022). **상담 및 심리치료 윤리**[*Issues and Ethics in the Helping Professions*]. (서경현, 정성진 역). 박학사. (원서는 2018년 출간).

Costas, M. & Landreth, G. (1999). Filial therapy with non-offending parents of children who have been sexually abused. *International Journal of Play Therapy, 5*(1), 43-66.

Crenshaw, D. A. & Stewart, A. L. (2018). **놀이치료 1: 이론과 기법**[*Play therapy: Comprehensive guide to theory and practice*]. (이순행, 최해훈, 박혜근, 윤진영, 최은실 역). 학지사. (원서는 2015년 출간).

Crenshaw, D. & Hardy, K. (2007). The crucial role of empathy in breaking the silence of traumatized children in play therapy. *International Journal of Play Therapy, 16*(2), 160-175.

Danger, S. (2003). Adaptive doll play: Helping children cope with change. *International Journal of Play Therapy, 12*(1), 105-116.

Danger, S. & Landreth, G. (2005). Child-centered group play therapy with children with speech difficulties. *International Journal of Play Therapy, 14*(1), 81.

Des Lauriers, A. (1962). *The Experience of Reality in Childhood Schizophrenia.* Connecticut: International Universities Press.

Drewes, A. (2001). Developmental considerations in play and play therapy with traumatized children. In A. Drewes, L. Carey, & C. Schaefer (Eds.), *School-based play therapy*(pp. 297-314). New York, NY: Wiley.

Ekstein, R. & Caruth. (1966). Interpretation within the metaphor: further considerations. In Ekstein, R.(Ed.), *Children of time and space of action and impulse*(pp. 158-166). NY: Appleton-Country-Crofts.

Enzer, N. B. (1988). *Overview of play therapy*. Paper presented at annual meeting of the American Academy of Child and Adolescent Psychiatry, Seattle. WA.

Erikson, E. H. (1940). Studies in the interpretation of play: clinical observation of play disruption in young children. *Genetic Psychology Monographs, 22*, 557-671.

Erikson, E. H. (1972). *Play and Development*. NewYork: Norton.

Esman, A. H. (1983). Psychoanalytic play therapy. In Schaefer, C. E., & O'Connor, K. J. (Eds.). *Handbook of play therapy*(pp. 11-20). New York: Wiley.

Esman, A. H. (1975). The latency period. In G. Weiderman(Ed.), *Personality development and deviation*(pp123-234). NewYork: International Universities Press.

Fonagy, P., Gergely, G., Jurist, E., & Target. M. (2002). *Affect regulation, mentalization, and the development of the self*. NewYork: Other Press.

Freud, A. (1928). *Introduction to the technique of child analysis* (L. P. Clark, Trans.). New York, NY: Nervous and Mental Disease.

Freud, A. (1946). *The psychoanalytic treatment of children*. London, England: Imago.

Freud, A. (1965). *Normality and pathology in childhood*. New York: Int. Univ. Press

Freud, S. (1909). *Analysis of a phobia in a five-year-old boy*. Collected Papers, 3: 149-289.

Freud, S. (1920). *Beyond the pleasure principle*. (S.E., pp 149-158).

Freud, S. (1955). *Analysis of a phobia in a five year old boy*. London, England: Hogarth Press. (Original work published in 1909).

Frey, D. (2006). Puppetry interventions with traumatized clients. In L. Carey (Ed.), *Expressive and creative arts methods for trauma survivors*(pp. 181-192). Philadelphia, PA: Jessica Kingsley.

Gaines, L., Berkovitz, I., & Kohn, B. (2000). Chess as a way of improving object relationships in narcissistic teenagers. In A. H. Esman, L. T. Flaherty, & H. A. Horowitz (Eds.), *Adolescent psychiatry: Developmental and clinical studies*(pp. 187-199). Mahwah, NJ: Analytic Press.

Gardner, K. & Yasenik, L. (2008). When approaches collide: A decision-making model for play therapists. In A. Drewes & J. A. Mullen (Eds.), *Supervision can be playful: Techniques for child and play therapist supervisor*(pp. 39-68). Lanham, MD: Jason Aronson.

Gardner, R. A. (1971). *Therapeutic communication with children : The mutual story telling technique*. NewYork, Jason Aronson

Gardner, R. A. (1973). *The Talking, Feeling, Doing Game*. Cresskill, NJ; Creative Therapeutics.

Gil, E. (2002). Play therapy with abused children. In F. Kaslow (Ed.), *Comprehensive handbook of psychotherapy: Vol. 3. Interpersonal/humanistic/existential*(pp. 59-82). New York, NY: Wiley.

Gil, E. & Shaw, J. (2009). Prescriptive play therapy. In K. O'Connor & L. M. Braverman (Eds.), *Play therapy theory and practice: Comparing theories and techniques*(2nd ed., pp. 451-488). New York, NY: Wiley.

Gingras C. (2012). **엄마 아빠 때문에 힘들어!**[*La boîte à bonheur*]. (이정주 역). 어린이작가정신. (원서는 2003년 출간).

Ginott, H. G. (1959). The theory and practice of therapeutic intervention in child treatment. *Journal of Consulting Psychology, 23*, 160-166.

Ginott, H. G. (1961). A rationale for selecting toys in play therapy. *Journal of Consulting Psychology, 24*(3), 243-246.

Giordano, M., Landreth, G., & Jones, L. (2005). *A Practical Handbook for Building the Play Therapy Relationship*. Lanham, MD: Jason Aronson.

Giordano, M., Landreth, G., & Jones, L. (2014). **놀이치료 관계 형성을 위한 핸드북**[*A Practical Handbook for Building the Play Therapy Relationship*]. (이미경 역). 학지사. (원서는 2005년 출간).

Glazer-Waldman, H. R. (1991). *Filial Therapy: CPR Training far Families With Chronically 111 Children*. Unpublished master's thesis, University of North Texas, Denton.

Greenacre, P. (1959). Play in relation to creative imagination. *Psychoanalytic Study Child, 14*, 16-80.

Green, E. J. (2006). The crisis of family separation following traumatic mass destruction. In N. B. Webb (Ed.), *Play therapy with children in crisis: Individual, group, and family treatment*(3rd ed., pp. 368-388). New York, NY: Guilford.

Green, E. J. (2008). Reenvisioning Jungian analytical play therapy with child sexual assault survivors. *International Journal of Play Therapy, 17*(2), 102.

Green, E. J. (2009). Jungian analytical play therapy. In K. O'Connor & L. M. Braverman (Eds.), *Play therapy theory and practice: Comparing theories and techniques*(2nd ed., pp. 83-125). New York, NY: Wiley.

Greenberg, J. R. & Mitchell, S. A. (1999). **정신분석학적 대상관계이론**[*Object Relations in Psychoanalytic Theory*]. (이재훈 역). 현대정신분석연구소. (원서는 1983년 출간).

Griffin, R. (2001). Play the unspeakable: Bereavement programs in the school setting. In A. Drewes, L. Carey, & C. Schaefer (Eds.), *School-based play therapy*(pp. 216-237). New York, NY: Wiley.

Guerney, B. (1964). Filial therapy: Description and rationale. *Journal of Consulting Psychology, 28*(4), 303-310.

Guerney, L. F. (2000). Filial therapy into the 21st century. *International Journal of Play Therapy, 9*(2), 1-17.

Guerney, L. F. (2003). The history, principles, and empirical basis of filial therapy. In R. VanFleet & L. F. Guemey (Eds.), *Casebook of Filial Therapy*(pp. 1-19). Boiling Springs, PA: Play Therapy Press.

Guerney, L. F. & Ryan, V M. (2013). *Group Filial Therapy: A Complete Guide to Teaching Parents to Play Therapeutically With Their Children*. London, England: Jessica Kingsley.

Guerney, L. F. (1983). Client-centered (nondirective) play therapy. In C. Schaefer & K. O'Connor (Eds.), *Handbook of play therapy*(pp. 21-64). New York, NY: Wiley.

Guerney, L. F. (1991). Parents as partners in treating behavior problems in early childhood settings. *Topics in Early Childhood Special Education, 11*(2), 74-90.

Guerney, L. F. (2001). Child-centered play therapy. *International Journal of Play Therapy, 10*(2), 13.

Hambridge, G. (1955). Structured play therapy. *American Journal of Orthopsychiatry, 25*, 304-310.

Han, Y., Lee, Y., & Suh, J. H. (2017). Effects of a sandplay therapy program at a childcare center on children with externalizing behavioral problems. *The Arts in Psychotherapy, 52*, 24-31.

Hass, L. J., Malouf, J. L., & Mayerson, N. H. (1986). Ethical dilemmas in psychological practice: Results of a national survey. *Professional psychology: Research and Practice, 17*(4), 371-321.

Herlihy, B. & Dufrene, R. L. (2011). Current and emerging ethical issues in counseling: A Delphi study of expert opinions. *Counseling and Values, 56*(1-2), 10-24.

Homeyer, L. & Sweeney, D. (1998). *Sandtray: A practical manual*. Canyon Lake, Tx: Linda Press.

Hug-Hellmuth, H. (1921). On the technique of child analysis. *International Journal of Psychoanalysis, 2*, 287-305.

Hughes, D. (2017). **두뇌에 기초한 양육**[*Brain-based parenting*]. (김세영, 신현정, 윤미원, 홍라나 역). 학지사. (원서는 1998년 출간).

Husserl, E. (1997). **유럽학문의 위기와 선험적 현상학**[*Die krisis der europaischen wissenschaften und die transzendentale phanomenologie*]. (이종훈 역). 한길사.

(원서는 1936년 출간).

Jackson, Y. (1998). Applying APA ethical guidelines to individual play therapy with children. *International Journal of Play Therapy, 7*(2), 1-15.

Jackson, Y., Puddy, R. W., & Lazicki-Puddy, T. A. (2001). Ethical practices reported by play therapist: An outcome study. *International Journal of Play Therapy, 10*(1), 31-51.

Jernberg, A. M. (1979). *Theraplay: A new treatment using structured play for problem children and their families*. San Francisco, CA: Jossey-Bass.

Jernberg, A. M. & Booth, B. (1999). *Theraplay : Helping Parents and Children Build Better Relationship through attachment - Based Play*. (2nd ed.). San Francisco : Jossey-Bass.

Jung, C. G. (1976). *Symbols of transformation: An analytic if the prelude to a case of schizophrenia*. (R. C. F. Hull, Trans.). Princeton, NJ: Princeton University Press. (Original work published 1956).

Jung, C. G. (1977). *Psychology and alchemy*. (R. C. F. Hull, Trans.). Princeton, NJ: Princeton University Press. (Original work published 1953).

Jung, C. G. (1981). *The structure and dynamics of the psyche*. (R. C. F. Hull, Trans.). Princeton, NJ: Princeton University Press.(Original work published 1960).

Kaduson, H., Cangelosi, D., & Schaefer, C. (Eds.). (1997). *The playing cure: Individualized play therapy for specific childhood problems*. Northvale, NJ: Jason Aronson.

Kalff, D. (1971). *Sandplay: Mirror of a child's psyche*. San Francisco, CA: Browser.

Kalff, D. (1980). *Sandplay: A psychotherapeutic approach to the psyche*. Santa Monica, CA: Sigo Press.

Kale, A. & Landreth, G. (1999). Filial therapy with parents of children experiencing learning difficulties. *International Journal of Play Therapy, 8*(2), 35-56.

Kale, A. & Landreth, G. (1999). Filial therapy with parents of children experiencing learning difficulties. *International Journal of Play Therapy, 5*(2), 35-56.

Kaplan, C. (1999). Life threatening blood disorder: Case of Daniel, age 11, and his mother. In N. B. Webb (Ed.), *Play therapy with children in crisis*(2nd ed., pp. 356-379). New York, NY: Guilford Press.

Kernberg, O. F. (1995). Child psychiatry: Individual psychotherapy. In H. I. Kaplan & B. J. Ssdock(Eds.), *Comprehensive textbook of psychiatry*(6ed., pp 2399-2412). Baltimore: Williams & Wilkins.

Kestly, T. A. (2021). **놀이의 대인관계 신경생물학**[*The Intrapersonal Neurobiology of Play*]. (이순행, 윤진영, 박랑규 역). 학지사. (원서는 2014년 출간).

Klein, M. (1929). Personification in the play of children. *International Journal of*

Psycho-Analysis, 10, 193-204.

Klein, M. (1932). *The psycho-analysis of children*. London, England: Hogarth Press.

Knell, S. M. (1993). *Cognitive–behavioral play therapy*. Northvale, NJ: Jason Aronson.

Knell, S. M. (1994). Cognitive-behavioral play therapy. In K. O'Connor & C. Schaefer (Eds.), *Handbook of play therapy*(Vol. 2, pp. 111-142). New York, NY: Wiley.

Knell, S. M. (2000). Cognitive-behavioral play therapy for childhood fears and phobias. In H. Kaduson & C. Schaefer (Eds.), *Short-term play therapy for children*(pp. 3-27). New York, NY: Guilford.

Knell, S. M. (2001). **인지행동놀이치료**[*Cognitive-Behavioral Play Therapy*]. (유가효, 박영애 역). 나눔의 집. (원서는 1995년 출간).

Knell, S. M. (2003). Cognitive-behavioral play therapy. In C. Schaefer (Ed.), *Foundations of play therapy*(pp.174-191). Hoboken, NJ: Wiley.

Knell, S. M. (2009). Cognitive-behavioral play therapy. In K. O'Connor & L. M. Braverman (Eds.), *Play therapy theory and practice: Comparing theories and techniques*(2nd ed., pp. 203-236). New York, NY: Wiley.

Knell, S. M. & Dasari, M. (2006). Cognitive-Behavioral Play Therapy. In Kadson, H. G. & Schaefer, C. E.(Ed.). *Short Term play therapy for children*. The Guilford Press. NY, London.

Knell, S. M. & Moore, D. J. (1988). *Childhood trichotillomania treated indirectly*. *Journal of Behavior Therapy and Experimental Psychiatry, 19*, 305-310.

Knell, S. M. & Moore, D. J. (1990). Cognitive-Behavioral play therapy in the treatment of encopresis. *Journal of Clinical Child Psychololgy, 19*(1), 55-60.

Knell, S. M. & Ruma, C. (2003). Play therapy with a sexually abused child. In M. Reinecke & F. Dattilio (Eds.), *Cognitive therapy with children and adolescents*(pp. 338-368). New York, NY: Guilford.

Kohut, H. (1971). *The analysis of the Self: A systemic approach th the psychoanalytic treatment of narcissistic personality disorder*. NewYork: International Universities Press.

Kohut, H. (2007). **정신분석은 어떻게 치료하는가?**[*How does analysis cure?*]. (이재훈 역). 한국심리치료연구소. (원서는 1984년 출간).

Kottman, T. (2003). *Partners in play: An Adlerian approach to play therapy*(2nd ed.). Alexandria, VA: American Counseling Association.

Kottman, T. (2014). *Play therapy: Basics and beyond*. John Wiley & Sons.

Krueger, D. (2002). *Integrating body self anf psychological self: Creating new sory in psychoanalysis and psychotherapy*. New York: Brunner-Routledge.

Kuhn, T. (1970). *The structure of scientific revolutions*(2nd ed.). Chicago: The University of Chicago Press.

Landreth, G. L. (2002). *Play therapy: The art of the relationship*(2nd ed.). Muncie, IN: Accelerated Development.

Landreth, G. L. (1991/2002/2012). *Play Therapy: The art of the relationship*. New York: Routledge.

Landreth, G, L. (2015). **놀이치료: 치료관계의 기술**[*Play Therapy*]. (유미숙 역). 학지사. (원서는 2012년 출간).

Landreth, G. L. & Bratton, S. C. (2006). *Child parent relationship therapy(CPRT): A 10-session filial therapy model*. New York, NY:Routledge.

Landreth, G. L. & Sweeney, D. S. (1997). Child centered play therapy. In K. O'Connor & L. M. Braverman (Eds.), *Play therapy theory and practice: A Comparative presentation*(pp. 17-45). New York: Wiley.

LeCroy, C. W. (1987). Teaching children social skill: A game format. *Social Work, 32*, 440-442.

Leuzinger-Bohleber, M., Stuhr, U., Rüger, B., & Beutel, M. (2003). How to study the quality of psychoanalytic treatments and their long-term effects on patients' well-being: A representative, multi-perspective follow-up study. *International Journal of Psychoanalysis, 83*, 263-290.

Leuzinger-Bohleber, M., & Target, M. (Eds.) (2002). *Outcomes of psychoanalytic treatment: Perspectives for therapists and researchers*. Brunner-Routledge.

Levy, D. (1938). Release therapy for young children. *Psychiatry, 1*, 387-389.

Lindaman, S. & Hong. (2020). *Theraplay: Theory, Applications and Implementation*. London: Jessica Kingsley Publishers.

Loomis, E. A. (1957). The use of checkers in handling certain resistances in child therapy and child analysis. *Journal of the American Psychoanalytical association, 5*, 130-135.

Lowenfeld, M. (1950). The nature and use of the Lowenfeld world technique in work with children and adults. *Journal of Psychology, 30*, 325-331.

Lowenfeld, M. (1993). *Understanding children's sandplay: Lowenfeld's world technique*. Great Britain: Antony Rowe Ltd. (Originally published as The world technique, George Allen & Unwin Ltd, 1979)

Lewis, M. (1974). Interpretation in child analysis: Developmental considerations. *Journal of the American Academy of Child Psychiatry, 13*, 32-53.

Mahler, M. (1968). *On human symbiosis and the vicissitudes of individuation*. NY: International Universities Press.

Mahler, M. (1969). *On Human Symbiosis and the Vicissitudes of Individuation*. London: Hogarth Press and the Institute of Psycho-Analysis.

Mahler, M. (1967). On Human Symbiosis and the vicissitudes of individuation.

Journal of the American Psychoanalytic Association, 25, 740-763.

Mahler, M. (1975). *The Psychological Birth of the Human Infant*. New York: International Universities Press.

Mahoney, M. J. (1991). *Human change processes: the scientific foundations of psychotherapy*. New York: Basic Books.

Mannheim, Sancilio, Phipps-Yonas, Brunnquell, Somers, Farseth, & Ninonuevo (2002). Professional Psychology. *Research and Practice, 33*(1), 24-29.

Massengale, B. & Perryman, K. (2021). Child-centered play therapy's impact on academic achievement: A longitudinal examination in at-risk elementary school students. *International Journal of Play Therapy, 30*(2), 98.

McCalla, C. L. (1994). A comparison of three play therapy theories: Psychoanalytical, Jungian, and Client-centered. *International Journal of Play Therapy, 3*(1),1-10

Meeks, J. (1970). Child who cheat at games. *Journal of Child Psychiatry. 9.* 157-174.

Menendez-Aponte, E. (2003). **난 이제 누구랑 살지?**[*When Mom and Dad Divorce: A Kid's Resource*]. (노은정 역). 비룡소. (원서는 1999년 출간).

Merleau-Ponty, M. (2002). **지각의 현상학**[*Phenomenologie de la perception*]. (류의근 역). 문학과지성사. (원서는 1945년 출간).

Moustakas, C. E. (1959). *Psychotherapy with children*. New York, NY: Harper & Row.

Mullen, J. (2002). How play therapists understand children through stories of abuse and neglect: A qualitative study. *International Journal of Play Therapy, 11*(2), 107-119.

Mundy, P., Sigman, M., & Kasari, C. (1990). A Longitudinal Study of Joint Attention and Language. *Journal of Autism and Developmental Disorders, 20*(1), 115-128. Development in Autistic Children.

Myrick, A. C. & Green, E. J. (2012). Incorporating play therapy into evidence-based treatment with children affected by obsessive compulsive disorder. *International Journal of Play Therapy, 21*(2), 74-86.

Nalavaney, B. A., Ryan, S. D., Gomory, T. & Lacasse, J. R. (2005). Mapping the characteristics of a 'Good' play therapist. *International Journal of Play Therapy, 14*(1), 27-50.

Netel-Gilman, Siegner, & Gilman. (2002). The Use of the Goodbye Game with Bereaved Children. In C. E. Schaefer & S. E. Reid (Eds.), *Game play: Therapeutic use of childhood games*(2nd ed., pp. 213-232). New York: Wiley.

Neumann, E. (1973). *The child: Structure and dynamics of the nascent personlity*. (R. Manheim, Trans.). New York: Harper & Row.

Newman, E. (2009). Short-term play therapy for children with mood disorders. In H. Kaduson & C. Schaefer (Eds.), *Short-term play therapy for children*(2nd ed., pp.

71-100). New York, NY: Guilford.

Norris, V. & Lender, D. (2020). *Theraplay®: The practitioner's guide*. London: Jessica Kingsley Publishers.

Oaklander, V. (1978). *Windows to our children*. NY: The Gestalt Journal Press.

Oaklander, V. (1992). The relationship of gestalt therapy to children. *The Gestalt Journal, 5*(1), 64-74.

Oaklander, V. (1994). Gestalt play therapy. In K. J. O'Connor and C. E. Schaefer(Eds.), *Handbook of Play Therapy, Vol 2: Advances and Innovations*. New York: Wiley-Interscience.

Oaklander, V. (1999). Group play therapy from a gestalt therapy perspective. In D. S Sweeney and I. C. Homeyer (Eds.), *Handbook of Group Play Therapy: How to Do It, How It works, Whom It's Best For*. San Francisco: Jossey-Bass.

Oaklander, V. (1992). *Windows to our children: A Gestalt approach to children and adolescents*. New York, NY: Gestalt Journal Press. (Original work published 1978)

O'Connor, K. J. (2000). *The play therapy primer*(2nd ed.). New York, NY: Wiley.

O'Connor, K. J. (2009). Ecosystemic play therapy. In K. O'Connor & L. M. Braverman (Eds.), *Play therapy theory and practice: Comparing theories and techniques*(2nd ed., pp. 367-450). New York, NY: Wiley.

O'Connor, K. J. (1991). *The play therapy primer-An integration of theories and techniques*. New York: Wiley.

O'Connor, K. J. (2001). *The play therapy primer*(2nd). New York: Wiley.

O'Connor, K. J. & Schaefer C. E. (1983). *Major approaches to play therapy*. In : Handbook of Play Therapy. C. E. Scharfer, K. J. O'connor(Eds)., New York, John Wiley and Sons.

Olsen-Rando, R.A. (1994). Proposal for development of a computerized version of talking, feeling and doing game. *Computers in Human Services, 11*(1-2), 69-80 .

Ostow, M. (1987). Play and Reality. *Psychoanalytic Study Child, 42*, 193-204.

Panksepp, J. (1998). Affective neuroscience: The foundations of consciousness: Affective states and the evolutionary origins of the self. *Journal of Consciousness Studies, 5*, 566-582.

Pedro-Carroll, J., Reddy, L. (2005). A preventive play intervention to foster children's resilience in the aftermath of divorce. In L. Reddy, T. Files-Hall, & C. Schaefer (Eds.), *Empirically based play interventions for children*(pp.51-75). Washington, DC: American Psychological Association.

Peller, L. E. (1954). Libidinal phases, ego development and play. *Psychoanalytic Study Child, 9*, 178-198.

Perls, F. (1973). *The Gestalt approach and eyewitness to therapy*. Palo Alto, CA: Science and Behavior Books.

Perls, F. S., Hefferline, R. E., & Goodman, P. (1951). *Gestalt Therapy: Excitement and Growth in the Human Personality*. NY: Delta.

Perry, D. P. & Szalavitz, M. (2011). *The boy who was raised as a dog*. NY: Perseus Books.

Plotkin, L. (2011). *Children's adjustment following parental divorce: How effective is sandtray play therapy?* Doctoral dissertation. Capella University, Minneapolis.

Pope, K, S., Tabachnick, B. G., & Keith-Spiegel, P. (1987). Ethics in practice: The belief and behaviors of psychologist as therapist. *American Psychologist, 42*(11), 993-1006.

Porges, S. W. (2001). The polyvagal theory: Phylogenetic substrates of a social nervous system. *International Journal of Psychophysiology, 42*, 123-146.

Porges, S. W. (2009). Reciprocal influences between body and brain in the perception and expression of affect: A polyvagal perspective. In D. Fosha, D. J. Siegel, & M. F. Solomon(Eds.), *The healing power of emotion: affective neuroscience, development, & clinical practice*(pp. 27-54). NY: Norton & Company.

Post, P. B., Phipps, C. B., Camp, A. C., & Grybush, A. L. (2019). Effectiveness of child-centered play therapy among marginalized children. *International Journal of Play Therapy, 28*(2), 88.

Powell, B., Cooper, G., Hoffman, K., & Marvin, B.(2018). **부모교육서: 안정성의 순환개입**[*The circle of security intervention: Enhancing attachment in early parent-child relationships*]. (유미숙, 신현정, 김세영 홍라나 역). 시그마프레스. (원서는 2014년 출간).

Ramos, D. G., de Matta, R. M. (2018). Sandplay: A method of research with trauma C. Roesler (Ed.), *Research in Analytical Psychology: Empirical Research*. Routledge, London

Rank, O. (1936). *Will therapy*. New York, NY: Knopf.

Ray, D. (2007). Two counseling interventions to reduce teacher-child relationship stress. *Professional School Counseling, 10*, 428-440.

Ray, D. (2011). *Advanced play therapy: Essential conditions, knowledge, and skills for child practice*. New York: Routledge.

Ray, D. C. (2016). **고급놀이치료**[*Advanced Play Therapy: Essential Conditions, Knowledge, and Skills for Child Practice*]. (이은아김, 민성원 역). 시그마프레스. (원서는 2011년 출간).

Reid, S. E. (1986). Therapeutic use of card games with learning-disabled children. In

C. Schafer & S. Reid (Eds.), *Game play: Therapeutic use of childhood games*(pp. 257-276). New York: Wiley.

Reid, S. E. (1993). It's all in the game: Game play therapy. In T. Kottman & C Schaefer(Eds.), *Play therapy in action: A casebook for practitioner*(pp. 527-560). New York: Aronson.

Remley, T. P. & Herlihy, B. P. (2005). *Ethical, Legal, and Professional Issues in Counseling*(5th ed.). Pearson.

Rogers, C. R. (1951). *Client-centered therapy*. Boston: Houghton Mifflin.

Rogers, C. R. (1961). *On becoming a person*. Boston: Houghton Mifflin.

Rogers, C. R. (2007). **칼-로저스의 사람-중심 상담**[*A way of being*]. (오제은 역). 학지사. (원서는 1980년 출간).

Roesler, C. (2019). Sandplay therapy: An overview of theory, applications and evidence base. *The Arts in Psychotherapy, 64*, 84-94.

Ryan, V. (2007). Filial Therapy: Helping children and new carers to form secure attachment relationships. *British Journal of Social Work, 37*(4), 643-657.

SAMHSA. (2014). *Quality of research and readiness for dissemination*. U. S. Department of Health and Human Services.

Sandell, R. (2001). Can Psychoanalysis Become Empirically Supported? *International Forum of Psychoanalysis, 10*, 184-190.

Sandell, R., Blomberg, J., Lazar, A., Carlsson, J., Broberg, J., & Schubert, J. (2000). Varieties of long-term outcome among patients in psychoanalysis and long-term psychotherapy: A review of findings in the Stockholm outcome of psychoanalysis and psychotherapy project. *International Journal of Psychoanalysis, 81*, 921-942.

Scanlon, P. (2007). Superheroes are super friends: Developing social skills and emotional reciprocity with autism spectrum children. In L. C. Rubin (Ed.), *Using superheroes in counseling and play therapy*(pp. 169-192). New York, NY: Springer.

Schaefer, C. E. (2015). *Foundation of Play Therapy*. NewYork: Wiley.

Schaefer, C. & Drewes, A. (2009). The therapeutic powers of play and play therapy. In A. Drewes (Ed.), *Blending play therapy with cognitive behavioral therapy: Evidence-based and other effective treatment and techniques*(pp. 3-15). Hoboken, NJ: Wiley.

Schaefer, C. E. & Reid, S. E.(1986). *Game play: Therapeutic use of childhood games*. New York: Wiley.

Schaefer, C. E. & Reid, S. E.(2002). *Game play: Therapeutic use of childhood games*(2nd ed.). NJ: Wiley & Sons, Inc.

Schaefer, C. E. (Ed.). (1993). *The therapeutic powers of play*. Northvale, NJ: Jason Aronson.

Schiffer, M. (1952). Permissiveness versus sanction in activity group therapy. *International Journal of Group Psychotherapy, 2*, 255-261.

Schore, A. N. (2009). Right brain affect regulation: An essential mechanism of development, trauma, and psychotherapy. In D. Fosha, D. J. Siegel, & M. F. Solomon(Eds.), *The healing power of emotion: affective neuroscience, development, & clinical practice*(pp. 112-144). NY: Norton & Company.

Sensue, M. E. (1981). *Filial Therapy Follow-Up Study: Effects on Parental Acceptance and Child Adjustment*. Unpublished doctoral dissertation, The Pennsylvania State University, University Park, PA.

Shedler. (2010). The efficacy of psychodynamic psychotherapy. *American Psychologist, 65*(2), 98-109.

Shelby, J. (1997). Rubble, disruption, and tears: Helping young survivors of natural disaster. In H. Kaduson, D. Cangelosi, & C. Schaefer (Eds.), *The playing cure: Individual play therapy for specific childhood problems*(pp. 143-170). Northvale, NJ: Jason Aronson.

Shen, Y. (2002). Short-term group play therapy with Chinese earthquake victims: Effects on anxiety, depression, and adjustment. *International Journal of Play Therapy, 11*(1), 43-64.

Siegel, D. J. (2010). *The Mindful Therapist: A Clinician's Guide to Mind- sight and Neural Integration*. New York: W. W. Norton & Company.

Siegel, D. J. (2012). *The Developing Mind: How relationships and the brain interact to shape who we are*. NY: Guilford Publications

Siegel, J. P. (2006). The enduring crisis of divorce for children and their parents. In N. B. Webb (Ed.), *Play therapy with children in crisis: Individual, group, and family treatment*(3rd ed., pp. 133-151). New York, NY: Guilford.

Slavson, S. R. (1943). *An introduction to group therapy*. New York, NY: Commonwealth Fund.

Smith, N. R. (2000). *A Comparative Analysis of Intensive Filial Therapy With Intensive Individual Play Therapy and Intensive Sibling Group Play Therapy With Child Witnesses of Domestic Violence*. Unpublished doctoral dissertation, University of North Texas, Denton.

Solnit, A. J. (1987). A psychoanalytic view of play. *Psychoanalytic Study of the Child, 42*, 205-219.

Solnit, A. J., Cohen, D. J., & Neubauer, P. B. (2013). **놀이, 그 경이로운 세계, 마음이 자란다**[*The Many Meanings of Play : A Psychoanalytic Perspective*].

(대한아동정신치료의학회 역). 학지사. (원서는 1993년 출간).

Solomon, J. (1938). Active play therapy. *American Journal of Orthopsychiatry, 8,* 479-498.

Stern, D. N. (1974). *Mother and infant at play: The dyadic interaction involving facial, vocal and gaze behaviours.* In M. Lewis & L. A. Rosenblum(Eds.), The effect of the infant on its caregiver(pp. 187-213). NY: Wiley.

Stern, D. N. (1985). The goal and structure of mother infant play. *Journal of American Academy of Child Psychology, 13,* 402-421.

Stover, L. & Guerney, B., Jr. (1967). The efficacu of training prodecures for mothers in filial therapy. *Psychotherapy: Theory, Research, and Practice, 4,* 110-115.

Strachey, J. (1934). The nature of the therapeutic actional of psychoanalysis. *International Journal of Psycho–Analysis, 50,* 275-292.

Strachey, J. (1999). The Nature of the Therapeutic Action of Psycho-analysis. *Journal of Psychotherapy Practice and Research, Winter, 8*(1): 66-82,

Sullivan, H. S. (1947). *Conceptions of Modern Psychiatry.* Washington, D.C. : The William Alanson White Psychiatric Foundation.

Sutton-Smith, B. & Roberts, J. M. (1971). The cross-cultural and psychological study of games. *International Review of Sport Sociology, 6,* 79-87.

Swank, J. M. (2008). The use of games: A therapeutic tool with children and families. *International Journal of Play Therapy, 17*(2), 7-36.

Swanson, A. J. (1986). Using games to improve self-control deficit in children. In C. E. Schaefer & S. E. Reid (Eds.), *Game play: Therapeutic use of childhood games*(pp. 233-242). New York: Wiley.

Sweeney, D. S. & Homeyer, L. E. (2009). **집단놀이치료핸드북**[*The Handbook Of Group Play Therapy*]. (유미숙, 유재령, 우주영 공역). 시그마프레스. (원서는 1999년 출간).

Sweeney, D. S. & Landreth, G. (2009). Child-centered play therapy. In K. O'Connor & L. M. Braverman (Eds.), *Play therapy theory and practice: Comparing theories and techniques*(2nd ed., pp. 123-162). New York, NY: Wiley.

Sweeney, D. S. & Landreth, G. (2011). Child-centered play therapy. In C. Schaefer(Ed)., *Foundations of play therapy*(2nd ed., pp. 129-152). Hoboken, NJ: Wiley.

Sywulak, A. E. (1977). *The Effect of Filial Therapy on Parental Acceptance and Child Adjustment.* Unpublished doctoral dissertation. The Pennsylvania State University, University Park, PA.

Taft, J. (1933). *The dynamics of therapy in a controlled relationship.* New York, NY: Macmillan.

Taylor, L. & Ray, D. C. (2021). Child-centered play therapy and social-emotional competencies of African American children: A randomized controlled trial. *International Journal of Play Therapy, 30*(2).

Tew, K. (1997). The efficacy of filial therapy with families with chronically ill children. *Dissertation Abstracts International, 55*(3), 754A.

The Theraplay Institute. (2021). Theraplay Level 1 workshop 자료집.

Tronick, E. Z.(1995). "Touch in Mother-Infant Interaction." In Field, T.(Ed.), *Touch in Early Development*. Mahwah, N.J.: Earlbaum.

Topham, G. L. & VanFleet, R. (2011). Filial Therapy: A structured and straightforward approach to including young children in family therapy. *Australian and New Zealand Journal of Family Therapy, 52*(2), 144-158.

Turner, B. A. (2005). *The Handbook of Sandplay Therapy*. c/o Temenos Press.

Tyndall-Lind, A., Landreth, G., & Giordano, M. (2001). Intensive group play therapy with child witnesses of domestic violence. *International Journal of Play Therapy, 10*(1), 53-83.

VanFleet, R. (2009). Filial therapy. In K. O'Connor & L. M. Braverman (Eds.), *Play therapy theory and practice: Comparing theories and techniques*(2nd ed., pp. 163-202). New York, NY: Wiley.

VanFleet, R. (2011). *Filial therapy: Strengthening family relationships with the power of play*.

VanFleet, R. (2012). *A parent's handbook of filial therapy*(2nd ed.). Play Therapy Press.

VanFleet, R. (2014). *Filial therapy: Strengthening parent-child relationships through play*(3rd ed.). Professional Resource Press.

VanFleet, R., Lilly, J. P., & Kaduson, H. (1999). Play therapy for children exposed to violence: Individual, family and community interventions. *International Journal of Play Therapy, 8*(1), 27-42.

VanFleet, R., Sywulak, A. E., Sniscak, C.C. (2013). **아동중심 놀이치료**[*Child-Centered Play Therapy*]. (권윤정 역). 학지사. (원서는 2010년 출간).

Van Manen, M. (1990). *Researching lived experience*. State University of New York Press.

Vliegen, N. (2009). Two people playing together: Some thoughts on play, playing, and playfulness in psychoanalytic work. *Psychoanalytic Study of the Child, 64*, 131-149.

Waelder, R. (1933). The psychoanalytuc theory of play. *The Psychoanalytic Quarterly, 2*. 208-224.

Wallerstein, R. S. (1983). Self psychology and 'classical' psychoanalytical psychology: The name of their relationship. In Goldberg, A. D. (Ed.). *The* future of psychoanalysis: Essays in honor of Heinz Kohut(pp. 19-64). New York: International Universities Press.

Wallerstein, R. S. (2002). The trajectory of psychoanalysis: a prognostication. *International Journal of Psychoanalysis, 83*(Pt 6), 1247-1267.

Wang, Q. M., Hang, G., Zhang, X. L., He, X. L., & Wang, D. (2012). Effects of sandplay therapy in children with attention deficit hyperactivity disorder. *Chinese Mental Health Journal, 24*(9), pp. 691-695.

Weinrib, E. L. (1983). *The sanplay therapy process: Images of the self*. Boston: Sigo Press.

Weiss, S. J., Wilson, P., St. John Seed, M., & Paul, S. M. (2001). Early tactile experience of low birth weight children: Links to later mental health and social adaptation. *Infant and Child Development, 10*, 93-115.

Welfel, E. R. (2002). *Ethics in counseling and psychotherapy: standards, research, and practice*(2nd ed). Pacific Grove, CA: Books/Cole.

Wheeler, G. & Axelsson, L. (2015). *Gestalt Therapy: Theory of Pshychotherapy Series*. Washington, D.C.: APA.

Winnicott, D. W. (1956). *Primary maternal preoccupation. Through paediatirics to psycho–analysis*. London: Hogarth Press.

Winnicott, D. W. (1960). The theory of the parent-infant relationship. *The maturational process and the facilitating environment*. New York: International Universities Press.

Winnicott, D. W. (1968). Playing: Its theoretical status in the clinical situation. *International Journal of Psycho-Analysis, 49*, 591-599.

Winnicott, D. W. (1971). *Playing and Reality*. NewYork: Basic Books.

Winnicott. D. W. (1971). *Playing and Reality*. London: Tavistock.

Yang, Y. (2014). The effects of sandplay therapy on behavioral problems, self-esteem, and emotional intelligence of children in grandparents-grandchildren families in rural korean areas. *Journal of Symbols and Sandplay Therapy, 5*(1), 7-13.

Yontef, G. (1993). *Awareness Dialogue & Process: Essay on Gestalt therapy*. NY: The Gestalt Journal Press, Inc.

Yontef, G. M. & Jacobs, L. (2000). Gestalt therapy. In R. J. Corsini and D. Wedding(eds). *Current Psychotherapies*(6th edition). Illinois: F. E Pecock.

Yoo, S. (2015). The effects of sandplay therapy on anxiety, attachment relations, and interpersonal stress of children of alcoholic fathers. *Journal of Symbols & Sandplay Therapy, 6*(1), pp. 25-42.

Zygmond, M. J. & Boorthem, H. (1989). Ethical decision making in family therapy. *Family Process, 28*(3), 269-280.

찾아보기

내용 색인

인명 색인

저자 소개

최은실

현) 가톨릭대학교 심리학과 교수

이화여자대학교 심리학 박사

한국발달심리학회 발달심리사 1급 및 수련슈퍼바이저

한국발달지원학회 놀이심리상담사 1급 및 수련슈퍼바이저

저서·역서: 『놀이치료 1: 이론과 기법편』, 『놀이치료 2: 임상적 적용편』, 『청소년을 위한 마음챙김
기술』, 『아동·청소년 이상심리학』, 『발달정신병리 사례집』, 『발달정신병리학』, 『복합PTSD
워크북』

김호정

현) 마음앤발달상담센터 원장

현) 총신대 아동상담심리학과 겸임교수

현) 상명대 아동청소년상담학과 겸임교수

이화여자대학교 심리학 박사

한국발달지원학회 놀이심리상담사 1급 및 수련수퍼바이저, 모래놀이심리상담사 1급 및
수퍼바이저

여성가족부 청소년 상담사 1급

저서·역서: 『모래놀이와 스토리텔링』, 『마음의 발달』, 『발달정신병리 사례집』, 『발달정신병리학』,
『Bayley-III 임상적 활용과 해석』

신현정

현) 연성대학교 사회복지과 교수

숙명여자대학교 아동복지학 박사

국제 공인 치료놀이(Certified Theraplay® therapist, supervisor and trainer) 치료사,
　　수퍼바이저, 트레이너

국제 공인 게슈탈트 놀이치료사 및 승인 트레이너(Certified Gestalt Therapist with
　　children and adolescents and Approved trainer/WCI)

미국놀이치료협회 놀이치료사(Registered Play Therapist)

여성가족부 청소년상담사 1급

저서·역서: 『Theraplay®-Innovations and Integration』, 『치료놀이의 이해와 적용』,
　　『치료놀이』, 『두뇌에 기반한 부모양육』, 『질적 연구-분야별 접근』

윤진영

현) 세명대학교 교양과정부 교수

이화여자대학교 심리학 박사

한국발달지원학회 놀이심리상담사 1급 및 수련수퍼바이저

여성가족부 청소년 상담사 1급

저서·역서: 『놀이치료 1: 이론과 기법편』, 『놀이치료 2: 임상적 적용편』, 『놀이의
　　대인관계신경생물학』, 『자폐·아동청소년을 위한 놀이기반 심리치료』, 『발달정신병리
　　사례집』, 『자폐아동과 함께 놀이하며 배우기』